W0089023

Der Tod des Druidenfürsten

Christina Erlebeez

Der Tod des Druidenfürsten

Die Geschichte einer archäologischen Sensation

VON ANNE ROSS UND DON ROBINS

Aus dem Englischen
von
UTA HAAS

CIP-Titelaufnahme der Deutschen Bibliothek

Robins, Don:
Leben und Tod eines Druiden-Fürsten : die Geschichte einer
archäologischen Sensation / von Don Robins u. Anne Ross.
Aus d. Engl. von Uta Haas. – Köln : vgs, 1990
  Einheitssacht.: The life and death of a druid prince < dt. >
  ISBN 3-8025-2192-7
NE: Ross, Anne:

Titel der englischen Originalausgabe:
The Life and Death of a Druid Prince
The Story of an Archaeological Sensation

Text von Don Robins und Anne Ross
© 1989 Don Robins und Anne Ross
Erstausgabe 1989 bei Rider, London

1. Auflage 1990
2. Auflage 1991
© vgs verlagsgesellschaft, Köln 1990
Satz: ICS Communikations-Service GmbH, Bergisch Gladbach
Schutzumschlag: Papen Werbeagentur, Köln
Druck und Verarbeitung: Mohndruck Graphische Betriebe GmbH, Gütersloh
Printed in Germany
ISBN 3-8025-2192-7

Inhalt

Inhalt

Vorwort

Die Entdeckung des Lindow-Mannes sorgte für erhebliche Aufregung, die sich aber nach der Enthüllung seines grausigen Todes und der Veröffentlichung der ersten Forschungsergebnisse durch das British Museum im Jahr 1986 *(The Body in the Bog)* bald wieder legte. Seither ist über die mögliche Bedeutung seines Lebens und Todes keine größere Arbeit mehr veröffentlicht worden, bis gegen Ende 1987 unser Artikel erschien, in dem wir die Hypothese aufstellten, daß der Tote ein Druide war. Der Mangel an Neugier, was Leben und Tod des Lindow-Mannes anging, war einer der Gründe, die uns bestärkt haben, unsere Hypothese vom Druiden weiter zu verfolgen.

Ursprünglich hatten wir geplant, aus einer neuen Sicht heraus ein Buch über die Druiden zu schreiben, denn wir waren zu dem Schluß gekommen, daß der Lindow-Mann ihrem Orden angehört hatte. Dazu kam ein weiterer Aspekt: Wir wollten die rituelle Bedeutung seines Todes vor dem Hintergrund der berühmten dänischen Moorgräber untersuchen. Um dieses Ziel zu erreichen, mußten wir uns zuvor sehr sorgfältig mit einer Fülle von Meinungen zu diesem Thema auseinandersetzen. Je weiter unsere Nachforschungen gediehen, um so klarer begann sich Stück für Stück ein Bild vom Leben und Tod des Lindow-Mannes zusammenzufügen.

Unsere wissenschaftliche Arbeit über die Druiden und die dänischen Moorleichen im Zusammenhang mit der Entdeckung des Lindow-Mannes begann zunehmend ihren Charakter zu verändern, je weiter unsere Untersuchungen voranschritten. Sie wurde immer mehr zu einem historisch-archäologischen Kriminalroman, und je schneller das Tempo der Enthüllungen zunahm, um so mehr wurden unsere ursprünglichen Themen an den Rand gedrängt. So sind unsere Einsichten in das Druidentum und die dänischen Menschenopfer schließlich zum Anhang der zentralen Detektivgeschichte geworden. Wir hoffen aber, diese Themen zu einem späteren Zeitpunkt wieder aufgreifen und uns dann umfassend mit ihnen auseinandersetzen zu können.

Dieses Buch enthält natürlich in erster Linie unsere ganz persönlichen Ideen und Meinungen. Dennoch haben zahlreiche Personen mit ihrer Arbeit und in Diskussionen zu seinem Gelingen beigetragen. Unser ganz besonderer Dank hierfür gilt: Herrn T. J. Barron, Herrn T. Bruce Eve, Dr. A. B. Harris, Dr. G. Hillman, dem verstorbenen Herrn E. Holden, Dr. T. Holden, Herrn V. Horie, Frau C. M. Johns, Dr. D. Kenyon, Dr. D. Oduwole, Herrn M. Pinney, Frau V. Rigby, Dr. K. Sales und Herrn Anthony Myers Ward.

Der verstorbene Pastor Knud Høgsbro Østergaard hat sich bei seinen weitreichenden Forschungen auch mit der Frage des keltischen Elements in der prähistorischen und historischen Zeit Dänemarks beschäftigt und hat uns hierzu großzügig wertvolles Diskussionsmaterial zur Verfügung gestellt. Wir danken Frau Østergaard für ihre Gastfreundschaft sowie ihr und Dr. Hans Henrik Østergaard, daß sie uns Zugang zu noch unveröffentlichtem Material gewährt haben.

Herr Richard Feachem hat die Zeichnungen und Karten beigesteuert und die Platten zusammengestellt. Herr Charles Ross Feachem hat die endgültige Fassung geschrieben.

Wir möchten uns auch bei Dr. A. J. N. Prad, der von Berufs wegen als erster mit dem Gegenstand dieses Buches befaßt war, für seine große Unterstützung und Hilfe bedanken. Auch Dr. I. M. Stead gilt unser Dank sowohl für seine Informationen als auch seine Einladung, uns mit einem Beitrag an der vom British Museum angeregten Diskussion über 'The Body in the Bog' zu beteiligen.

Oliver Caldecott danken wir herzlich für die Begeisterung, mit der er auf unser Buchprojekt reagierte, und für seine Hilfe und Geduld während seiner Fertigstellung.

Prolog

Das Rätsel
des geschwärzten Brotes

Am Freitag, dem 1. August 1984, fand ein Torfstecher im Lindow-Moor nahe Manchester ein gut erhaltenes menschliches Bein, das unterhalb des Knies abgetrennt worden war. Die Polizei wurde gerufen, um es in Augenschein zu nehmen und die Suche nach weiteren Überresten zu überwachen. 18 Monate zuvor waren in der Nähe bereits Teile eines menschlichen Schädels gefunden worden. Dieser Schädel stammte von einer etwa 30 bis 40 Jahre alten Frau und wies stark ausgeprägte Augenwülste auf. Zähne und Unterkiefer, die eine Identifikation hätten erleichtern können, fehlten.

Nichtsdestoweniger: Die spärliche Beschreibung paßte auf eine Frau aus der Nachbarschaft, die unter ungeklärten Umständen aus ihrem nur wenige hundert Meter vom Lindow-Moor entfernten Haus verschwunden war. Die Polizei vermutete von Anfang an ein Verbrechen, und die Entdeckung des Schädels führte zu einer abermaligen Vernehmung ihres Mannes. Diesmal gab er den Mord zu.

Eine nach der Entdeckung des Schädels durchgeführte weitere Suche im Lindow-Moor verlief jedoch ergebnislos, was schließlich Zweifel an der Identität und dem Alter des Schädels aufkommen ließ. Die hervorragend konservierenden Eigenschaften des Moores sind hinreichend bekannt, und so wurde immer wahrscheinlicher, daß der Schädel ein Relikt aus einer sehr viel früheren Zeit sein mußte. Erstaunlich gut erhaltene menschliche Körper, z. T. älter als 2000 Jahre, sind wiederholt in europäischen Mooren gefunden worden, besonders in den fünfziger Jahren in Dänemark. Dort entscheidet in der Regel die Radiokarbondatierung darüber, ob eine im Moor gefundene Leiche ein Fall für die Polizei oder die Archäologen ist. Dementsprechend wurde auch hier ein Stück des Schädels in den Harwell Research Laboratories untersucht. Das Ergebnis schloß jede Möglichkeit aus, daß der Schädel Beweisstück eines vor kurzem begangenen Mordes sein konnte: Er war wenigstens 1500 Jahre alt!

Der weibliche Schädel war damit als archäologischer Fund identifiziert und erhielt entsprechend der allgemein üblichen Praxis, solche Funde nach Fundort und Geschlecht zu benennen, die Bezeichnung ‚Lindow-Frau'. Mit der Entdeckung des Beines stiegen wiederum die Chancen, daß man vielleicht noch weitere Körperteile finden könnte, und so wurde die Suche fortgesetzt.

Als Rick Turner, der Archäologe des Cheshire County, von der neuen Entdeckung hörte, fuhr er zum Lindow-Moor, um sich an Ort und Stelle umzusehen. Es dauerte nicht lange und er erspähte in der Torfwand einer alten Abbaustelle ein kleines angeschwärztes Hautstück. Es sah ganz so aus, als verberge sich dahinter ein größerer Teil eines Körpers, der möglicherweise ebenso alt war wie die ihn umgebende Torfschicht. Schädel und Bein waren erst entdeckt worden, als der Stecher den Torf herausgeholt und zum Trocknen ausgelegt hatte. Das bedeutete, daß man zum Zeitpunkt der Entdeckung nicht mehr exakt feststellen konnte, wie tief die Körperteile im Moor gelegen hatten. Bei dem geheimnisvollen Hautstück war dies anders. Hier waren Lage und Unberührtheit sofort ersichtlich.

Zuallererst mußte nun, was immer sich hinter dem Stück Haut im Torf verbarg, herausgeholt und vor weiterem Verfall geschützt werden. Im Prinzip war diese Arbeit problemlos, wenn auch mühsam: Das Ausmaß des im Torf steckenden Körpers mußte in etwa abgeschätzt und der Fund in einem Block isoliert werden. Dann mußte um diesen schweren Torfblock eine Holzkiste gebaut werden, das Ganze aus dem Moor herausgehoben und zur Untersuchung ins Labor gebracht werden. In unserem Fall benötigte man für die Organisation und Durchführung des Ganzen einige Tage.

Der im Torf eingeschlossene Körper wurde in die Leichenhalle des Macclesfield District General Hospitals gebracht und der Jurisdiktion des Untersuchungsrichters überstellt. Auf den ersten Röntgenaufnahmen und nach dem Abtragen der obersten Schichten waren die verschwommenen Umrisse einer zusammengekauerten Gestalt zu erkennen. Alle Indizien sprachen dafür, daß es sich um einen archäologischen Fund handelte, aber der Untersuchungsrichter machte seine endgültige Entscheidung von der Radiokarbondatierung abhängig.

Dem zum Vorschein kommenden Körper und dem abgetrennten Bein wurden Proben entnommen, um die notwendigen Messungen durchzuführen. Dabei mußte man sehr sorgfältig vorgehen, um eine Verunreinigung durch den sie umhüllenden Torf zu vermeiden. Dies war von entscheidender Bedeutung, da jede Verunreinigung den Datierungsprozeß erheblich beeinflußt hätte: Der Torf konnte sehr viel älter sein als der Körper, den er umschloß. Die ersten Radiokarbonuntersuchungen wurden in den Harwell Laboratories durchgeführt, wo man bereits das Alter des Schädels der Lindow-Frau bestimmt hatte.

Das Rätsel des geschwärzten Brotes

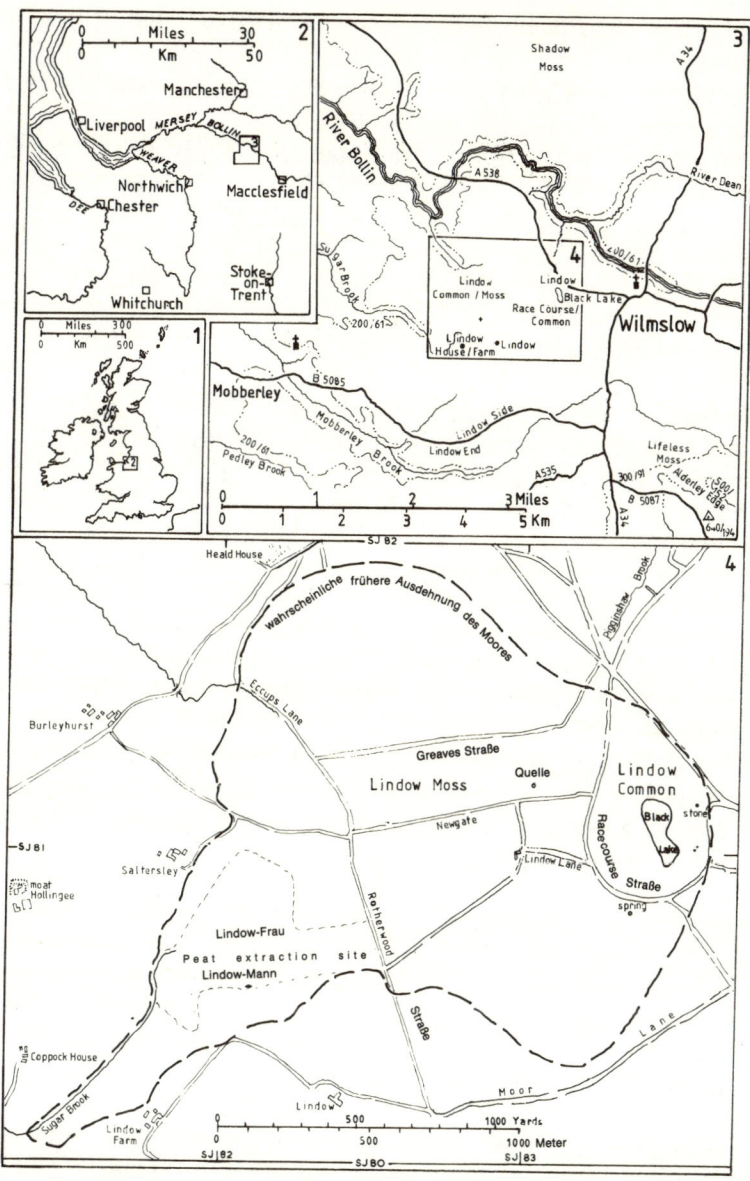

Plätze im Lindow-Moor:
Unterschiedliche Bezeichnungen auf der alten Karte des Ordinance Survey von 1842
und auf modernen Karten:
Lindow Common war Lindow Racecourse,
Lindow Moss war Lindow Common,
Lindow Farm war Lindow House,
das heutige Lindow-House existierte noch nicht.

Die ersten oberflächlichen Messungen ergaben, daß Körper und Bein älter als 1000 Jahre sein mußten. Der Untersuchungsrichter zögerte nun nicht länger, den Körper dem British Museum zur wissenschaftlichen Untersuchung und Konservierung zu überlassen.

Nachdem der Torf entfernt war, kam der Körper eines bärtigen Mannes zum Vorschein. Von den Archäologen erhielt er den Namen ,Lindow-Mann'. Die Medien, die jedes Stadium der Entdeckung mit Spannung verfolgt hatten, gaben ihm den Spitznamen ,Pete Marsh'. Schon die Datierung seines Alters auf 1000 Jahre machte ihn zur weitaus ältesten Mumie, die in neuerer Zeit in England entdeckt worden war. Weitere Untersuchungen ließen jedoch vermuten, daß er noch viel älter war.

Die beiden Fragen, die die Archäologen am meisten interessierten, betrafen die Umstände seines Todes sowie die Zusammensetzung irgendwelcher möglicherweise in seinem Körper erhaltenen Nahrungsreste. Die Konservierung des Körpers im Torf und sein hohes Alter luden zu Vergleichen mit den 2000 Jahre alten Mumien ein, die man zuvor im dänischen Torf gefunden hatte. In jenen Fällen waren die Archäologen aufgrund der Umstände ihres Todes und der in ihren Mägen entdeckten Speisereste zu der Überzeugung gelangt, daß die Männer einen Opfertod gestorben waren. Deshalb suchte man nun gespannt nach Hinweisen auf Übereinstimmung zwischen den dänischen Moorleichen und dem Lindow-Mann.

Die wissenschaftliche Analyse der letzten Mahlzeit führte dann zu unserer Mitarbeit an diesem Projekt. Die Autopsie des Mageninhaltes ergab, daß dieser fast ausschließlich aus fein gemahlenem Getreide bestand, das, unabhängig von einer starken Verfärbung durch den Torf, den Eindruck erweckte, als sei es verbrannt oder versengt worden. Hatte die letzte Mahlzeit vielleicht aus einer Art Porridge oder Brot bestanden, das hastig zubereitet und dabei verbrannt war? Diese vorläufige Meinung wurde zumindest in der BBC-Fernsehsendung QED vertreten, die im Frühjahr 1985 einen Bericht über die Entdeckung ausstrahlte. Die Sendung veranlaßte den Chemiker T. Bruce Eve, einen Brief an Dr. Ian Stead zu schreiben, den Koordinator des Forschungsprogramms ,Lindow-Mann'. Eve wies darauf hin, daß, falls die letzte Mahlzeit tatsächlich aus verbranntem bzw. geschwärztem Brot bestanden habe, dies wahrscheinlich auf ein keltisches Kalenderfest und einen Opfertod deute: Er erinnerte sich, daß er ungefähr acht Jahre zuvor eine Sendung der BBC gesehen hatte, in der Anne Ross, eine Keltologin, über keltische Bräuche und deren Überlieferung gesprochen hatte.

Anne Ross hatte die QED-Sendung nicht gesehen, obgleich sie von dem Fund und dem hohen Alter der Moorleiche gehört hatte. Eines der ergiebigsten und wichtigsten Gebiete ihrer Arbeit war die Untersuchung des Fortbestandes keltischer Bräuche und Glaubensvorstellungen. Dies beinhaltete die Feldarbeit an Orten, wo die keltische Sprache noch gesprochen wurde, sowie auch dort, wo sie zwar ausgestorben war, keltische Traditionen und jahreszeitliche Feste jedoch hinterlassen hatte. Ihre Forschungen hatten das Interesse der BBC geweckt, die sie eingeladen hatte, an dem Film *The Twilight of the English Celts* mitzuwirken, der 1977 ausgestrahlt wurde und den T. Bruce Eve gesehen hatte.

Anne Ross' Vermutung, daß zwischen der Moorleiche und der heidnischen keltischen Religion eine Verbindung bestehen könnte, wurde durch einen Brief von Ian Stead geweckt, in dem dieser Eves Hinweis aufgriff. Ihre sofortige Reaktion war, daß der Tod des Lindow-Mannes offensichtlich von außergewöhnlicher Bedeutung war und dies durch das Vorhandensein des verbrannten Brotes unterstrichen werde. Zu diesem Zeitpunkt war bereits eine Autopsie durchgeführt und die komplizierte und gewaltsame Art seines Todes aufgedeckt worden. Bei dem Toten handelte es sich mit an Sicherheit grenzender Wahrscheinlichkeit um ein Menschenopfer, wobei ihn das Los in Form eines verbrannten Stückchen Brotes getroffen hatte. Der Lindow-Mann schien anläßlich eines bestimmten Kalenderfestes geopfert worden zu sein. Hierfür konnte nach ihren Erfahrungen nur Beltain in Frage kommen, das in der gesamten heidnischen Welt jeweils am 1. Mai begangen wurde.

Anne Ross begann sich für die Moorleiche intensiv zu interessieren. Dr. Stead bat sie, ein Kapitel für die geplante Publikation des British Museum *The Body in the Bog* zu schreiben, in dem sie ausführlich über die Fakten berichten sollte, auf die sich ihre weitreichende und spontane Schlußfolgerung stützte. Sie wußte damals nicht, daß eine vielleicht noch bedeutsamere Entdeckung hinsichtlich der letzten Mahlzeit des Lindow-Mannes bevorstand, und zwar durch Wissenschaftler, deren Spezialgebiet weitab von keltischer Mythologie und Folklore lag. Diese Entdeckung sollte den Beweis für ihre spontan geäußerte Vermutung liefern.

Unsere Interpretation vom Leben und Tod des Lindow-Mannes, wie sie in diesem Buch vorgelegt wird, entstand nach der Veröffentlichung unserer beider Arbeiten über den Toten in *The Body in the Bog*, durch die wir gegenseitig von unserer Arbeit erfuhren. Während Anne Ross ihre Theorie bezüglich der letzten Mahlzeit weiterentwickelte, führte Don Robins gemeinsam mit einer Gruppe wissenschaftlicher Kollegen völlig neuartige Untersuchungen an den Getreideresten vom letzten Mahl des Opfers durch. Bei ihren Forschungen benutzten sie eine neuentwickelte wissenschaftliche Technik, die es ihnen erlaubte, exakt zu bestimmen, auf welche Weise das Mahl zubereitet worden war.

Diese Methode wird seit etwa zehn Jahren bei der Untersuchung archäologischer Nahrungsreste angewandt. Sie entstand aus der Entdeckung einer neuen Anwendungsmöglichkeit der geheimnisvollen Technik der *electron spin resonance* (ESR) in der Archäologie. ESR befähigt uns, den Hitzegrad zu bestimmen, dem frühgeschichtliche Materialien ausgesetzt wurden, wobei sich unser Team schon früh auf die Untersuchung von Getreidekörnern spezialisiert hatte. Nachdem wir diese Methode immer wieder verfeinert und bei verschiedenen interessanten Projekten angewandt hatten, sahen wir uns gerade zu der Zeit, als der Lindow-Mann entdeckt wurde, nach einer neuen Aufgabe um.

Die Archäobotaniker, die den Auftrag bekommen hatten, die letzte Mahlzeit zu analysieren, hatten schon bei früheren Gelegenheiten mit dem ESR-Team zusammengearbeitet. Sie untersuchten die Überreste in den Eingeweiden des Lindow-Mannes und kamen zu dem Schluß, daß er, anders als die dänischen Moorleichen, eine sorgfältig zubereitete Portion ungesäuerten Gerstenbrotes gegessen hatte und nicht etwa grobkörniges Porridge oder irgendeinen Brei.

Erst als *The Body in the Bog* erschien, erkannten wir die volle Bedeutung unserer beiderseitigen Beiträge zum Lindow-Mann-Projekt. Das Ergebnis war eine Zusammenarbeit, die schließlich zu der umfangreichen und gründlichen Interpretation des Lebens und des Todes des Lindow-Mannes führte, die in diesem Buch vorgelegt wird. Es war eine Zufalls-Allianz, die sich aus einer unerwarteten Überschneidung von Nahrungsmittel-Technologie, solider, nüchterner Physik und keltischer Ethnologie ergab. Der Lindow-Mann repräsentiert den Beginn einer neuen Epoche in unserem Verständnis von Englands keltischem Erbe.

1. Kapitel

Der stumme Zeuge

Nachdem man ihn schließlich aus dem Torf herausgeschält hatte, entpuppte sich ‚Pete Marsh' als der obere Teil eines männlichen Torsos, der – wahrscheinlich irgendwann beim Torfstechen – etwa in der Taille abgetrennt worden war. Seine Überreste waren durch den Druck der auf ihm lastenden Torfschichten zerquetscht und völlig flachgedrückt worden. Sie hatten eine dunkelbraune Färbung angenommen und waren durch die im Moor enthaltenen konservierenden Säuren und tanninähnlichen Substanzen fast zu Leder geworden. Er lag zusammengehockt mit dem Gesicht nach unten, die Arme unter dem Torso. Seine linke Hand fehlte ganz, während die rechte noch in Ansätzen vorhanden war. Sein zerquetschter und in die Länge gezogener Kopf, der für den Körper zu groß schien, schmiegte sich, wie bei einem schlafenden Vogel, in scharfem Winkel an seine rechte Schulter. Auf der dem Betrachter zugewandten Seite des Gesichts waren ein kurzer, voller Bart sowie ein Schnurrbart zu erkennen. Er wurde ergänzt durch einen kräftigen, kurzen Haarschopf, der flach auf seinem Kopf klebte. Es war unmöglich festzustellen, ob seine rotbraune Farbe natürlich oder dem Einfluß der im Moor enthaltenen Säuren zuzuschreiben war.

Keine dieser Einzelheiten gab irgendwelche Hinweise auf das Alter der Mumie. Es gab keine Kleidungsstücke, die als Beweis dienen konnten, außer einem Band, das er um den linken Unterarm trug. Dies konnte bedeuten, daß er zum Zeitpunkt seines Todes – abgesehen von diesem Band – nackt oder zumindest bis zur Taille unbekleidet gewesen war. Daß sich seine Kleider im Moor aufgelöst hatten, war unwahrscheinlich. Man hat eine ganze Reihe vollständig bekleideter Leichen in Torfmooren gefunden, deren Gewänder so gut erhalten waren, daß sie restauriert werden konnten und uns einen faszinierenden Eindruck frühgeschichtlicher Gewandung vermitteln. In Dänemark sind sogar hervorragend erhaltene Kleidungsstücke in den moorigen Böden vieler bronzezeitlicher

15

Grabhügel entdeckt worden, mithin aus einer Zeit von mehr als 1000 Jahren vor Christi Geburt. Nur diejenigen Moorleichen, bei denen man auf einen Opfertod schließen kann, waren ohne Ausnahme nackt oder nur minimal bekleidet. Die Nacktheit des Lindow-Mannes bestärkte die Archäologen neben dem Befund der ersten Radiokarbonuntersuchung und der Tiefe des Grabes in dem Glauben, daß dieser Körper wenigstens so alt war wie die dänischen Moorleichen.

Erst die völlige Freilegung des Körpers ermöglichte eine genauere Radiokarbondatierung. Diese mußte durchgeführt werden, bevor der Körper dem Konservierungsteam des British Museum übergeben wurde, um seinem weiteren Verfall vorzubeugen. Das gleiche galt für die meisten Probeentnahmen für die wissenschaftlichen Tests sowie die äußerst wichtige Autopsie und die forensische Untersuchung. Für die Radiokarbonanalyse benötigte man Gewebeproben aus verschiedenen Körperpartien und den noch vorhandenen Knochen. Dabei mußte man sehr sorgfältig darauf achten, daß die Gewebeproben nicht durch Torfstückchen verunreinigt waren, da sie das Ergebnis verfälschen konnten. Auch der Torf selbst mußte untersucht werden; Lage für Lage wurden Proben entnommen, während der Körper freigelegt und herausgehoben wurde. Diese Proben sollten nicht allein einer Radiokarbondatierung unterzogen werden, sondern auch einer umfassenden botanischen Untersuchung mit einer Pollenanalyse, um ein möglichst umfassendes Bild vom Zustand des Moores zum Todeszeitpunkt des Lindow-Mannes zu gewinnen.

Kein wichtiges frühgeschichtliches Objekt wird nur in einem einzigen Labor untersucht, sondern stets von mehreren, unabhängig voneinander arbeitenden Teams. Durch diese Praxis wird sichergestellt, daß man bei einer anschließenden statistischen Auswertung aller Resultate ein ziemlich genaues Ergebnis erhält. Im vorliegenden Fall teilten sich Harwell, Oxford und das British Museum die entnommenen Proben. Während die Datierungsarbeiten liefen, begann man mit der Autopsie und der forensischen Untersuchung, um so den Boden für die Hauptanalyse vorzubereiten.

Der Kelte

Die ersten Resultate der Radiokarbonuntersuchungen, die nach und nach von den Labors eingingen, waren nicht so eindeutig, wie es sich die Archäologen gewünscht hätten. Sie alle bestimmten zwar das Alter des Toten auf etwa 2000 Jahre – in etwa das Alter der dänischen Moorleichen –, aber die Skala war weit gefächert: von 300 v. Chr. bis 500 n. Chr. Die Datierung des Torfs bereitete weniger Probleme. Sie lag übereinstimmend bei etwa 300 v. Chr. Dieses Datum wurde durch eine später eingehende Pollenuntersuchung erhärtet. Es entsprach darüber hinaus dem heutigen geologischen Verständnis von der Entstehung der Moore und Marschen zwischen den Mündungen der Flüsse Dee und Mersey.

Als die Radiokarbondatierung jedoch präziser wurde, stellte sich heraus, daß der Lindow-Mann erheblich jünger sein mußte als das Moor selbst. Die anfänglichen Datierungen der verschiedenen Haut- und Knochenproben lagen in Oxford ziemlich dicht beieinander: etwa 50−100 n. Chr. Bei Harwell reichte die Zeitspanne mit einem Zentrum bei 300 n. Chr. erheblich weiter. Ähnliche Analysen des Mageninhaltes des Lindow-Mannes sind kürzlich im Oxford Radiocarbon Unit abgeschlossen worden, und der Direktor, Dr. Robert Hedges, hat uns freundlicherweise verraten, daß die Ergebnisse ebenfalls bei 50−100 n. Chr. liegen.

Der Lindow-Mann entpuppte sich somit nach und nach als ein Zeitgenosse der berühmten dänischen Moorleichen, die ebenfalls Merkmale eines Opfertodes aufweisen. Die Schlußfolgerung bestätigte damit die ursprüngliche archäologische Einschätzung seines Alters. Sie bot zugleich einen großen Vorteil: Diese Periode des englischen Altertums ist sehr viel besser dokumentiert und erforscht als derselbe Zeitraum in Dänemark. Grund dafür sind die Kontakte zwischen Briten und Römern, die mit Cäsars kurzlebigen Invasionen in den Jahren 55 und 54 v. Chr. begannen. Damals gingen die prähistorischen Entwicklungen in Britannien allmählich dem Ende zu: Die Insel geriet zunehmend unter den Einfluß der römischen Welt. Es entwickelten sich starke Handelsbeziehungen, bis nach der erfolgreichen Invasion unter Claudius im Jahr 43 n. Chr. der größte Teil Britanniens sukzessive dem Römischen Reich als Provinz angegliedert wurde. Der Tod des Lindow-Mannes fiel in die Zeit unmittelbar nach der dritten römischen Invasion und damit in die römisch-britische Periode, die von der Invasion unter Claudius bis zum Abzug der Legionen zu Beginn des 5. Jahrhunderts dauerte.

Demgegenüber befand sich Dänemark im 1. Jahrhundert n. Chr. noch in einer prähistorischen Periode. Weder schriftliche Zeugnisse noch direkte Kontakte verbanden es mit der gebildeten klassischen Welt. Man definiert diese Periode daher eher in einem archäologischen als historischen Sinn als Eisenzeit, wobei man sich auf den höchsten, zur damaligen Zeit dort erreichten Stand der Technologie bezieht. Für Britannien brachte die Eroberung durch die Römer dagegen das Ende der prähistorischen Eisenzeit. Die Tatsache, daß Leben und Tod des Lindow-Mannes damit in eine *historische* Periode fallen (oder zumindest an ihrem Beginn liegen), erlaubte es uns, unsere erste wichtige Schlußfolgerung zu ziehen: Wenn er in jener Zeit und an diesem Ort gelebt hatte und gestorben war, dann sprach alles dafür, daß er ein *Kelte* war.

Der Terminus ‚Kelte‘ wird häufig falsch oder mißverständlich gebraucht. Wir sprechen ohnehin vom ‚keltischen Grenzland‘ und meinen damit Schottland, Wales und Irland. Diese drei gelten als die Heimat

17

der Kelten, die, wie gemeinhin angenommen wird, von den Horden der Angeln und Sachsen nach Westen gedrängt wurden, als diese nach dem Abzug der Römer in das nunmehr offene Land strömten und Britannien mit Feuer und Schwert verwüsteten. Im volkstümlichen Gebrauch dient der Terminus ‚keltisch' heute weniger einer politischen Kennzeichnung als vielmehr der Bezeichnung bestimmter künstlerischer und religiöser Charakteristika. Er beschwört weit häufiger das irreführende Bild von kleinen, dunkelhaarigen Menschen, die sich mit Magie beschäftigen und in der zwielichtigen Welt der Mythen zu Hause sind, als das einer bestimmten Nationalität eines Volkes.

Wie viele Klischees enthält auch dieses ein Körnchen Wahrheit und eine Menge Mißverständnisse. Man sagt, daß die Geschichte von den Siegern geschrieben wird. In diesem Sinne ist die Geschichte der Kelten häufig entstellt worden, denn in den vergangenen 2000 Jahren waren sie stets die Verlierer. Ihr Untergang setzte ein, als die Römer im 1. Jahrhundert n. Chr. begannen, ihr Weltreich aufzubauen. Der Weg wurde ihnen von den Kelten versperrt, die die italienische Halbinsel von ihren Stammlanden in Südost- und Mitteleuropa aus 200 Jahre lang verheert hatten, fast ohne auf Widerstand zu stoßen. Die Römer lernten, die Kampfkraft der keltischen Stämme zu brechen, indem sie ihre gewaltigen Legionärstruppen schufen. Manche Autoren behaupten sogar, der Aufbau des Legionärssystems sei die Antwort der Römer auf die keltischen Verwüstungen in Italien gewesen. Wie auch immer, die beispiellose Militärmacht der Römer führte unaufhaltsam zur Niederwerfung der Kelten und letztlich zum Untergang ihrer weitausgedehnten Herrschaft.

Unter dem massiven Druck der Römer zogen sich die Kelten in hastiger Flucht zurück, wobei auch ihre reiche Kultur entweder zerstört oder verdrängt wurde. Die römischen Schriftsteller und Gelehrten schenkten ihr nur spärliche Aufmerksamkeit; nur wenige haben sie überhaupt erwähnt. Die wahre Größe der Kelten und ihre Bedeutung für die Entstehung Europas hat man erst vor kurzem in vollem Ausmaß erkannt. Das zufällige Überdauern des Lindow-Mannes und die Feststellung seiner keltischen Identität eröffnet uns nun die Möglichkeit, ein weiteres Kapitel ihrer in Vergessenheit geratenen Geschichte zu schreiben.

Ausgangspunkt hierfür waren die Autopsie, die der Freilegung und ersten Datierung des Körpers folgte, sowie der Expertenbericht über seine Konservierung. Wie schon zuvor bei den in Dänemark gefundenen Moorleichen stellte sich die Frage, wie der Lindow-Mann zwei Jahrtausende in einem so guten Zustand im Moor überdauern konnte. Für die Antwort stehen uns zahlreiche ebenfalls zufällig konservierte Körper zur Verfügung, und zwar nicht nur Moorleichen.

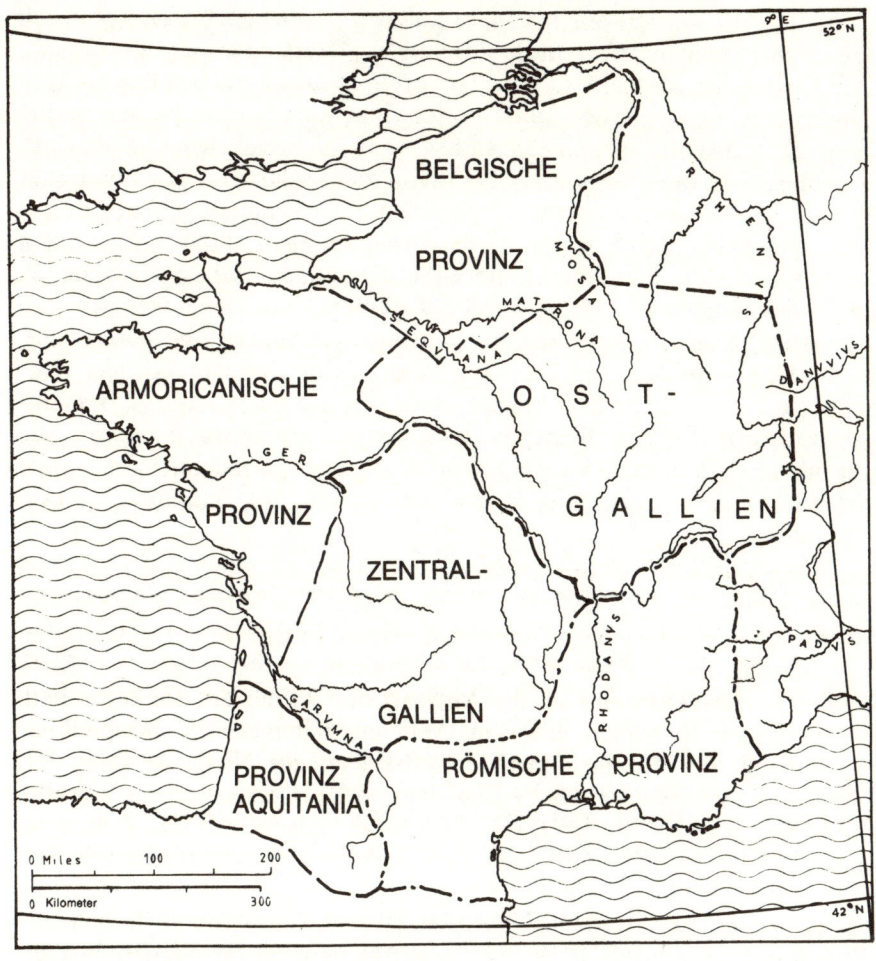

Die Hauptprovinzen Galliens zur Zeit Julius Cäsars

Ein Fortbestehen nach dem Tod

Die meisten Geschöpfe und Pflanzen vergehen nach ihrem Tod. Verwesung, Zerfall und die gründliche Arbeit der Aasfresser wirken zusammen, um ihre einzelnen Moleküle weit und breit zu verstreuen, so daß schließlich von ihrer vorherigen Form oder Identität nichts mehr übrigbleibt. Von dieser natürlichen Ordnung der Dinge gibt es nur wenige Ausnahmen, und es sind diese zufälligen Überreste, die uns gelegentlich einen unmittelbaren Blick auf jene gestatten, die in der Vergangenheit gelebt haben.

19

Knochen werden nur in einem außerordentlichen Glücksfall durch den noch immer unerforschten Vorgang der Versteinerung konserviert. Daß Fleisch die Zeit überdauert, ist vergleichsweise noch seltener. Man könnte eine Analogie herstellen, indem man sich klarmacht, wie wenig Gebäude selbst aus unserer jüngsten Vergangenheit übriggeblieben sind. So gibt es z. B. nur eine winzige Handvoll sächsischer und normannischer Kirchen, die annähernd in ihrer originalen Form erhalten geblieben sind. Von den meisten in England noch vorhandenen römischen Gebäuden existieren nur die Fundamente oder die Grundrisse. Sehen wir weiter in die Vergangenheit zurück, so werden die Überbleibsel noch weniger, und die Form, in der sie uns über die Jahrhunderte hinweg überliefert sind, wird häufig von vorübergehenden Moden und Dogmen diktiert. Der große Avebury Henge in Wiltshire, dessen Reste noch heute zu besichtigen sind, wurde durch die zähen Bemühungen der Christen zerstört, die ihn mit der Anbetung des Teufels in Verbindung brachten, unterstützt von zahlreichen Pragmatikern, die die Steine zum Bau ihrer Häuser verwandten.

Unser Bild von der Vergangenheit, das wir aus solchen Fragmenten und zufälligen Überresten gewinnen, wird darüber hinaus durch die Unvorhersehbarkeit ihrer Entdeckung und Interpretation verzerrt. Nur sehr selten kann ein Fund vorausgesagt werden. In der jüngsten Vergangenheit ist der wahre Wert frühzeitlicher Funde oft unbeachtet geblieben, da sie von der derzeit gerade herrschenden Meinung falsch interpretiert wurden. In der Geschichte der Paläontologie finden wir überall Beispiele, daß die Bedeutung vorgeschichtlicher Dinosaurier- oder Mammutknochen verkannt wurde, da man die Funde in die Zwangsjacke einer eingeengten biblischen Zeitvorstellung steckte, die viele Jahrzehnte hindurch ihre Existenz leugnete.

Da es nicht oft vorkommt, daß von einem Lebewesen, das vor Tausenden von Jahren gestorben ist, etwas anderes als ein Durcheinander fossiler Knochen übrigbleibt, ist die Gefahr einer falschen Rekonstruktion und Interpretation enorm groß. Wird mehr als Steine und Knochen gefunden, so ist das selten und schon deshalb faszinierend. Ein Beispiel dafür sind die Huf- oder Fußabdrücke eines Dinosauriers, flüchtig im weichen Schlamm festgehalten, weil dieser zufällig nach der Berührung hart wurde. An den Rändern vorgeschichtlicher Seen fand man sogar Fußspuren des Vorzeitmenschen.

Seltsamerweise wurde eine der ersten fossilen Fußspuren nur wenige Meilen vom Lindow-Moor entfernt gefunden. Im weichen Sand, am Ufer einer vorzeitlichen Lagune, hatte vor etwa 70 Millionen Jahren ein Dinosaurier eine seltsame Spur handähnlicher Abdrücke hinterlassen, was ihm den Namen Chirotherium, das heißt Handtier, eintrug, als viktorianische Geologen sie im Sandstein von Cheshire entdeckten.

Nur aus Zeiten, die der unseren wesentlich näher sind, finden wir gelegentlich Geschöpfe, bei denen durch einen Zufall auch das Fleisch erhalten geblieben ist. Die berühmtesten Beispiele sind die tiefgefrorenen Mammuts und Wollnashörner, die man im sibirischen Permafrost gefunden hat. Eins der Mammute hatte sogar noch Reste seiner letzten Mahlzeit zwischen den Zähnen. Derartige Konservierungen beruhen darauf, daß das Tier in einer Umgebung starb, die seine Zersetzung verhinderte. Das Torfmoor, das den Lindow-Mann konservierte, erfüllt diese Voraussetzung. Seine Wirkung beruht in erster Linie darauf, daß keine Luft an den Körper gelangt, vor allem kein Sauerstoff, und dadurch der Einsatz der Oxidation und der bakteriellen Zersetzung verhindert wird.

Körper wie Dinge können oft einen langen Zeitraum überdauern, wenn sie mit Wasser gesättigt sind. Dies führt gelegentlich zu erstaunlichen archäologischen Funden, wie z. B. dem Tudor-Kriegsschiff *Mary Rose*, das im nassen Schlick eingeschlossen war. Eine Menge alter Schiffe, selbst sehr primitive Fahrzeuge aus der Steinzeit, verdanken ihre Erhaltung der enormen Langlebigkeit bestimmter Holzarten, wenn diese völlig vom Wasser bedeckt sind.

Aber es war nicht allein das Wasser, das den Lindow-Mann und die anderen Moorleichen so erfolgreich konserviert hat. Der Torf selbst ist entscheidend wichtig, da er einen ganzen Komplex natürlicher Mineralien enthält ähnlich den Tanninen, die unter anderem als Gerbstoff aus Baumrinde gewonnen werden. Sie verbinden sich mit dem Eiweiß der Haut und verwandeln diese in eine dauerhafte und häufig geschmeidige Art von Leder. Während dieser Prozeß fortschreitet, frißt sich das hoch säurehaltige Grundwasser in die meisten inneren Organe, Fettpolster und selbst Knochen, weicht sie auf und zerstört sie manchmal vollständig. Dieser chemische Vorgang verwandelt den Körper nach und nach in eine lederartige Hülle, wobei die äußeren Formen bis hin zu Falten, Fingerabdrücken, Bartstoppeln, Fingernägeln und Wimpern originalgetreu erhalten bleiben. Innerhalb dieser Lederhülle bleibt meist nur sehr wenig bestehen.

Eine solche natürliche Konservierung verläuft entgegengesetzt zum normalen Verwesungsprozeß, bei dem sich das Fleisch von den Knochen löst. Natürlich können diese Knochen dann viele Jahre überdauern, bevor sie ihre Struktur verlieren und schließlich zu Staub zerfallen. Die Wirksamkeit einer Konservierung im Moor hängt ferner davon ab, wie schnell und tief der Körper in den Torf bzw. in sein konservierendes Grundwasser hineingelegt wurde und wie bald dies nach seinem Tod erfolgte. In vielen Fällen sind nur leicht bedeckte Extremitäten, wie Hände und Füße, weit stärker zerfallen als der tiefer liegende Leib.

Zu all diesen unterschiedlichen Reaktionen von Konservierung und Zersetzung kommt der physikalische Einfluß des Torfes, der den Körper ringsum einhüllt. Denn als organische Masse unterliegt er seinem eigenen komplexen Umformungsprozeß und Verfallzyklus, in dessen Verlauf der Körper tiefer und tiefer unter die sich ständig erneuernde Oberfläche gedrückt wird. Während dieses Vorgangs wird der Körper immer mehr zusammengepreßt und sogar zerbrochen, so daß er manchmal nur noch wenig Ähnlichkeit mit einer menschlichen Gestalt aufweist, wenn er entdeckt wird.

Daß ein Körper im kompakten Torf in erkennbarer Form überdauert, ist fast ein Wunder. Auch besteht keinerlei Garantie dafür, daß jemand, der in einem bestimmten Moor bestattet wird (oder versehentlich hineinfällt), wirklich konserviert wird. Überreste, die man in den Mooren West- und Nordeuropas gefunden hat, liefern eine ganze Skala an Konservierungsmodellen. In Schottland hat man von den meisten Leichen nur noch die Skelette gefunden, obgleich sie nach ihrer generell sehr gut erhaltenen Kleidung zu urteilen kaum älter als ein paar hundert Jahre zu sein schienen. Im Vergleich dazu sind die meisten Funde in Irland und dem englischen Hochland unvollständig und gehen zumeist bis in das späte Mittelalter zurück. Abgesehen vom Lindow-Mann sind die fragmentarischen Überreste eines zweiten Körpers aus der Eisenzeit, die kürzlich im Lindow-Moor gefunden wurden und derzeit noch untersucht werden, sowie das Schädelfragment der Lindow-Frau die einzigen menschlichen Überbleibsel aus der Frühzeit, die wissenschaftlich belegt sind.

In den Torfmooren Dänemarks sind dagegen eine ganze Reihe Mumien aus der Eisenzeit gefunden worden. Sie sind Zeitgenossen des Lindow-Mannes und in der Regel hervorragend erhalten. Wir gehen hierauf noch eingehender in Appendix II ein, wenn wir das eindrucksvolle Beweismaterial vergleichen, das einige dieser gut erhaltenen Körper für einen Opfertod liefern. Neben diesen dänischen Moorleichen gibt es jedoch auch eine ganze Reihe nur noch fragmentarisch erhaltener Körper, und es gibt keinen eindeutigen Beweis dafür, daß die älteren Leichen entweder besser oder schlechter konserviert sind. Ebensowenig scheint irgendeine besondere Moorart besser geeignet zu sein als eine andere, um einen Körper zu konservieren, denn häufig findet man im selben Moor und zu denselben Bedingungen eine gut erhaltene, sehr alte Mumie neben den sehr spärlichen Überresten eines viel jüngeren Toten. Wir haben bereits ein sehr anschauliches Beispiel der Konservierungs-Lotterie im Lindow-Moor gesehen: Die praktisch knochenlose Lederhülle des Lindow-Mannes lag ganz in der Nähe des nahezu fleischlosen Schädelfragments der Lindow-Frau, und dies ungeachtet der knochenauflösenden Säure des Moorwassers und der jüngeren Datierung der Lindow-Frau.

Die grausigen Moormorde, die sich nicht weit von Lindow im Saddleworth-Moor nördlich von Manchester ereigneten, unterstreichen dies ebenfalls. Obgleich die Opfer wenige Jahre nach ihrer Versenkung im Moor gefunden wurden, war von ihnen außer den Knochen nur sehr wenig übriggeblieben. Ihre Kleidung jedoch hatte dem säurehaltigen Torf widerstanden, wie man es bereits bei den dänischen Grabfunden aus der Bronzezeit beobachtet hatte, und bot die einzige echte Hoffnung auf eine Identifikation.

Für die offensichtlich vom Zufall abhängige, vollständige körperliche Konservierung im Torf, gemeinsam mit den Überresten herrlicher Grabbeigaben, sind die dänischen ‚Erdwall-Leute' ein nahezu einmaliges Beispiel. Groß und anmutig herrschten sie während der Bronzezeit (etwa um 1000 v. Chr.) in Dänemark – Zeitgenossen der homerischen Griechen. Sie wurden in riesigen Eichensärgen unter kegelförmigen Erdwällen bestattet. Dennoch war von einigen infolge des Wassers, das sich in den Särgen angesammelt hatte, und des Tannins, das aus dem Eichenholz ausgetreten war, nur noch eine schlammige, proteinhaltige Masse übriggeblieben, während andere – unmittelbar daneben – völlig erhalten waren, so daß man noch ihre Gesichtszüge erkennen konnte. Wie immer bei diesen zufälligen Funden ist wieder nur das, was in jüngster Vergangenheit entdeckt wurde, ordnungsgemäß erfaßt und von Wissenschaftlern untersucht worden. Vieles an Information über ältere Funde ist entweder durch unsachgemäße Konservierung verlorengegangen oder von Schatzsuchern und Grabräubern zerstört und ruiniert worden. Einige der aufgefundenen Toten wurden sogar auf Friedhöfe überführt, weil man sie für zeitgenössische Mord- oder Unfallopfer hielt. Der verrückte Zufall, der Tote im wasserdurchtränkten Torf konserviert, treibt sein Spiel auch an anderen Orten, vor allem an extrem heißen und trockenen Plätzen wie den Wüsten oder extrem kalten und trockenen Gegenden wie den Tundren und auf hohen Bergen. Dieselben klimatischen Bedingungen, die uns über eine Zeitspanne von 20 000 Jahren hinweg die fast intakten Mammuts schenkten, haben uns auch die erstaunlichen Gräber von Pazyryk im vereisten Altaigebirge im südlichen Sibirien beschert, in denen reich tätowierte Stammesfürsten vor mehr als 2000 Jahren mit barbarischem Pomp zur letzten Ruhe gebettet wurden. Nicht nur ihre Leichname, sondern auch zahlreiche Grabbeigaben sind in hervorragendem Zustand erhalten geblieben, bis hin zur Farbe der Stoffe und Felle.

Bemerkenswerte Funde gut erhaltener Mumien, die etwa 1000 Jahre zurückzudatieren sind, wurden auch in den hochgelegenen Andenhöhlen in Peru/Chile gemacht. In diesen Fällen verhinderte eine rasche und extreme Austrocknung die Verwesung. Ein ähnlicher Mechanismus hat uns zahlreiche ausgetrocknete Mumien von amerikanischen Indianern in den Wüstenhöhlen der USA beschert, die ebenfalls Hunderte von Jahren alt sind. Bewirkt wurde die rasche Austrocknung durch die intensive, trockene Hitze. Aber wie bei den Moorleichen kann man auch hier dicht beieinander die extremsten Unterschiede in der Konservierung antreffen, von erkennbaren Gesichtszügen und Körperformen auf der einen bis zu

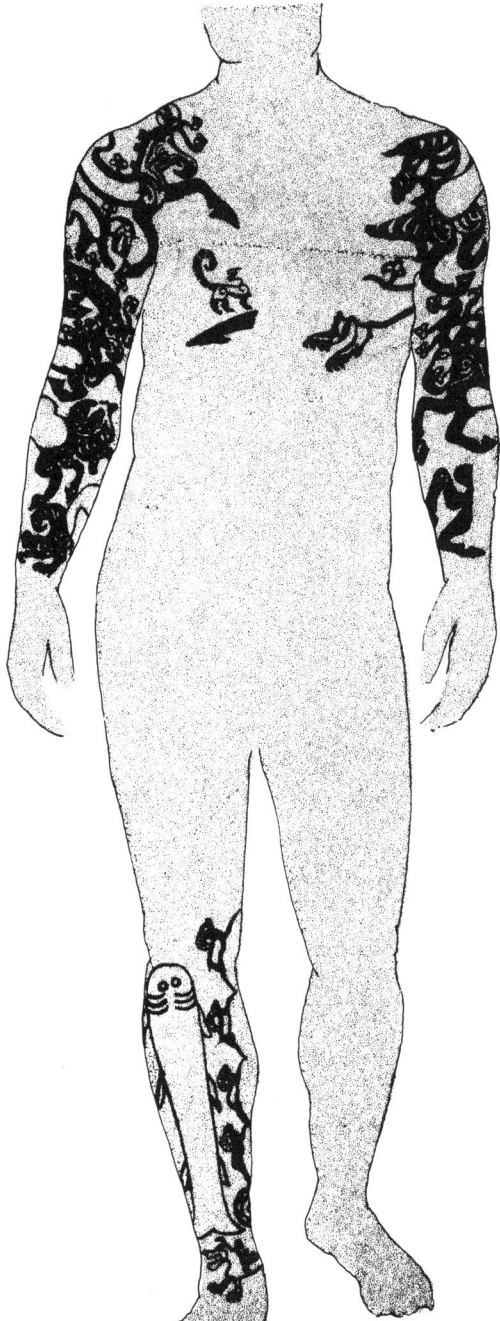

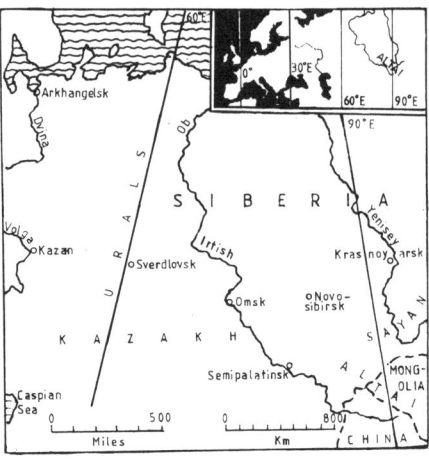

Der keltische Brauch, Motive und Muster auf die menschliche Haut zu malen bzw. zu tätowieren, ist häufig belegt. Die Voraussetzungen, die für eine Konservierung der Haut gegeben sein müssen, sind in Europa und dem Nahen Osten sehr selten anzutreffen. Anders jedoch in bestimmten Gräbern im südlichen Rußland, besonders in denen, die bereits kurz nach der Bestattung ausgeraubt wurden und sich anschließend mit Wasser füllten.

Die hier abgebildeten Tätowierungen entdeckte man an einem Leichnam in einem Grab aus dem 5. oder 6. Jahrhundert v. Chr. in Pazyryk, Altayskaya. Die Muster zeigen stilisierte Lebewesen und Fabelmonster. Die beiden Illustrationen auf der unteren Partie des rechten Armes stellen einen gehörnten Bergwidder dar (links) und ein Raubtier mit aufgerissenem Maul (rechts). Auf dem rechten Bein sind ein Fisch und die Umrisse eines Bergschafes zu erkennen.

zerbröckelnden, fleischlosen Skeletten auf der anderen Seite. Die Gründe für diese Unterschiede sind den Archäologen nach wie vor ein Rätsel.

Ein ganz ungewöhnlicher Tod

Schon bald nachdem der Lindow-Mann unter der strengen Aufsicht des Konservierungsteams des British Museum aus dem Torf herausgeholt worden war, lieferten Autopsie und Röntgenuntersuchung des Körpers eindeutige Beweise dafür, daß er eines gewaltsamen Todes gestorben war. Dies rückte ihn noch mehr in die Nähe der dänischen Opferfunde. Die Untersuchung begann mit einer umfassenden Xeroradiographie und Röntgenabtastung, die die schemenhaften Überreste des Knochengerüstes deutlich hervortreten ließen.

Der verformte und flachgedrückte Schädel schmiegte sich infolge einer massiven Verrenkung der Halswirbelsäule eng und schiefwinklig in die rechte Schulterbeuge. Das Genick des Lindow-Mannes wies einen sauberen Bruch auf, wie er beim Tod durch Erhängen eintritt. Sein Kopf zeigte starke Brüche am Scheitel und an der Basis. Sein Kiefer war gebrochen. Sowohl die Schädelverletzungen als auch die gebrochene Halswirbelsäule konnten seinen Tod herbeigeführt haben. Aber zu diesem Zeitpunkt konnte man noch nicht sagen, welche Verletzung zuerst erfolgte, ob sie vor oder nach seiner Beisetzung im Moor eingetreten waren und wodurch sie verursacht wurden. Dies ließ sich nur feststellen, wenn das weiche, inzwischen zu Leder gewordene Gewebe, das die

Bruchstellen umgab, gut genug erhalten war, um entsprechende Anhaltspunkte zu liefern.

Die Forscher fanden ferner heraus, daß die unteren Rippen auf der rechten Seite des Torsos oberhalb der Lendenwirbelsäule wie durch einen heftigen Schlag gebrochen worden waren; die Lendenwirbelsäule selber war von den Ausgräbern versehentlich durchtrennt worden. Die Röntgenabtastung war so sensitiv, daß sogar leichte Deformationen an der Wirbelsäule sichtbar wurden, die eine beginnende Arthritis anzeigten. Knochenfragmente aus dem abgetrennten Bein, das inzwischen zweifelsfrei als ein Teil des Lindow-Mannes identifiziert worden war, wiesen ebenfalls eine leichte Arthritis auf, ähnlich einer leichten Osteo-Arthritis.

Diese beiden Entdeckungen sorgten insbesondere bei jenen Teammitgliedern für erhebliche Aufregung, die sich mit der Erforschung frühzeitlicher Krankheiten beschäftigten. Es war jedoch bereits klar, daß es sich bei dem Lindow-Mann weder um einen alten noch um einen kranken Menschen gehandelt hatte, der möglicherweise aus Mitleid getötet worden war. Die Schatten der Knochen deuteten vielmehr auf einen robusten und gesunden Körper; das Vorhandensein von Weisheitszähnen und die geschlossenen Schädelnähte wiesen gleichfalls auf einen erwachsenen Mann. Schon nach ihrer ersten, noch flüchtigen Analyse waren sich die Pathologen einig, daß der Lindow-Mann gut gebaut und muskulös und wahrscheinlich zwischen 25 und 30 Jahren alt gewesen war. 30 Jahre war das übliche Alter für Menschenopfer.

Die genaue Untersuchung des Gewebes begann mit den Schädelverletzungen. Dabei ergab sich sehr bald, daß sie von einer gewaltsamen Verletzung stammten und nicht auf eine Beschädigung der aufgeweichten Knochen nach der Bestattung im Torf zurückgingen. Den Frakturen am Schädel entsprachen zwei nebeneinander liegende Fleischwunden in der Kopfhaut, beide mit geschwollenen Wundrändern, ein Beweis dafür, daß sie einem Lebenden zugefügt worden waren. Die glatten Wundränder zeigten an, daß dabei eine scharfe und schwere Waffe benutzt worden war; denkbar wäre beispielsweise eine Axt. Eine spätere Untersuchung des Mundes des Lindow-Mannes ergab, daß seine an sich gut erhaltenen Backenzähne durch die Gewalt der Schläge so heftig zusammengepreßt worden waren, daß ihre Kronen abbrachen. Diese Axthiebe waren nicht unmittelbar tödlich gewesen, hatten ihm aber das Bewußtsein geraubt. Die Ohnmacht war die Vorstufe eines langsamen Todes. Die Schädelbasis wies eine ähnliche Fleischwunde und Fraktur auf, verursacht durch eine stumpfe, aber schwere Waffe, möglicherweise den Rücken oder die flache Seite einer Axt.

Hiernach schien es möglich, daß der Lindow-Mann von hinten mit einer Axt niedergeschlagen und dann sterbend ins Torfmoor gestoßen worden war. Die exakt dicht nebeneinander gesetzten, betäubenden

Hiebe auf seinen Scheitel weckten Zweifel an der an sich naheliegenden Vermutung, daß er bei einem ‚frühgeschichtlichen Überfall‘ ums Leben gekommen war. Der Aufsatzwinkel und die Schwere der Schläge erforderten, daß der Angreifer direkt hinter und über ihm gestanden hatte. Der Lindow-Mann mußte vor seinem Angreifer gekniet haben und die Schläge entweder gewollt oder wenigstens ohne Gegenwehr hingenommen haben. Vielleicht war es eher eine Exekution als ein Opfertod gewesen, denn keines der dänischen Menschenopfer wies eine ähnlich schwere Körperverletzung auf.

Dagegen zeigte die Haut über dem gebrochenen Kiefer keinerlei Prellung oder Schwellung. Diese Beschädigung konnte durchaus durch den Bruch eines weichgewordenen Knochens unter dem ständig zunehmenden Druck des Torfs entstanden sein, der sich im Laufe der Jahrhunderte über dem Leichnam angesammelt hatte. Der Schlag gegen die Schädelbasis mochte ausgeführt worden sein, nachdem der Lindow-Mann nach den beiden fürchterlichen Hieben auf seinen Kopf zu Boden gestürzt war.

Der Beweis für einen Opfertod wurde durch den nächsten Schritt, die forensische Untersuchung, erbracht; ein Tod durch Exekution schien jetzt ausgeschlossen. Als man den Torso aus der Bauchlage auf den Rücken drehte, entdeckte man um sein gebrochenes Genick eine verknotete Schnur aus Tiersehnen. Die Schnur war so stramm angezogen, daß sie tief in die Haut einschnitt und sowohl vorn wie an beiden Seiten des Halses deutliche Ligaturen erkennen ließ. Über den Zweck konnte es kaum Zweifel geben. Denn nichts, was so primitiv und so extrem festgezogen war, kam als Schmuck oder Rangabzeichen in Frage. Auch die Anordnung dreier Knoten in der Schnur ließ nur den einen Schluß zu: Es handelte sich um eine Garrotte. Sie war buchstäblich mit halsbrecherischer Kraft um sein Genick geschlungen worden und hatte den Lindow-Mann sauber und schnell getötet, nachdem er durch die Hiebe auf seinen Kopf bewegungsunfähig war.

Das Prinzip der Garrotte ist grausig einfach. Eine enganliegende Schnur wird um den Hals geknotet, wobei zwischen Schnur und Hals ein Knebel gesteckt wird. Sobald der Knebel herumgedreht wird, drückt die Schnur blitzschnell und mit enormer Kraft den Hals zusammen, blockiert die Luftröhre und bricht die Halswirbelsäule. Garrottieren ist eine schnelle, geräuschlose und äußerst erfolgreiche Tötungsmethode, eine Kombination von hängen, da die Wirbelsäule durch den Sturz gebrochen wird, und erdrosseln, weil die Luftröhre abgeschnürt wird. Diese Art der Exekution und des Mordens wurde von der sizilianischen Vendetta bevorzugt und während der spanischen Inquisition jenen als Gnade gewährt, die vor ihrer Verbrennung auf dem Scheiterhaufen widerriefen.

Als man die Garrotte entfernte, um den Nackenbereich näher zu untersuchen, entdeckten die Pathologen, wie effektvoll mit ihr gearbeitet

27

worden war. Die Luftröhre war infolge der massiven Zusammenschnürung vollständig zu. Zweifellos hatte diese Aktion den Lindow-Mann getötet, nachdem man ihn mit der Axt bewußtlos geschlagen hatte. Es war daher denkbar, daß die Betäubung als eine Art Gnadenakt gesehen werden mußte, was wiederum eher für einen Opfertod als eine Exekution sprach. Dies lud zu einem Vergleich mit einem der berühmtesten Toten der dänischen Eisenzeit ein, dem Tollund-Mann, der ebenfalls mit einem Strick um den Hals gefunden worden war.

Aber die Geschichte vom Sterben des Lindow-Mannes ist damit noch nicht zu Ende. Als die Forscher seinen Kopf anhoben, um die Garrotte zu entfernen, stießen sie auf die erste Fleischwunde, die während der Radiographie nicht durch einen korrespondierenden Knochenbruch angezeigt worden war: Direkt über der Ligatur, auf der verdeckten rechten Seite des Halses, befand sich ein eigentümlicher Schnitt, und zwar genau dort, wo der Kopf tief zur Schulter hin abgeknickt war. Zunächst hielt man die Verletzung für eine postmortale Wunde, aber eine gründlichere Untersuchung enthüllte bald ihre wahre und grausige Natur.

Es war ein tiefer und schmaler Einschnitt, durchgeführt mit einer sehr scharfen und spitzen Klinge, die mit chirurgischer Präzision in die Halsschlagader gestoßen worden war. Von der Wundschwellung her, die den Ligaturmalen ähnelte, sah es so aus, als sei dieser tiefe und präzise Stoß ausgeführt worden, bevor die Erdrosselung beendet gewesen war. Der Lindow-Mann hatte noch gelebt, als der Schnitt gemacht wurde und war sehr wahrscheinlich tot, bevor die Garrottierung abgeschlossen war. Zweck dieser makabren Aktion mußte es gewesen sein, den Körper über die durchtrennte Halsschlagader schnell auszubluten. Die Frage, ob ihm diese tödliche Verletzung den Todesstreich hatte versetzen sollen, schien fast müßig angesichts des schnellen Endes durch die Garrotte, deren Handhabung offensichtlich in kundigen und fähigen Händen gelegen hatte. Aber die Wunde ließ noch eine andere Interpretation zu: Sie war ihm *bewußt zugefügt worden*, um den Körper auszubluten, während zugleich die Garrottierung weiter vorbereitet wurde. Dies deutete zweifelsfrei auf eine Ritualtötung hin, wie sie z. B. noch heute von Juden und Moslems beim Schlachten von Tieren praktiziert wird, und nicht auf eine Exekution.

Jede andere Wunde, die der Lindow-Mann aufwies, konnte dieser gegenüber nur von untergeordneter Bedeutung sein, eine Vermutung, die sich später als richtig erwies. Der partielle Bruch des hinteren Brustkorbes schien zu Lebzeiten verursacht, dagegen war eine kleine Verletzung auf seiner Brust wahrscheinlich erst nach der Bestattung entstanden. Für eine letzte Überraschung sorgten die Botaniker und Pollenanalytiker, die sehr detailliert die Geschichte des Moores untersucht hatten, in dem der Tote gefunden worden war. Sie kamen zu dem

Schluß, daß der Lindow-Mann nach seinem komplizierten und grausamen Tod mit dem Gesicht voran in ein etwa einen Meter tiefes Wasserloch gestürzt worden war und nicht direkt ins Moor. Mit anderen Worten: Sein „Tod" durch Ertränken war ein zusätzlicher symbolischer Akt gewesen, denn angesichts seiner schweren Verletzungen war klar, daß er bereits tot war, bevor er ins Wasser fiel. Dieses letzte Beweisstück beseitigte jeden Zweifel an seinem Opfertod, der zudem sehr viel komplizierter war, als bei irgendeinem der bis dahin entdeckten dänischen Opfer.

Es war ein ganz ungewöhnlicher Tod, dem möglicherweise eine spezielle Henkersmahlzeit vorausgegangen war, ein Gedanke, der sich aufdrängte, wenn man Rückschlüsse aus den dänischen Funden zieht. So wurden die Untersuchung der inneren Organe und die Analyse eventuell vorhandener Nahrungsreste mit großer Spannung erwartet – nicht zuletzt von den Autoren, denn mit der nächsten Phase des Forschungsprojektes „Lindow-Mann" sollte nun unsere Arbeit beginnen.

Das letzte Mahl

Die anschaulichen Details der Erscheinung des Lindow-Mannes und seines gewaltsamen Todes, die in seinem lederartigen Äußeren und seinen schemenhaften Knochen deutlich geworden waren, fanden in den aus den Resten seiner inneren Organe gewonnenen Informationen keine Entsprechung. Das meiste davon war nicht mehr zu identifizieren, als die beim Torfstechen so sauber halbierte Bauchhöhle für die Autopsie geöffnet wurde. Nach sorgfältiger Untersuchung und Präparierung konnte jedoch eine röhrenartige Struktur isoliert werden, die als ein Teil des oberen Verdauungstraktes identifiziert wurde. Es handelte sich um den Magen und ein Stück des Dünndarms. In ihnen fand man geringe Mengen eines weichen, breiigen Materials. Falls irgend etwas über die letzte Mahlzeit des Lindow-Mannes in Erfahrung zu bringen war, dann nur durch eine sorgfältige Anlayse dieses nicht gerade vielversprechenden dunkelbraunen Matsches.

Das wissenschaftliche Hauptinteresse am Darminhalt galt der Frage, ob aus ihm im Vergleich mit den letzten Mahlzeiten der dänischen Moorleichen neue Erkenntnisse über Ernährung und Landwirtschaft in der Eisenzeit gewonnen werden konnten. Man hielt es für unwahrscheinlich, daß in diesem säurehaltigen Umfeld irgendwelche Reste von Milchprodukten, Getränken oder Fleisch hatten überdauern können. Jeder Versuch einer Rekonstruktion der landwirtschaftlichen Szenerie der späten Eisenzeit mußte auf Pflanzenresten aufbauen, die sowohl der Säure des Torfs wie den Verdauungssäften des Darms widerstanden hatten.

29

Nur die dem Darm immanente Resistenz gegen Säuren hatte ihn überdauern lassen, als die übrigen inneren Organe sich auflösten. Die Archäobotaniker mußten sich bei ihrer Untersuchung auf die Rückstände unverdaulicher Pflanzenstoffe, wie z. B. Zellulosehülsen und -stückchen und zufällig in den Nahrungsresten eingeschlossene Samenpollen, stützen, die sich nicht in Säure auflösen.

Die einleitende botanische Anlayse von etwa 30 g des breiigen Darminhalts ergab eine feingemahlene Getreidemischung, die vorläufig als Brot identifiziert wurde. Dies war so etwas wie ein Abstieg, denn die letzte Mahlzeit aller dänischen Mooropfer war eine komplexe Mischung aus Getreidekörnern und einer großen Vielfalt an Wildpflanzensamen gewesen – eine Art grobgemahlenes ‚Eisenzeit-Müsli‘, wahrscheinlich in Form eines dicken Breis.

Die Komplexität eines dänischen Essens konnte zwei Gründe haben: Entweder waren ihre Felder voller Unkraut und Wildblumen, und das Ganze war zusammmen geerntet worden, vielleicht sogar, um das Getreide in Zeiten des Mangels zu ‚verlängern‘, oder die Blumen- und Unkrautsamen waren dem Mahl aus rituellen oder religiösen Gründen nachträglich beigegeben worden. Da viele Pflanzen, deren Samen gefunden wurden, ohne weiteres inmitten des Getreides herangereift sein konnten, neigen die Archäologen eher zu der ersten Version.

Die Annahme einer schlechten Getreidequalität wurde eindrucksvoll bewiesen, als 1954 die letzte Mahlzeit des Tollund-Mannes analysiert wurde. Die dänischen Archäologen luden zwei berühmte englische Kollegen, Sir Mortimer Wheeler und Professor Glyn Daniel, zu einem Essen nach ‚Tollund-Rezept‘ ein; beide erklärten den Brei nach wenigen Löffeln für ungenießbar und unappetitlich, selbst wenn man ihn mit altem dänischen Brandy hinunterspülte! Man gewann sehr stark den Eindruck, daß die Zusammenstellung dieses Breis und einiger ähnlicher, die später analysiert wurden, eine Ackerbaugesellschaft am Rande einer Hungersnot widerspiegelte; es schien sich weniger um unergiebige Anbaupraktiken oder um eine Mischung aus Korn und Blumensamen zu Ehren einer Gottheit zu handeln. Vielleicht sollte die Opferung des Mannes und der Verzehr dieser an sich ungenießbaren Mahlzeit die Fruchtbarkeitsgötter und -göttinnen versöhnlich stimmen, die das Getreide durch Eigensinn oder Bosheit vernichtet hatten.

Die auf Kleie und etwas Spreu reduzierten Getreidereste im Darm des Lindow-Mannes ergaben eine feingemahlene Mischung aus einigen frühen Weizen- und Roggensorten sowie Gerste. Dies waren Urformen, die den Archäologen des Teams gut bekannt waren, und die der Datierung nach in die späte Eisenzeit gehörten. Andere Bestandteile waren nur in winzigen Mengen vorhanden, selbst in den eingeschlossenen Pollen; jedoch erwiesen sich einige als besonders signifikant.

Wegen der Schlichtheit der analysierten Mahlzeit kam man vorschnell zu dem Schluß, daß ihr offenkundig keinerlei rituelle Bedeutung zukomme. Sie deckte sich in keiner Weise mit denen des dänischen Tollund- und Grauballe-Mannes. Außerdem entsprach die entdeckte Gesamtmenge nur etwa einem Zehntel von dem, was man im − vollständig erhaltenen − Darm des Tollund-Mannes gefunden hatte. Über diesen Punkt wurde viel spekuliert.

Das meiste von der Mahlzeit des Tollund-Mannes war im unteren Darmbereich gefunden worden. Das bedeutete, daß er ein einziges umfangreiches Mahl zu sich genommen hatte, und zwar wenigstens 12 Stunden vor seinem Tod, und daß dessen Nährwert in diesen 12 Stunden tatsächlich verdaut worden war. Anders verhielt es sich beim Lindow-Mann, wo Kleie und Spreu noch mit Kohlehydratmolekülen vermischt waren, die sich normalerweise auf ihrem Weg durch den Dünndarm sehr rasch auflösen.

Das Vorhandensein von Kohlehydratmolekülen bedeutete nicht nur, daß er das Brot erst kurz vor seinem Tod gegessen hatte, sondern wies auch auf einen Punkt hin, der bisher nicht beachtet worden war. Da das teilweise verdaute Getreide seine lange Reise durch den Verdauungstrakt gerade erst begonnen hatte, war es durchaus möglich, daß die gefundene kleine Menge im wesentlichen das war, was er zu sich genommen hatte. Mit anderen Worten: Die letzte Mahlzeit des Lindow-Mannes, oder besser ihr Getreideanteil, der die 2000 Jahre überdauert hatte, war insgesamt nur eine winzige Portion gewesen und nicht etwa − wie im Fall des Tollund-Mannes − eine große Schüssel grobkörnigen Breis.

An diesem Punkt wurde nun Don Robins aktiv in das „Lindow-Mann-Projekt" eingeschaltet. Gordon Hillman, der Chef-Archäobotaniker, fragte an, ob Don Robins und seine Kollegen ihm bestätigen könnten, daß die letzte Mahlzeit tatsächlich Brot war. Dies konnte mit Hilfe der unter dem Namen *electron spin resonance (ESR)* bekannten Analysetechnik bewerkstelligt werden, die es uns ermöglicht, die ‚historische Erwärmungszeit' der Getreidereste aufzuzeigen, das heißt nachzuweisen, auf welche Art und bis zu welchen Temperaturen das Getreide während des Koch- bzw. Backvorgangs erhitzt worden war.

ESR war von Don Robins gemeinsam mit einigen Kollegen von den Universitäten Leicester und London entwickelt worden, und zwar einmal, um jene sehr lange zurückliegenden Erwärmungsprozesse zu messen, aber auch, um zu bestimmen, *wie lange* die Nahrung der Hitze ausgesetzt worden war. Bevor mit den eigentlichen Untersuchungen begonnen werden konnte, mußten langwierige Vergleichsexperimente mit Bestandteilen ebenso alter Getreidearten durchgeführt werden, um die Erwärmungsart der entdeckten Nahrungsreste bewerten zu können. Unser Team hatte bereits früher in ähnlichen Fällen mit Gordon Hillman zusammengearbeitet und dabei eine Menge Erfahrung gesammelt, wie man dieses Problem angehen mußte. Hillman hatte die benötigten alten

Getreidearten in einer entfernten Ecke im Nordosten der Türkei aufgetrieben, wo die Bauern noch heute die archaischen Getreidesorten anbauen, sowie von der ‚Butser Hill Iron Age Farm' in Hampshire, wo diese landwirtschaftlichen Relikte experimentell gezüchtet werden.

Die Untersuchungen bestätigten Gordon Hillmans Vermutung, daß die letzte Mahlzeit des Lindow-Mannes tatsächlich aus einer Art Brot bestanden hatte. Die gemessenen Temperaturen lagen bei 200 °C und waren damit für die Zubereitung von Porridge oder Brei viel zu hoch, entsprachen aber Backtemperaturen. Unser Team konnte jedoch noch einen Schritt weitergehen: Wir nahmen an, daß die Backzeit nur sehr kurz gewesen war, vielleicht nur ein paar Minuten. Mit Sicherheit aber hatte der Vorgang keine Stunde oder vielleicht noch länger gedauert, wie dies für die Zubereitung von Porridge notwendig gewesen wäre. Durch diesen Erfolg ermutigt, begann das Team, sich das Ganze noch etwas näher anzusehen. Welche weiteren Informationen konnte man aus diesem wenig reizvollen Brei herauslesen, der so präzise in seine Kleie- und Spreufragmente zerlegt worden war?

Aber Don Robins hatte Bedenken, sich so schnell darauf festzulegen, daß die Getreidekörner tatsächlich zu einer Art Brot verbacken worden waren. Die Zugabe eines beträchtlichen Gersteanteils und die vorgefundene Roggen-Weizen-Mischung entsprachen nicht dem konventionellen Bild von gesäuertem Brot. Falls das Brot nur sehr kurz und bei sehr hohen Temperaturen gebacken worden war und noch dazu einen so großen Teil Gerste enthielt, mußte es sich mit an Sicherheit grenzender Wahrscheinlichkeit um ein flaches, ungesäuertes Brot gehandelt haben. Der Teig hätte nicht genug Gluten enthalten, um erkennbar aufzugehen. Die ursprüngliche Beschreibung des Mahles als ein ziemlich grobes Vollkornbrot, ähnlich einem primitiven Kornspeicherbrot, schien nicht ganz zu stimmen.

Weizen liefert aufgrund seines entscheidend wichtigen Glutenanteils die Voraussetzung für das Aufgehen jeden Teiges. Bis zu einem gewissen Grad ist dies sogar ohne Hefe möglich, weil das im Teig vorhandene Wasser das Gluten beim Verdampfen aufquellen läßt. Eine Mischung aber, die so schwer ist wie das Lindow-Brot, geht selbst bei einem Zusatz von Hefe kaum auf. Das durch das Gluten bereitgestellte Netzwerk, das hier größtenteils vom Roggen stammte, wäre für eine erfolgreiche Bindung der sich bildenden Gase viel zu dürftig gewesen, besonders wenn man die Interferenz durch Kleie und andere unverdauliche Beimischungen berücksichtigt. Unter diesen Umständen entsprach nicht unser modernes Vollkornbrot oder unser Pumpernickel dem letzten Mahl des Lindow-Mannes, sondern weit eher der traditionelle schottische Gersten-Bannock oder oat-cake. Beide sind flach und ungesäuert, da sie ähnlich einem Pfannkuchen nur ganz kurz auf einer heißen Platte eher gekocht als gebacken werden. Auch sie enthalten kaum Gluten.

Unser Interesse konzentrierte sich jetzt immer mehr auf einige holzkohleartige Partikel, die dem Nahrungsbrei beigemischt waren. Die erste oberflächliche Identifikation des dunkelbraunen Materials als unverdauliche Getreideanteile hatte uns auf den Gedanken gebracht, das Mahl habe möglicherweise aus angekohltem Brot bestanden, eine Vermutung, die den Anstoß zu Anne Ross' Forschungsprogramm gab, auf das wir im nächsten Kapitel eingehen werden. Gordon Hillman hatte die holzkohleartigen Teilchen eingehend untersucht und herausgefunden, daß es keine nachlässig verstreute Holzkohle oder sonstige Rückstände vom Herdfeuer waren, sondern zerstoßene, angebrannte Getreidekörner vom Pfannkuchen oder Bannock. Eine ESR-Anlayse erweiterte seine Interpretation um eine neue Dimension. Sie ergab, daß das verkohlte Getreide kurzfristig die sehr hohe Temperatur von etwa 400 °C erreicht hatte.

Es sah nicht so aus, als sei die verbrannte Stelle durch Unachtsamkeit entstanden; es schien vielmehr, als sei ein bestimmtes Stück des Brotes *absichtlich* und sehr schnell versengt oder verbrannt worden, möglicherweise erst nach Abschluß des Backvorganges. Vermutlich war der Fladen nur ganz kurz mit etwas sehr Heißem berührt worden, gleichsam als habe man ihn mit einem Brandmal versehen wollen.

Die winzige Menge verkohlten Getreides und die ebenfalls nicht sehr große Gesamtmenge der teilweise verdauten Nahrungsreste, die man im Darm gefunden hatte, deuteten plötzlich auf einen interessanten, wenn auch noch nicht erwiesenen Punkt hin: Der Lindow-Mann hatte vielleicht vor seinem Opfertod nur ein kleines, markiertes Stück des Gersten-Bannock verzehrt. Die schwarze Markierung auf eben diesem Stück könnte ihn für den Opfertod ausgelost haben, den die Pathologen aufgedeckt hatten.

Die wissenschaftliche Untersuchung der letzten Mahlzeit des Lindow-Mannes hatte ursprünglich auf die Erforschung des Ackerbaus und der Landwirtschaft von vor 2000 Jahren abgezielt. Insoweit war sie erfolgreich abgeschlossen. Aber darüber hinaus wies sie uns den Weg in ein düsteres und trübes Labyrinth frühzeitlicher, keltischer Rituale, das wir nunmehr betreten.

2. Kapitel

Auge in Auge mit einem Druiden

Der stumme Zeuge hatte bereits eine Menge Beweismaterial durch seine spektakulären Verletzungen und die feinen Spuren seines letzten Mahles geliefert. Darüber hinaus zeigte eine detaillierte Computer-Rekonstruktion seines Körpers, die während der Forschungsarbeiten erstellt worden war, den Lindow-Mann als einen gut gebauten und muskulösen Mann in der Blüte seines Lebens. Abgesehen von einer leichten Arthritis im Bein und an der Wirbelsäule, was auf eine eher aktive als sitzende Lebensweise hindeutete, und dem Vorhandensein der üblichen Parasiten in den erhaltenen inneren Organen, schien er ein Prachtexemplar an Gesundheit, gutem Ernährungszustand und physisch aktiver Männlichkeit gewesen zu sein, dessen Leben auf überaus tragische Weise endete.

Warum hatte ein so kraftvoller und aktiver Mann diesen grauenhaften Tod auf sich genommen? Man muß wirklich sagen *auf sich genommen*, denn es gibt keinerlei Anzeichen für einen Kampf oder eine Fesselung. Vielmehr deutet alles darauf hin, daß er die Axthiebe auf seinen Schädel mit voller Absicht empfangen oder zumindest keinen Widerstand geleistet hat. Warum wurde er als Opfer für diesen Ritualmord ausgewählt? Hatte ihn der Verzehr des versengten Stückchens Bannock dazu bestimmt? Oder hatte er es gegessen, um seine Wahl nachträglich zu dokumentieren, hatte er sich freiwillig geopfert?

Um eine Antwort auf diese Fragen zu finden, müssen wir die Bedeutung vieler anderer Einzelheiten seines Lebens und seines Todes durchleuchten, die im Verlauf der Untersuchungen ans Licht kamen. Weitere und subtilere Fingerzeige, die zunächst nicht wahrgenommen wurden, ergänzten unser Wissen um die Bedeutung des letzten Mahles. Diese letzte Mahlzeit war unser Ausgangspunkt für eine Reise in die seltsame und gewalttätige Welt der keltischen Mythologie und des Brauchtums, die Welt des Lindow-Mannes.

Opferfeuer für Belenos

Die ersten Hinweise auf verbranntes Korn im letzten Mahl des Lindow-
Mannes hatten Anne Ross vermuten lassen, er könne es anläßlich eines
Beltainfestes verzehrt haben. Die Absicherung des keltischen Datums
stützte ihre Vermutung ebenso wie die Aufschlüsselung des Rezeptes für
den Gersten-Bannock. Diese Information ermöglichte es – zusammen
mit dem botanischen Nachweis, daß er entweder im Winter oder Frühjahr gestorben war –, das Beweismaterial für ein Beltain-Opfer des
Lindow-Mannes in einem neuen Licht zu sehen.

Zunächst mußten wir Beltain in seinen Bezügen als bedeutendes
keltisches Jahresfest einordnen. Die Kelten teilten das Jahr in vier
Abschnitte ein, die auf den jeweiligen Höhepunkten des landwirtschaftlichen Zyklus beruhten. Die Wendepunkte wurden durch die vier Haupt-
feste markiert. Zwei davon – Imbolc, am 1. Februar, und Lughnasa, am
1. August – fanden unter der Schirmherrschaft eines keltischen Haupt-
gottes statt. Imbolc war das Fest der Erneuerung und Reinigung, geweiht
der heidnischen Göttin und späteren christlichen Heiligen Brigit, Lughnasa war das von dem pan-keltischen Gott Lugos (auch Lugh oder Lleu)
selbst gestiftete Fest. Die beiden anderen wiederkehrenden Feste waren
Beltain (1. Mai), das unter der Schutzherrschaft des frühzeitlichen Gottes Belenos stand, und Samain (1. November), das allen Göttern und
sonstigen Bewohnern der keltischen ,anderen Welt' gewidmet war.

Beltain und Samain fallen in Perioden großer möglicher Gefahr und
Ungewißheit. Zu Beginn eines unberechenbaren Sommers (Beltain)
mußte der Mensch mit Mißernten und dem Verlust seines Viehs rechnen
und zu Beginn des Winters (Samain) mit allen Gefahren der Dunkelheit,
der Kälte und des Hungers, welche die feindlichen Mächte für ihn
bereithielten. Das Feuer spielte bei allen diesen Kalenderfesten eine
große Rolle, aber die Feuer zu Beltain, die zu Beginn des Sommers
entfacht wurden, müssen so auflodernd und mächtig gewesen sein, daß
sie noch die riesigen Samain-Feuer übertrafen.

Die meisten großen Kalenderfeste des keltischen Jahres wurden
später unter das Patronat der Kirche gestellt. Imbolc wurde der heiligen
Brigit zugeordnet; aus Lughnasa wurde Lammas, das Fest der ersten
Ernte; Samain wurde zu Allerheiligen, und das Sommer- und Winterson-
nenwendfest wurde zum St. John's day beziehungsweise zu Weihnachten.
Nur Beltain wurde nicht in den christlichen Kalender aufgenommen; es
galt stets als ein heidnisches und später als ein profanes Fest.

Das vielleicht eindrucksvollste und wichtigste Charakteristikum des
Beltain-Festes war das Entzünden riesiger Holzstöße, häufig auf Berg-
kuppen. Nach frühgeschichtlicher Tradition mußten dabei immer zwei
Feuer gleichzeitig auf dem Festplatz entfacht werden, um Unglück und
Krankheit, überhaupt alles Böse, abzuwehren. Das Vieh wurde zur

Reinigung und zu seinem Schutz zwischen ihnen hindurchgetrieben. Den Göttern, die in dieser riskanten Zeit des Jahres besonders versöhnlich gestimmt werden mußten, wurden Menschen- und Tieropfer dargebracht. Gelegentlich wurden die Tiere als Sühneopfer unmittelbar den Flammen übergeben.

Die Beschreibung der großen Feuer zu Beltain und das Verbrennen der Opfer erinnert an Cäsars berühmte Schilderung, daß bei einigen gallischen Stämmen riesige Korbfiguren angefertigt worden seien, um in ihnen lebende Opfer einzuschließen, und zwar Menschen sowie Tiere. Diese Korbfiguren seien angezündet worden, und „die Menschen starben in einem Flammenmeer". Es ist gut möglich, daß Cäsar ein Beltain-Opfer geschildert hat, dessen Zeuge er während seines Feldzuges in Gallien wurde.

Die Beltain-Feuer wurden traditionell durch tein-eígin (‚Zwangsfeuer') entzündet, durch einen Funken, der durch die Reibung eines rotierenden Rades entstand. Hier bestand möglicherweise eine Verbindung zu dem Gott des Rades, Taranis, der, wie wir sehen werden, beim Tod des Lindow-Mannes eine bedeutende Rolle spielte. Henderson berichtet in seinem *Agricultural Survey of Caithness* (1812), daß noch bis zum Jahre 1785, „wenn ein Tier aus der Herde irgendeines großen Farmers an der Maul- und Klauenseuche erkrankte, er nach dem ‚Zauberdoktor' schickte, damit dieser das Entzünden des Zwangsfeuers überwache". Die deutlichsten Spuren von Menschenopfern in Verbindung mit Beltain hat man in Schottland gefunden. Das Beweismaterial ist durch mündlich weitergegebenes, walisisches Sagengut überliefert worden. Aber auch in Irland gibt es hierfür mehr als einen vagen Hinweis. In allen Fällen wurde das Opfer mit Hilfe eines versengten Stücks vom Festkuchen ausgelost.

Der heilige Bannock

Das Los traf das Opfer angeblich zufällig, obgleich es Fälle gegeben haben mag, wo der Ausgang bereits vorherbestimmt war. Es ist nicht so sehr die Herstellung des Brotes, die Beltain besonders interessant macht, als vielmehr das Begleitritual. Dieses kann anhand von Bräuchen rekonstruiert werden, die sich bis ins 18. und 19. Jahrhundert hinein erhalten haben, wo sie dann aufgezeichnet wurden. Thomas Pennant, Altertumsforscher und Wissenschaftler, beschreibt eine ganze Reihe von ihnen in seinem Reisebericht über Schottland aus dem Jahr 1769. Er verweist dabei u. a. auf einen zeitgenössischen Brauch in Gloucestershire, der ihn an eine von ihm in Schottland beobachtete Zeremonie erinnerte.

Pennant bezeichnet die Feiern zum 1. Mai als „ländliche Opfer", berichtet aber nirgends von einer tatsächlich vorgenommenen Opferung. Er deutet an, daß sein Informant ihn in diesem wichtigen Punkt zum Stillschweigen verpflichtet habe. Wir verfügen jedoch über andere direkte Informationen, die diese Lücke schließen. Sie stammen aus Perthshire. Auch aus anderen Gegenden der keltischen Welt haben wir hierüber wichtige Hinweise. Hier muß daran erinnert werden, daß die Altertumsforscher des 18. und 19. Jahrhunderts natürlich nur über Dinge berichtet haben, die trotz der stets wachsamen und rachsüchtigen Aufmerksamkeit der Kirche, die allzeit darauf bedacht war, heidnische Praktiken auszurotten, überdauert hatten. So deutet schon allein die Zählebigkeit dieser heidnischen Überlieferungen auf ihre Bedeutung hin.

Es grenzt daher fast an Ironie, daß wir ausgerechnet James Robertson, dem Pfarrer von Callander in Perthshire, für seine wertvollen Berichte über die zu Beltain praktizierten Bräuche, die zu jener Zeit bereits langsam in Vergessenheit gerieten, zu Dank verpflichtet sind. Ein Glücksfall ist vor allem, daß er sie aus der Sicht eines Ortsansässigen aufschrieb und nicht aus der eines nur zu Besuch weilenden Altertumsforschers. Zu Beginn dieses Jahrhunderts erzählte er einem Besucher, daß sich am 1. Mai alle jungen Männer einer jeden Gemeinde im Moor versammelten. Sie entzündeten ein Feuer und bereiteten eine Mahlzeit aus Eiern und Milch, ähnlich einem Omelette. Anschließend kneteten sie einen Hafermehlkuchen, der auf einem Stein zwischen glühenden Kohlen geröstet wurde. Wenn die Eierspeise verzehrt sei, werde der Kuchen entsprechend der Zahl der Männer in kleine, nach Form und Umfang gleiche Teile zerbrochen. Eins dieser Stücke werde rundum mit Holzkohle bestäubt, bis es völlig schwarz sei. Dann würden sämtliche Kuchenstücke in eine Mütze getan. Allen würden die Augen verbunden, und jeder nähme sich ein Teil heraus. Wer das schwarze Stück erwische, sei das *Opfer* und werde symbolisch dem Gott Baal geopfert; er müsse dreimal durch das Feuer springen.

In Caithness, so notierte Pennant, würde der Kuchen wahrscheinlich aus dem Korn der letzten Garbe der vorjährigen Ernte bereitet. Martin Martin berichtet in seiner *Description of the Western Islands of Scotland* (1719), daß Übeltäter im Beltain-Feuer „verbrannt" wurden. Von dem *Opfer*, das man zwang, durch die Flammen zu springen oder das man symbolisch hineinwarf, sprach man danach wie von einem „Toten". Cäsar sagt über die Feueropfer der Gallier: „Sie glauben, daß die unsterblichen Götter sich am meisten über das Abschlachten von Dieben, Räubern oder anderen Verbrechern freuen." Dieser frühgeschichtliche May-Day-Brauch hat sich in den abgelegenen Bergregionen von Perthshire bis zum Ersten Weltkrieg erhalten.

Eine von Anne Ross' Informantinnen, eine Frau aus Perthshire, führte sie zu einem umfriedeten Opferplatz, wo die von Pfarrer James Robertson beschriebenen Riten zelebriert wurden. Sie erinnerte sich, als junges Mädchen vor dem Ersten Weltkrieg noch daran teilgenommen zu haben. Das Feuer wurde entzündet, ein Haferkuchen oder Bannock gebacken, und ganz gleich, wieviel Sorgfalt beim Backen verwendet wurde, immer wurde ein Stück schwarz, als trüge es den Abdruck eines riesigen Daumens. Der Kuchen wurde zerbrochen, alle Teile kamen in einen Beutel, und jeder Zuschauer mußte ein Stück herausnehmen, solange der Vorrat reichte. Wer immer das verkohlte Teil wählte, mußte durch das Feuer springen und wurde anschließend unter lautem Geschrei und drohenden Gebärden aus der Umfriedung vertrieben. „Für uns war er eine Art Sündenbock", erzählte die Frau, „aber in den alten Zeiten hätte man sie oder ihn geopfert."

Eine ähnliche Geschichte hörte Anne Ross 1977 in Derbyshire, als sie am Abend des 1. Mai zusah, wie unter dem Vorwand, Farmabfälle verbrennen zu wollen, die Beltain-Feuer entzündet wurden. Dort, nur wenige Meilen von der Stelle entfernt, wo der damals noch nicht entdeckte Lindow-Mann im Torf ruhte, erzählte man ihr von einem speziellen Kuchen oder Brot, das an jedem Beltain-Fest gebacken werde. Wie in Perthshire erschien trotz aller angewandten Sorgfalt ein geheimnisvoller schwarzer Fleck in Form eines Daumenabdrucks, sobald der Backvorgang abgeschlossen war.

Das Beltain-Fest galt zugleich der Vorbeugung wie der Vollendung, betraf Tod und Opfer genauso wie die Hoffnung auf Fortdauer und Erfüllung des Lebens. Neben den düsteren Ereignissen finden wir daher auch fröhliche Bräuche: den mit Girlanden geschmückten Baum oder Maibaum mit seiner Verheißung sexueller Freiheit, das Festmahl mit allem, was während der gefährlichen Wintermonate gelagert und streng eingeteilt worden war und die (sicher häufig falsche) Verheißung auf eine gesunde Herde und reiche Ernte.

Aber grundlegend für die Tradition der May-Day-Feiern war das Backen des verhängnisvollen Brotes und die Auslosung des menschlichen Opfers. Diese beiden Grundelemente waren der Kirche so widerwärtig, daß sie nichts unversucht ließ, um sie auszulöschen, obgleich das weiterhin geduldete Backen und Verzehren der heißen Kreuzbrötchen auf den Versuch zurückgehen mag, diesen heidnischen Glauben in den Schoß der Kirche einzubringen. Man könnte auch einmal über die apokryphe Geschichte um den frommen christlichen König Alfred und die verbrannten Kuchen nachdenken, den jungen und verlassenen König, der sich vor den Dänen in den Sümpfen von Athelney verbarg und seine Niederlage doch noch in einen Sieg verwandelte, während ihm das Hohngelächter der alten Frau in den Ohren klang, die ihre Kuchen verbrennen ließ. Spiegelte sich in dieser Geschichte ein frühgeschichtlicher, heidnischer Brauch, der irgendwo in den abgelegenen Mooren von Somerset gepflegt wurde?

Indem wir das verbrannte Stück Bannock in einen so engen Zusammenhang mit der Opferung des Lindow-Mannes bringen, werfen wir ein weiteres Problem auf: Warum mußte er einen so komplizierten Tod erleiden, der weit über die Grenzen des bekannten Beltain-Rituals hinausging? Wenn seine Opferung ein besonderes Ereignis war, das innerhalb der Zeremonien des Beltain-Festes stattfand, nachdem er durch ein verbranntes Stück Bannock als Opfer ausgelost worden war, dann bestand vielleicht irgendein Zusammenhang zwischen seinem Tod und der Ernte. Hatte es z. B. einen außergewöhnlich schlechten Herbst gegeben oder eine Folge von Mißernten, die ein außergewöhnliches Opfer erforderlich machten?

Dieser Gedanke führt uns zurück zur letzten Mahlzeit des Tollund- und Grauballe-Mannes. Beide hatten einen groben und ungenießbaren Brei oder Porridge voller Blumensamen gegessen. Dies ließ den Schluß zu, daß sie möglicherweise von einer Gemeinschaft geopfert worden waren, die kurz vorm Verhungern stand. Das Korn für den Bannock des Lindow-Mannes hatte damit wenig Ähnlichkeit. Es enthielt weit weniger Verunreinigungen, war fein gemahlen und von hoher Qualität. Mit Sicherheit lieferte es keinen Hinweis auf eine Hungersnot, ebensowenig wie der körperliche Zustand des Opfers.

Sorgfältige Untersuchungen des Darminhaltes ergaben jedoch, daß winzige Mengen verkohlter Heidekrautblätter sowie nicht verkohlter Blätter und Schößlinge des Torfmooses mit dem Korn vermischt waren. Entweder war die Heide versehentlich durch ihre Benutzung als Brennmaterial in die letzte Mahlzeit geraten, oder sie war sorgfältig als ein Teil der Zeremonie hineingearbeitet worden. Da die Vorbereitung und das Backen des Bannock von komplizierten Riten begleitet waren, scheint es unwahrscheinlich, daß sich die dabei aufgewandte Sorgfalt nicht auch darauf erstreckte, das Herumfliegen von Ascheteilchen zu verhindern. Die Archäobotaniker hatten bereits nachgewiesen, daß die verkohlten Teilchen Zutaten der Mahlzeit waren, und die Electron-spin-resonance-Analyse hatte auf überzeugende Weise deren Bedeutung aufgezeigt. Es schien daher wahrscheinlich, daß die angesengte Heide ebenfalls Teil des Rituals war.

Auch das Torfmoos konnte nicht zufällig in die Nahrungsreste hineingeraten sein, obgleich es theoretisch in den Körper hätte eindringen können, als der Kopf des Lindow-Mannes unter die Wasseroberfläche des Sees geriet. Die forensische Untersuchung schloß dies jedoch völlig aus: Die Garrotte war so fest zugezogen worden, daß nichts mehr den Schlund hinuntergleiten konnte. Das Moos mußte daher vor Eintritt des Todes als Teil eines sorgfältig abgestimmten und überwachten Rituals konsumiert worden sein.

Die Zutat, die am meisten Rätsel aufgab, war jedoch eine Anzahl feiner Tierhaare, die mit dem Korn vermischt waren. Es ist bisher nicht gelungen, sie eindeutig zu identifizieren. Falls das Korn gelagert worden war — wovon auszugehen ist, falls die Zeremonie am Beltain-Fest stattfand —, könnte es von Nagetieren verunreinigt worden sein, deren Haare im Korn hängenblieben. Falls das Korn jedoch für einen besonderen Zweck getrennt aufbewahrt wurde, scheint dies weniger wahrscheinlich. Es besteht aber auch die Möglichkeit, daß der Bannock wie anderes Festgebäck, z. B. der hebridische Struan Micheil Cake, auf einem zeremoniellen Lammfell gebacken wurde und etwas davon am Bannock hängenblieb. In diesem Fall könnte die Beimischung der Haare sogar beabsichtigt gewesen sein. Im Augenblick können wir noch nicht mit letzter Sicherheit sagen, ob sie zufällig oder absichtlich hineingemischt wurden. Dagegen befinden wir uns mit einem weiteren höchst aufregenden Fund in der letzten Mahlzeit des Lindow-Mannes auf sicherem Grund: ein paar Mistelpollen.

Da Pollenkügelchen mikroskopisch klein sind, ist es unwahrscheinlich, daß man überhaupt von ihrer Existenz wußte, und so traf man gegen sie auch keine Vorsichtsmaßnahmen. Das bedeutet, daß sie als minimale Verunreinigung entweder im Korn selbst oder in irgendeiner anderen Zutat der letzten Mahlzeit enthalten waren, die sich inzwischen bis auf diese Kügelchen aufgelöst hat. Falls letzteres zutreffen sollte, ist es sehr viel weniger wahrscheinlich, daß die Pollen ein Fleisch- oder Milchprodukt begleitet haben, sondern eher in einer Art Getränk enthalten waren. Dieser Umstand eröffnet einige faszinierende Möglichkeiten.

Bei allem, was die Kelten betrifft, ist die Mistel wegen ihres heiligen Charakters und ihrer Verbindung zu den Druiden von großer Bedeutung. Sie ist eine seltene Pflanze, die als Parasit auf Linden, Apfelbäumen und Weißdorn wächst, zumeist jedoch auf Eichen. Ihr Ruf als Heilpflanze ist außerordentlich, und noch heute heißt sie auf gälisch „All-Heil". Klassische Autoren haben in allen Einzelheiten über die feierliche Zeremonie berichtet, die das Schneiden der Mistelzweige begleitete. Dieses Einsammeln wurde an hierfür günstigen Tagen von den keltischen Priestern oder Druiden vorgenommen. Das bloße Vorhandensein der Pollen unterstreicht die rituelle Bedeutung der Mistel für die letzte Mahlzeit, denn es beweist, daß diese — oder vielleicht auch das letzte Getränk — in unmittelbarer Nähe des Opferplatzes hergestellt oder aufbewahrt wurde. Und dies bestätigte wiederum unsere Überzeugung, daß der rituelle Tod des Lindow-Mannes von ganz besonderer Art war.

Vielleicht war der Lindow-Mann selbst eine herausragende Persönlichkeit. War sein persönlicher Status der Ausgangspunkt für seine Wahl als Opfer bei einem so komplexen Ritual, das mit der letzten Mahlzeit begann und im Wasser des Lindow-Moores endete?

Der Hochgeborene

Die hervorragende physische Verfassung des Lindow-Mannes erweckte von Anfang an den Eindruck, daß es sich bei ihm kaum um einen Bauern der Eisenzeit handeln konnte, der nur das Existenzminimum an Nahrung zur Verfügung hatte. Die Schlichtheit und geringe Menge seiner letzten Mahlzeit jedoch standen dazu im Widerspruch. Andererseits deutete ihre ausgesprochene Kargheit darauf hin, daß hier eher ein rituelles Mahl als ein richtiges Essen verzehrt worden war. Dazu kam, wie wir gesehen haben, daß der Grund für die Zeremonie nicht in der Verzweiflung über eine Mißernte zu sehen war, wie möglicherweise bei den dänischen Funden. Das Opfer war vielmehr ein Teil des ehrfurchtgebietenden Beltain-Festes, das den Beginn des Sommers ankündigte.

Die Fingernägel des Lindow-Mannes, die erstaunlich gut konserviert waren, bestätigten den Eindruck und waren zudem ein weiteres Anzeichen für eine ausreichende Ernährung. Nicht nur, daß seine Finger glatt waren, auch die Nägel waren äußerst gepflegt. Keineswegs waren es die abgestoßenen und abgesplitterten Fingernägel eines Handwerkers, Arbeiters, Bauern oder Sklaven, sondern eindeutig die eines vornehmen Mannes, dem Handarbeit fremd war: Der Lindow-Mann war ein Aristokrat.

Dies schuf wiederum eine direkte Verbindung zu den dänischen Funden. Besonders der Tollund-Mann hatte bemerkenswert gut erhaltene Fingernägel, die sehr gepflegt waren. Jeder, der seinen konservierten Kopf betrachtete, mußte von seinem ruhigen und entschieden aristokratischen Gesichtsausdruck beeindruckt sein. Obgleich man aus der zusammengepreßten Hülle des Lindow-Mannes im Frühstadium der Untersuchungen noch keinen klaren Eindruck von seinen Gesichtszügen gewinnen konnte, war deutlich, daß sie nicht durch Furcht oder Zorn entstellt waren. Das einzige, was man insoweit erkennen konnte, waren die tiefen Stirnfalten, die sich wahrscheinlich lange vor seinem Tod gebildet hatten.

Ein vergleichbares Beispiel für einen frühgeschichtlichen Adligen ist uns durch die zufällige Konservierung eines mittelalterlichen Ritters erhalten geblieben, der in St. Bee's Priory in Cumberland beigesetzt worden war. Sein Körper wurde vor etwa zehn Jahren exhumiert, nachdem man entdeckt hatte, daß sein Sarg von einem luftdichten Bleimantel umgeben war. Dies ließ vermuten, daß sein Körper nicht in Verwesung übergegangen war. Und tatsächlich war der Tote so gut erhalten, daß er zu bluten begann, als man den Brustkorb für eine Autopsie öffnete! Der Ritter war an einer gebrochenen Rippe gestorben, deren abgesplitterte Spitze durch seine Lunge gedrungen war. Auch bei ihm stellten die Forscher fest, daß seine Fingernägel hervorragend erhalten und äußerst gepflegt waren. Don Bothwell, ein Archäologe der London University, der sich speziell für frühgeschichtliche Ernährung und Krankheiten interessierte, stellte daraufhin einige Versuche mit Fingernägeln lebender Personen aus den unterschiedlichsten Berufen an. Dann verglich er diese mit denen der Moorleichen und bewies überzeugend den Zusammenhang zwischen guter Ernährung und nicht-manueller Arbeit und der Qualität der Nägel.

Das Bild des Lindow-Mannes wurde nun immer deutlicher. Die Rekonstruktion des Kopfes und seiner Gesichtszüge wurde vom Team der Manchester University durchgeführt, das ein paar Jahre zuvor die Gestalt Philipps von Makedonien erfolgreich rekonstruiert hatte. 1987 half dasselbe Team nach dem Brand der King's Cross Underground Station, die gräßlich verkohlten Leichen zu identifizieren. Der Lindow-Mann hatte, wie sich herausstellte, einen großen Kopf mit tiefliegenden Augen unter stark gewölbten Brauen besessen. Anhand der erhaltenen langen Skelettknochen wurde seine Größe auf etwa 1,67 m geschätzt. Sein Gewicht wird etwa 70 kg betragen haben. Seine Zugehörigkeit zur 0-Blutgruppe lieferte einen weiteren Beweis dafür, daß er ein Inselkelte war. Wenn das stimmte, wußten wir damit über seinen aristokratischen Hintergrund bereits sehr viel mehr als über den seiner schemenhaften dänischen Zeitgenossen, und zwar sowohl durch die Schriften klassischer Autoren wie aus den jahrelangen reichen Funden der Archäologen.

Nach allem, was wir über die keltische Aristokratie wissen, könnte man sich den Lindow-Mann leicht als einen stattlichen Krieger vorstellen. Er wäre auf seinem leichten, zweirädrigen Kampfwagen aufs Schlachtfeld gestürmt, wäre mit seinem scharfen Speer und langen Schwert herabgesprungen und hätte sich in den Kampf gestürzt, während sein Wagenlenker in Sichtweite hinter ihm zurückblieb. Ein Krieger fiel entweder im Gefecht oder kam siegreich mit seiner Beute an abgeschlagenen, blutigen Köpfen zurück. Ein solcher Mann hätte sofort heftig auf jede noch so geringe Beleidigung oder Drohung reagiert. Er hätte sein wildes und kämpferisches Leben mit nicht endenden Stammesfehden verbracht, die gewöhnlich durch den Raub oder die Rückforderung von Vieh ausgelöst wurden. An Festtagen hätte er in der großen Halle begierig den umständlichen Gesängen der Barden gelauscht, um zu erleben, wie seine blutigen Heldentaten zur Legende wurden, seinem Namen Ehre machten und Furcht erweckten. Mit seinen etwa 30 Jahren wäre der Lindow-Mann als Adliger ein geschickter und erfahrener Krieger auf der Höhe seiner physischen und geistigen Kräfte gewesen, ein Anführer.

So etwa hätte man sich den Lindow-Mann anhand dessen, was wir über jene weit zurückliegende und barbarische Zeit wissen, vorzustellen gehabt. Aber als wir das Ergebnis der Autopsie betrachteten, ergab sich eine enorme Kluft zwischen diesem Bild und der Realität. Wie konnten wir das Klischee eines tapferen und stolzen Kriegers mit dem Befund in Übereinstimmung bringen, der darauf hindeutete, daß der Lindow-Mann mit seiner Opferung einverstanden gewesen war? War er ein Kriegsgefangener, den man betäubt und dann blutig abgeschlachtet hatte?

Es war kaum anzunehmen, daß ein Adliger bei einer Stammesfehde gefangengenommen wurde und – im wahrsten Sinne des Wortes – seinen Kopf behielt. Die keltischen Krieger waren notorische Kopfjäger. Ihr Hang zu Menschenopfern schockierte selbst die Römer, die schließlich an die Schrecken und das Gemetzel in den Amphitheatern gewöhnt waren. Sich dem Feind zu ergeben, war nach der keltischen Schlachtordnung nicht vorgesehen. Kriegsgefangene wurden, wie wir von Julius Cäsar erfahren, gewöhnlich einem Gott geopfert. Cäsar beschreibt, wie Gefangene in riesigen Weidenkäfigen verbrannt wurden; andere Schriftsteller berichten von Opfern, die zu Ehren des Schlachtengottes an Bäumen aufgehängt wurden. Letzteres war ein Brauch, den auch die Teutonen praktizierten, die manchmal sämtliche Überlebenden einer geschlagenen Armee opferten und die gesamte Kriegsbeute an Waffen und Rüstungen ihren Göttern darbrachten.

Daß man den Tollund-Mann gehängt hatte, hatte dann auch einige Kommentatoren zu der Überlegung veranlaßt, ob er vielleicht Überlebender einer geschlagenen Armee gewesen war. Aber der Tod des Lindow-Mannes war weit komplexer und grausamer. Ihm war soviel angetan worden, daß es schwer vorstellbar war, daß er nur einem einzigen Gott nach irgendeiner Schlacht geopfert wurde. Ebensowenig konnte er nur der jährliche Sündenbock eines typischen Beltain-Festes gewesen sein. Nur eines der dänischen Opfer gleicht in seiner Komplexität entfernt dem Tod des Lindow-Mannes. Es handelte sich um den Borremose-Mann, einen nahen Nachbarn des Tollund-Mannes, wie wir in Appendix II noch sehen werden.

Uns fiel auf – zunächst unabhängig voneinander –, daß trotz der Diskussion um den aristokratischen Status des Lindow-Mannes niemand ernsthaft darüber nachgedacht hatte, welche Rolle ihm als Adligen zugekommen sein mochte. Es bestand lediglich eine unausgesprochene Vermutung, daß er ein bequemes Leben geführt hatte, vergleichbar dem eines Höflings des 18. Jahrhunderts. Diese Annahme deckte sich jedoch ganz und gar nicht mit dem rauhen Leben der keltischen Kriegerelite. Das waren harte, aktive Männer, die, wenn sie nicht kämpften, auf die Jagd gingen. Sie liebten zwar die Gesänge der Barden. Aber wie bei den Wikingern, die auf sie folgten, galt ihr Interesse dabei nicht der Poesie, sondern ausschließlich der Verherrlichung ihrer Heldentaten und der Heldentaten ihres Stammes sowie der Verbreitung dieser Kunde. Je länger wir über den Status des Lindow-Mannes nachdachten, um so mehr gewannen wir die Überzeugung, daß seine anscheinende Opferbereitschaft ganz und gar nicht mit dem Bild eines verdienten und elitären Kämpfers vereinbar war. Gab es irgendeinen Hinweis, der unsere wachsende Vermutung bestätigte, daß er *kein* Krieger gewesen war?

Es gab diesen Anhaltspunkt, unspektakulär und trügerisch simpel: Abgesehen von den Verletzungen, die seinen Tod verursacht bzw. begleitet hatten, war der Körper des Lindow-Mannes bemerkenswert *makellos*, fast wie der eines Opfertieres in biblischen Erzählungen. Wie war dies möglich, wenn er ein erfahrener Krieger gewesen war? Die Frage warf ein neues Licht auf Leben und Tod des Lindow-Mannes. Soweit wir sehen konnten, gab es nicht einen einzigen Beweis dafür, daß wir es hier mit einem erfahrenen Kriegshelden zu tun hatten. Unser Ausgangspunkt war das Konzept einer Kriegerkaste, wie sie das Leben in Europa seit der Zeit der homerischen Griechen (etwa 1000 v. Chr.) bis zum Ende des Mittelalters (etwa 15. Jahrhundert n. Chr.) beherrschte, als mit der Einführung der Feuerwaffen und des Schießpulvers ihr Niedergang einsetzte. Die begrenzten, aber grausamen Kriege dieser Aristokratie, ihre verworrenen Ehrencodices und barbarischen Verhaltensweisen gegenüber dem gemeinen Soldaten charakterisierten die europäische Geschichte ca. 2500 Jahre lang.

Wir müssen hinter die äußere Fassade der Ehre und des Rittertums dieser Kriegerkaste, ja sogar ihrer Religion blicken, um auf ihr Hauptmerkmal zu stoßen: die lange und harte militärische Ausbildung ihrer Anführer. Welche Kampftechnik auch immer eingesetzt wurde, alle setzten ein langes und erbarmungsloses Training voraus, das mit der Aufnahme des Jungen in die Gemeinschaft der Männer, also mit seinem 7. oder 8. Geburtstag, begann. Wir brauchen nur an die bekannten Trainingsmethoden der mittelalterlichen Ritter zu denken − vom Pagen über den Knappen zum Ritter −, um eine Vorstellung von der Länge der Ausbildung zu bekommen, die ein keltischer Heerführer durchlaufen mußte.

Um den enormen Wert eines so langen Trainings und der dabei gewonnenen Praxis wußten auch die Römer, die das gleiche Prinzip äußerst erfolgreich bei ihren Berufsheeren anwandten, nachdem sie ihre Erfahrungen bei der keltischen Invasion gemacht hatten. Stets stellten sie ihre kampferprobtesten und erfahrensten Legionäre in die letzte Reihe, um sicherzustellen, daß die Schlachtreihe nicht auseinanderbrach. Die unerfahrenen Truppen bildeten die Frontlinie und kämpften um so tapferer, wenn sie wußten, daß sie im Rücken von den besten Kriegern gedeckt wurden.

Der Kampfstil der keltischen Kriegerkaste, so wie ihn Julius Cäsar in *De bello Gallico* beschrieben hat, muß also vor dem Hintergrund eines intensiven, langjährigen Trainings gesehen werden, das den Kriegern in der Schlacht große persönliche Tüchtigkeit verlieh. Und nur weil es die keltischen Stammesverbände versäumten, eine gemeinsame Kriegstaktik zu entwickeln, gelang es den römischen Legionen mit eiserner Disziplin, die Oberhand zu gewinnen. Wäre der Lindow-Mann daher einer dieser Elitekrieger gewesen, dann hätte er zu seinen Lebzeiten wenigstens ein zehnjähriges hartes Training absolviert und weitere zehn Jahre bei wilden Stammesfehden an der Front gestanden. Sein Körper wäre von zahlreichen Narben und Schwielen vom Druck seiner Rüstung bedeckt, und auch die Muskeln an seinem Kampfarm wären ungleich stärker entwickelt gewesen. Diese speziellen und einseitigen Muskelanspannungen hätten auf der weichen, lebenden Oberfläche der erhaltenen Knochen ihre verräterischen Spuren hinterlassen, die bei der empfindlichen Röntgenabtastung, bei der auch die beginnende Arthritis festgestellt wurde, entdeckt worden wären – aber es gab keine.

Untersuchungen des erhaltenen Gewebes lieferten dagegen sogar den zwingenden Beweis gegen einen Kriegerstatus: Obgleich der Lindow-Mann muskulös, körperlich aktiv und konditionell erstklassig war, zeigte seine Haut keinerlei Spuren einer kriegerischen Aktivität. Entweder hatte er auf wunderbare Weise jede Verletzung vermieden, oder er war nie Soldat gewesen. Seine auffallend makellose Erscheinung ließ vorübergehend den unheimlichen Eindruck entstehen, daß er tatsächlich ein träges, müßiges Leben geführt hatte, vielleicht sogar von Jugend an verhätschelt und gepäppelt wurde in Erwartung des Tages, an dem er sein Leben verlieren sollte. Aber sein muskulöser Körper, unzweifelhaft der eines aktiven Mannes, schloß diese Möglichkeit aus.

Nichts, was der Gestalt des Lindow-Mannes auch nur entfernt ähnelte, war jemals zuvor in den unheimlichen Geschichten über Menschenopfer, die aus jenen barbarischen Zeiten überliefert sind, erwähnt worden; auch das Ritual seines komplizierten Todes fand nirgendwo eine Entsprechung. War der Lindow-Mann wirklich für ein außergewöhnliches Opfer am Beltain-Fest ausgelost und vorbereitet worden? Um diese Frage zu beantworten, müssen wir uns noch einmal der Opferzeremonie zuwenden und uns fragen, warum ausgerechnet sein makabrer Tod die blutrünstigen keltischen Götter oder Göttinnen besänftigt oder beschworen haben könnte.

Der dreifache Tod

Für die Kelten war die Drei eine wichtige Zahl. Es war ihre heilige Zahl. In ihrem gesamten Kulturkreis verband sie Märchen, Legenden und Götter miteinander. Sie ist überall in Kunst und Literatur gegenwärtig. Viele ihrer Götter und Göttinnen treten in dreierlei Gestalt auf, und das riesige und komplizierte keltische Pantheon wird von drei mächtigen Göttern beherrscht, alle drei hungrig auf Menschenopfer: von Taranis, dem Donnergott, Esus, dem Herrn und Meister, und Teutates, dem Gott aller Menschen.

Jedem dieser Götter wurde sein Opfer auf besondere Art darge-

TARANIS, der Donnergott, eine Bronze-Figurine, gefunden bei Le Châtelet, am rechten Marneufer bei Gourzon, auf halbem Weg zwischen St. Dizier und Joinville, Haute-Marne, Frankreich.

bracht: Taranis forderte das Verbrennen von Kriegsgefangenen in riesigen Weidenkäfigen, die Opfer für Esus wurden entweder an heiligen Bäumen aufgehängt oder erstochen oder beides gleichzeitig, Teutates jedoch schloß seine Opfer an geweihten Quellen und Teichen in seine feuchten Arme, die unter den Heiligtümern der Kelten stets eine große Rolle gespielt haben. An diesen Quellen und Teichen wurden den Göttern zugleich erlesene und kostbare Waffen und Schmuckstücke geopfert. Der von uns noch heute geübte Brauch, Münzen in einen Brunnen zu werfen, ist ein schwacher Abglanz jener kraftvollen heidnischen Riten.

Bei den dänischen Moorleichen finden wir individuell unterschiedliche Todesarten wie Hängen, Erstechen und Ertränken, wobei die beiden ersteren die bei weitem gebräuchlichsten Formen der Opferung sind. Das muß nicht unbedingt bedeuten, daß alle dänischen Moorleichen nach keltischem Ritus geopfert wurden, zumal allgemein angenommen wird, daß das eisenzeitliche Dänemark von teutonischen bzw. germanischen Stämmen bewohnt war, die über genügend eigene blutdürstige Götter verfügten. Odin oder Wotan, dem obersten Gott der heidnischen Angelsachsen und der skandinavischen Wikinger, wurden häufig Menschenopfer dargebracht, wobei man die Betreffenden an den heiligen Bäumen aufhängte und ihnen die Kehle durchschnitt. Insoweit ist Odin Esus gleichzusetzen. Ebenso besteht eine Parallele zwischen Taranis mit Donner, Blitz und Zauberhammer und dem germanischen Gott Thor oder Thunor. Der Name des Gottes Teutates leitet sich von dem keltischen Wort für ‚Stamm' = *teuta* ab. Er war der ‚Gott aller Stämme' (Gott des Volkes). Der Name Teutone ist synonym mit Germane. Von den Teutonen weiß man, daß sie in den Jahren 108 bis 105 v. Chr. gegen die Römer gekämpft haben. Das Wort *Germani* war ursprünglich der Name eines keltischen Stammes. Dieser Stamm muß sehr mächtig gewesen sein, denn ein großes Territorium rechts des Rheins trug den Namen Germania. Von diesem Stammesnamen kommt das Wort ‚Germane'. Viele keltische und germanische Kulte scheinen einen gemeinsamen indo-europäischen Ursprung zu haben.

Auf den ersten Blick sah es so aus, als sei der Lindow-Mann, erwürgt und mit einer tödlichen Wunde am Hals, dem Gott Esus geopfert worden. Aber anders als der Tollund- und Grauballe-Mann, die gehängt beziehungsweise erstochen worden waren, hatte er diesen zweifachen Tod erlitten, nachdem er zunächst bewußtlos geschlagen worden war. Sein letzter Ruheplatz in einem Wassertümpel ließ darüber hinaus an ein Opfer für Teutates denken, den Gott des Volkes.

Wo blieb Taranis, der Donnerer? Falls eine dreifache Opferung vorlag, mußten wir Taranis' Anteil im Eröffnungsstadium der Zeremonie suchen, nachdem wir die charakteristischen Hinweise auf Esus und Teutates gefunden hatten. Das Feueropfer für Taranis war eindeutig durch das Backen des heiligen Brotes und durch seine rituelle Schwärzung erfüllt worden, die den Ausgangspunkt der gesamten Feier bildeten. Aber so bedeutsam das Verzehren des geschwärzten Stückchens Bannock auch war, so schien es doch weit weniger gewichtig als das Opfer des Lebens und des Blutes an Esus und die Übergabe des toten Körpers an Teutates. Wir begannen uns zu fragen, ob sich vielleicht irgendwo sonst im Ablauf des Rituals ein Hinweis auf Taranis finden ließe. Die einzige Stelle, die dafür in Frage kam, war der Teil, dem wir bisher – vielleicht zu Unrecht – nur geringen Wert beigemessen hatten: das Niederschlagen des Lindow-Mannes vor seiner Garrottierung.

Wir hatten das Ganze zunächst als einen Gnadenakt betrachtet, aber als die Zeremonie insgesamt immer deutlichere Umrisse annahm und allmählich der tiefere Sinn eines jeden Schrittes aufgedeckt wurde,

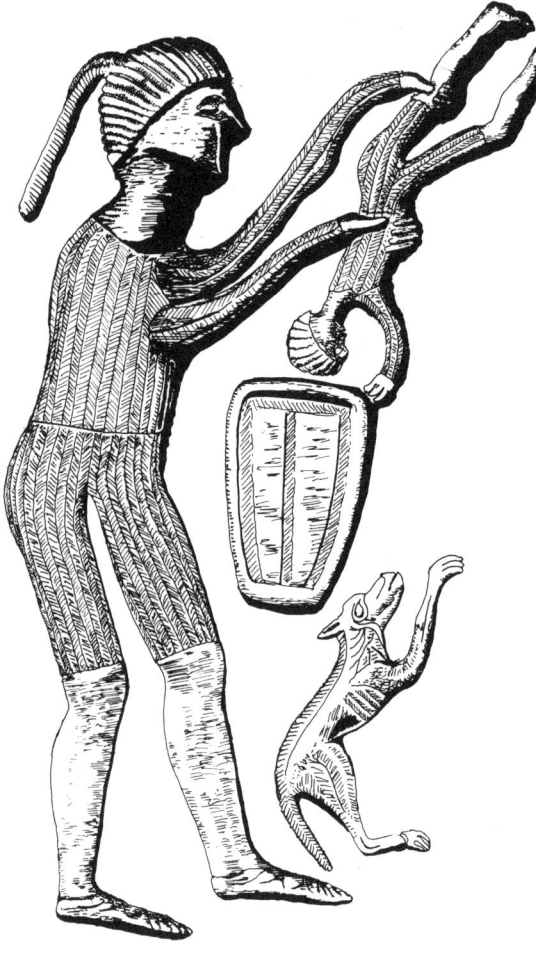

ESUS, der einen Baum fällt, in dessen Krone man ein Stierhaupt und drei Kraniche erkennt. Auf der einen Seite des vierseitigen Altarsteines, der in AUGUSTA TREVERORUM – Trier/ Deutschland – gefunden wurde, stehen in Reliefbuchstaben die Worte: TARVOS TRIGARANUS.

TEUTATES wirft eine menschliche Gestalt in ein großes Faß. Das Bild stammt von der Innenwand des Silberkessels von Gundestrup, der in Raevemose, nahe Års, Himmerland, Jütland/Dänemark, gefunden wurde.

begannen wir daran zu zweifeln, daß an diesem Opfer irgend etwas überflüssig oder seine Durchführung durch irgendeinen Gedanken an Gnade oder Mitgefühl beeinflußt worden sein könnte. Einen ersten Anhaltspunkt lieferte die Anzahl der betäubenden Schläge: Es waren genau *drei* Schläge, zwei gegen das Schädeldach und einer gegen die Basis. Es gab kaum einen Zweifel, daß die beiden Hiebe auf den Scheitel sorgfältig und mit Präzision gegen ein unbewegliches Ziel geführt worden waren. Keineswegs resultierten sie aus einem heftigen Angriff auf ein sich bewegendes Opfer, in dessen Verlauf zwei Hiebe getroffen hatten. Ebenso schien die Fraktur an der Schädelbasis sachkundig und sorgfältig einem ruhenden Menschen beigebracht worden zu sein. Und alle drei Hiebe stammten von einer Axt, ausgeführt mit der plötzlichen, niederschmetternden Kraft eines Blitzes, dem Zeichen Taranis'.

In der Tat hatte der Lindow-Mann einen dreifachen Tod erlitten: durch die betäubenden und tödlichen Axthiebe, durch die Gewalt der Garrotte, die ihm die Kehle zudrückte und das Genick brach, und durch die kühle Umarmung des Wassers, in dem er zum Abschluß symbolisch ertränkt wurde. Die Stichwunde an seinem Hals war bereits als ein gezielt gesetzter Schnitt identifiziert worden, der eher dazu diente, den Körper ausbluten zu lassen als zu töten. Auf die Bedeutung der Zahl Drei haben wir bereits hingewiesen: Drei Knoten waren in der gedrehten Schnur, mit der er erwürgt worden war, und er hatte drei Axthiebe auf seinen Schädel erhalten.

Da jede der Todesarten ihn der Reihe nach verschiedenen Göttern weihte, und er wahrscheinlich am Fest des mächtigen keltischen Sonnengottes Belenos starb, ging die Bedeutung seines Opfers weit über den ersten Eindruck eines makabren Overkills hinaus. Warum ihm dieser spezielle Tod auferlegt worden war oder warum er ihn freiwillig auf sich nahm, was immerhin möglich schien, wußten wir noch nicht. Aber wir begannen bereits zu ahnen, daß ein so allumfassender Tod, ein solches Opfer an die Götter, kein routinemäßiger Vorgang sein konnte; ebensowenig konnte ein solches Opfer an einem zufällig durch Los bestimmten Adligen vollzogen worden sein: Ein so ungewöhnliches Opfer verlangte nach einem ungewöhnlichen Mann.

Wenn der Lindow-Mann eine solche Persönlichkeit war, *wer* war er dann? Und wenn er kein Krieger war, *was* war er dann? Und was war das Besondere an ihm?

Ein Mann mit besonderen Gaben

Das Geheimnis um den Lindow-Mann wurde nur noch größer, je weiter unsere Nachforschungen gediehen. Wir sahen seinen komplizierten Tod inzwischen aus einer aufregend neuen Perspektive, denn er bedeutete den absoluten Höhepunkt dessen, was sich die Kelten unter einem Menschenopfer an die Götter vorstellten.

Trotzdem gab es immer noch Widersprüche in seinem Leben und Sterben, die wir lösen mußten. Auf der einen Seite machte er den Eindruck eines makellosen ‚Opfermenschen‘, auf der anderen Seite besaß er die Statur eines kräftigen und aktiven Mannes, war aber kein Krieger. Anders als diese trug er einen Vollbart und nicht den herabhängenden, kräftigen Schnauzbart, der in den römischen Beschreibungen der keltischen Kämpfer so anschaulich dargestellt wird. Und dieser Bart erzählte seine eigene Geschichte, denn eine nähere Untersuchung ergab, daß er ihm kurz vor seinem Tod regelrecht abgesäbelt worden war.

Wenn wir unsere frühere Prämisse wieder aufgriffen, daß es zur damaligen Zeit bei den Kelten keine Müßiggänger unter den Adligen gab, und wir überzeugt waren, daß der Lindow-Mann kein Krieger war, blieben ihm nur zwei mögliche Karrieren oder Beschäftigungen offen. Er war entweder ein Barde oder ein Priester. Der ‚Beruf‘ eines Barden ist ein den Kelten eigentümliches Phänomen. Die Barden waren eine einflußreiche Kraft innerhalb der keltischen Gesellschaft: Sie verbreiteten den Ruhm und den guten Ruf eines Kriegers sowie die Heldentaten des Stammes und der Familien. Sie wurden gefürchtet, denn ihre doppeldeutigen Gesänge konnten jeden, der sich mit ihnen anlegte, der Schande und Lächerlichkeit preisgeben. Wegen ihrer starken Machtposition innerhalb des Stammes und wegen der wütenden Rache, die jeden getroffen hätte, der es wagte, sich mit einem Barden anzulegen, bestand keine Gefahr, daß ein Barde getötet oder geopfert wurde. Außerdem sah der Lindow-Mann nicht wie ein Barde aus: Seine erhaltene Hand und seine Fingernägel boten keinen Anhaltspunkt dafür, daß er die Harfe geschlagen hatte: Er hatte keine Schwielen an den Fingern und seine gepflegten Nägel zeigten weder Risse noch Absplitterungen.

So blieb nur eine Möglichkeit: Er war ein heidnischer Priester. Da er ein Kelte war, konnte das nur eines bedeuten: *Er war ein Druide.*

Die Druiden waren die geheimnisvollste, aufregendste und verblüffendste Erscheinung der gesamten keltischen Welt. Diese düstere Priesterschaft übte eine enorme Macht aus. Ihre blutigen Opfer zelebrierten sie in heiligen Hainen. Ihr Glaube war einer der wenigen, der von Rom verboten wurde, angeblich wegen seiner Blutrünstigkeit, in Wahrheit aber wegen des politischen Einflusses der Druiden innerhalb der weit verstreuten keltischen Königreiche, die später Provinzen des Römischen Reiches wurden. Alles, was man über sie wußte, steht in wenigen unzusammenhängenden und einseitigen Berichten, die man hier und da in den Schriften einiger klassischer Autoren fand. Archäologische Spuren von ihren Heiligtümern und Schreinen sind nie eindeutig identifiziert worden. Unsere Schlußfolgerung, daß der Lindow-Mann ein Druide gewesen ist, zwang uns nun, soviel an Informationen über sie zu sammeln, wie nur möglich. Wir werden in Appendix I darauf zurückkommen.

Falls der Lindow-Mann wirklich ein Druide war, dann war er der erste Vertreter dieses geheimnisvollen Kultes, der jemals gefunden wurde. Unsere Analyse der letzten Mahlzeit hatte bereits eine zweifache Verbindung zum Druidentum ergeben: das Beltain-Fest und das Vorhandensein von Mistelpollen. Vielleicht würde die Identifizierung des Lindow-Mannes als Druiden die magische dritte Verbindung schaffen.

Was uns an seinem priesterlichen Stand zweifeln ließ, war sein Alter. Die klassischen Schriftsteller berichten, daß die Ausbildung zum Druiden 20 Jahre gedauert habe. Wenn wir davon ausgingen, daß der Lindow-Mann ungefähr Ende zwanzig gewesen ist und seine Ausbildung im Alter von sieben oder acht Jahren begonnen hatte, dann wäre seine Ausbildung gerade abgeschlossen gewesen. Warum sollte ein eben flügge gewordener Druide diesen blutigen, dreifachen Tod erlitten haben?

Vielleicht mußte man das Problem von einer anderen Seite her angehen. Falls sich der Lindow-Mann auf irgendeine Weise von seinen Stammesgenossen unterschied, andererseits aber als Opfer erst geeignet war, nachdem er den Rang eines Priesters erlangt hatte, hätte er mit Abschluß seiner Ausbildung sozusagen sein „Todespatent" erworben. Er wäre damit für den dreifachen Tod doppelt geeignet gewesen. Gab es etwas, das ihn *dreifach* geeignet machte, gab es möglicherweise irgendeinen Hinweis auf einen hohen weltlichen Rang?

Wir hatten bereits festgestellt, daß der Lindow-Mann offensichtlich unbekleidet in den Tod gegangen ist. Seinen adligen Status hatten wir von der Unversehrtheit seines Körpers und der Makellosigkeit seiner Fingernägel abgeleitet, seinen priesterlichen Rang vom Fehlen jeglicher Hinweise auf irgendeine kriegerische Betätigung. Die tiefen Falten auf seiner Stirn mochten sehr wohl das Ergebnis zwanzigjährigen intensiven Auswendiglernens sein.

Andere Hinweise, die uns hätten weiterführen können, fanden wir nicht – bis auf einen: Der Lindow-Mann war nicht völlig nackt in den Tod gegangen. Um den rechten Arm hatte er ein Band aus Fuchsfell getragen. Er hatte es sicher nicht zufällig und ohne Absicht umgehabt. Es konnte uns vielleicht etwas sehr Wichtiges über seinen Stand erzählen, falls es uns gelang, seine knappe und rätselhafte Botschaft zu entziffern. Hatte es etwas mit seinem vermuteten Status als Druide zu tun?

*Bronze-Figurine, wahrscheinlich einen
Druiden darstellend, aus einem Fund
bei Neuvy-en-Sullias in der Nähe von
St. Benoit-sur-Loire, Loiret/Frankreich*

3. Kapitel

Lovernios

Der Lindow-Mann ist ein noch sehr junger Druide gewesen. Deshalb mußte es einen besonderen Grund gegeben haben, warum die Wahl für dieses außerordentliche sakrale Opfer gerade auf ihn gefallen war. Wir vermuten, daß er ein König oder Fürst war und daß das geheimnisvolle Fuchsfellarmband seinen königlichen Rang anzeigte. Wir glauben weiter, daß das Armband einen Hinweis auf seinen *Namen* liefert. Dieser − das dürfen wir mit Sicherheit annehmen − war von besonderer Bedeutung, denn Namen wurden in der Welt der heidnischen Kelten nicht leichtfertig vergeben. Man mußte sie sich verdienen, und sie wurden dann mit großem Prunk verliehen. Sie sagten sehr viel über ihren Träger aus. Den Kelten war der Name heilig; er mußte geschützt und konnte, wenn nötig, entzogen werden.

Zumindest der Oberschicht wurden die Namen von den Druiden verliehen. Häufig wurde bei der Geburt zunächst ein vorläufiger Name gewählt, der später im Zusammenhang mit einer besonderen Leistung, einer Heldentat oder den Einweihungsriten geändert wurde. Bei der Namensgebungsfeier fand eine Art Taufe statt, zu der das Wasser sicherlich in einem geweihten Gefäß aus einer heiligen Quelle, einem heiligen Teich oder See entnommen wurde. Tiere und Vögel spielten bei der persönlichen Namensgebung eine wichtige Rolle, wie überhaupt im Leben und in der Religion der Kelten. Die Kelten haben stets eine enge, gefühlsmäßige Beziehung zu ihren Tieren gehabt. Dies ist ein Grundzug ihrer Kultur und ihres Charakters, für den sich überall Beweise finden lassen, soweit sich ihre Geschichte zurückverfolgen läßt.

Besonders der Hund wurde von den Inselkelten sehr geschätzt. Sein Name ist Bestandteil vieler ihrer Götter- und Heldennamen. Eine ähnliche Rolle spielt der Wolf, der häufig in Heldensagen und mythologischen Erzählungen vorkommt.

Die Söhne des Fuchses

Es gibt aber noch ein weiteres hundeähnliches Tier, das allerdings in den schriftlichen Zeugnissen über die Kelten ebenso schwer auszumachen ist wie in der Natur. Es ist das eleganteste und schönste unserer wildlebenden Säugetiere: *Vulpes vulpes,* der Rotfuchs. Aber er erscheint bereits in der frühkeltischen Nomenklatur. Das altbritische Wort für Fuchs ist ‚Lovern‘, das gallische ‚Lovernios‘ oder ‚Lovernos‘ (lateinisch: Lovernius), und noch heute heißt der Fuchs auf Walisisch ‚llwynog‘ und auf Bretonisch ‚louarn‘.

Zahlreiche Mitglieder des frühen keltischen Adels tragen den Namen Lovernios, das heißt Fuchs oder Sohn des Fuchses. Der interessanteste Hinweis auf einen keltischen Fürsten namens Lovernius stammt von dem griechischen Schriftsteller Athenaeus (spätes 1./frühes 2. Jahrhundert n. Chr.). Er greift eine Geschichte auf, die von dem Philosophen und Historiker Posidonius stammt: Um die Gunst des Volkes für sich zu gewinnen, fuhr der gallische Stammesfürst Lovernius in seinem zweirädrigen Streitwagen über die Ebene und ließ Gold und Silber an Zehntausende von Kelten verteilen, die herbeigeströmt waren. Ein Quadrat von eineinhalb Meilen Seitenlänge ließ er mit Fässern teuren Alkohols füllen. Es wurde soviel Essen zubereitet, daß viele Tage lang jeder, der wollte, an dem Festmahl teilnehmen konnte, das seine Diener ohne Unterbrechung servierten. Ein Barde, der nicht mehr rechtzeitig zu dem Fest eintraf, komponierte eilig einen Lobgesang auf Lovernius, in dem er dessen Größe pries und zugleich seine eigene Verspätung beklagte. Lovernius warf daraufhin dem neben seinem Kriegswagen herlaufenden Sänger einen Beutel Gold zu.

Diese Geschichte aus der Anfangszeit der christlichen Ära ist deshalb interessant, weil sie uns etwas über die Welt erzählt, in der der Lindow-Mann lebte. Sie enthält alle Facetten der heidnisch-keltischen Welt, einer Welt, die von einem strengen Verhaltenskodex regiert wurde, einem ausgewogenen Gleichgewicht der Beziehungen und der ‚Angemessenheit der Dinge‘. Die Episode bringt die Stärken, die Schwächen und die Spontanität der Kelten auf den Punkt.

Da der Lovernios der Erzählung ein mächtiger Adliger war mit dem sagenhaften Reichtum eines keltischen Königs und hoch angesehen, ist klar, daß der Fuchs von ihnen nicht nur als ein gemeiner Räuber angesehen wurde. Wenn ein Mann ‚Fuchs‘ genannt wurde, dann bedeutete dies zwingend, daß seine Namensweihe irgendwie mit Füchsen zu tun hatte, daß es ein angestammter Name war, der möglicherweise die Abstammung von einem Fuchsgott oder einer Fuchs-‚Familie‘ anzeigen sollte. Vielleicht bedeutete es aber auch nur, daß sein Träger rothaarig war und eine dem Fuchs ähnliche Intelligenz und Schlauheit oder auch Schönheit besaß.

Der Name Lovernios erscheint als ‚Lovernianus' ferner auf einer aus dem 3. Jahrhundert stammenden, wunderschön gearbeiteten Zinnplatte, die neben zahlreichen anderen 1896 in einer Kiesgrube bei Appleford, Berkshire, gefunden wurde. Die Inschrift lautet: „Lovernianus stiftete die von ihm erworbenen Schätze". Vermutlich wurden die Platten einem Tempel geschenkt oder dem Gott selbst dargebracht. Der Name findet sich als Lovernius schließlich auf einem Altar des römisch-keltischen Tempels in Uley, Gloucestershire.

Der Fuchs von Uley

Auf einer Anhöhe, dem sogenannten West Hill, nahe den Ausläufern der Cotswold Hills liegt der Tempelbezirk von Uley. Hier finden sich Spuren einer sich über einen langen Zeitraum erstreckenden religiösen Aktivität aus mehreren Kulturepochen. Ganz in der Nähe wurden ein Langgrab aus dem Neolithikum, ‚Hetty Pegler's Tump', sowie ein Rundgrab aus der Bronzezeit entdeckt, was auf ein frühes abergläubiges Interesse an dieser Gegend hindeutet. Uley Bury, eine halbe Meile nordwestlich von Uley, ist eine der eindrucksvollsten Bergfesten in Gloucester. Eine Goldmünze der Dobunni, die man in ihrem Graben fand, läßt darauf schließen, daß das nahegelegene Heiligtum für diesen Stamm von großer Bedeutung war.

Die älteste Konstruktion, die man auf dem West Hill entdeckt hat, ist ein von einem Graben umgebener ovaler Platz; Pfostenlöcher für ein Holzbauwerk weisen auf einen Tempel oder Schrein in seiner Mitte. Der religiöse Charakter des Platzes wird durch drei Kindergräber unterstrichen. Ein Graben und eine Votivgrube zeigen an, daß es sich um ein Heiligtum der späten Eisenzeit handelt. Das Uley-Heiligtum weist Parallelen zu dem bei Libenice, Tschechoslowakei, gefundenen heiligen Bezirk auf. Auch hier fand man Votivgruben und Kindergräber, ferner einen menschlichen Schädel für das Trankopfer und einen mit offenen Arm- und Halsreifen geschmückten hölzernen Kultpfahl. Ein weiteres Heiligtum aus der frühen Eisenzeit bei Aulnay-aux-Planches, Marne/Frankreich, weist fünf Gräber und eine Reihe großer Pfostenlöcher auf und zeigt gleichfalls verblüffende Ähnlichkeit mit dem eisenzeitlichen Komplex in Uley. Im 2. Jahrhundert n. Chr. wurden in Uley zwei Reihen von Steingebäuden errichtet, zwischen deren Überresten man Münzen und Keramikgegenstände fand. Sie waren zu Beginn des 4. Jahrhunderts zerstört worden. Eins der Gebäude war über dem südöstlichen Teil der eisenzeitlichen Anlage errichtet worden; die übrigen ähnelten in ihrer Art dem Gästehaus beim römisch-britischen Tempel in Lydney, Gloucestershire.

Dieser Komplex wurde im 2. Jahrhundert angelegt und im 3. wieder zerstört. Es muß hier damals schon einen Tempel gegeben haben, den man aber noch nicht gefunden hat. Im 4. Jahrhundert wurde dann auf der Anlage ein rechteckiger Tempel errichtet. In seiner Mitte befand sich ein großes Loch für einen heiligen Baum, eine Art „Totempfahl", vielleicht aber auch für ein großes Faß für Wasser oder eine andere Flüssigkeit, beispielsweise Blut, Met oder Ale.

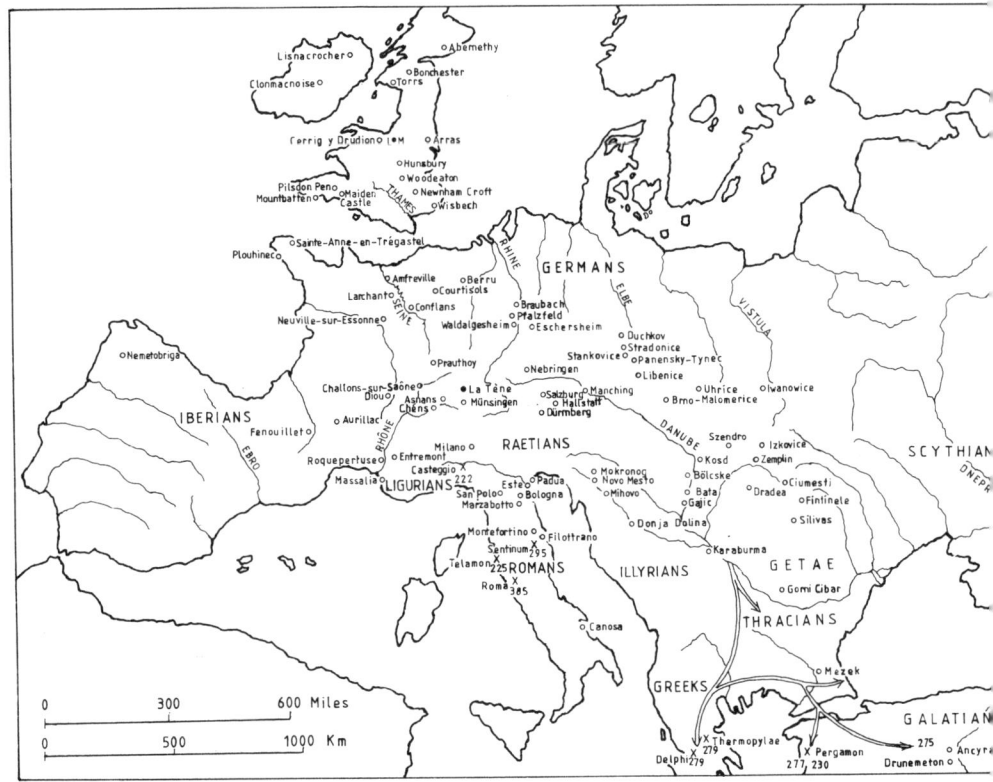

Die Welt der Kelten im 4. und 3. Jahrhundert v. Chr., der La-Tène-Zeit, wie sie sich anhand einer Auswahl von Fundorten darstellt

Es ist bezeichnend, daß die Nordostecke dieses späteren Tempels direkt über der aufgefüllten Votivgrube und dem Graben aus der Eisenzeit lag, was die ununterbrochene Fortdauer als Heiligtum deutlich macht. Vom Jahr 380 n. Chr. an wurden Votivgaben sorgfältig aufbewahrt. Ihre Entdeckung sowie die Überreste dreier Kinderleichen verschiedener Münzen aus Bronze und anderen Materialien, Keramikscherben, Spangen, Figurinen und Spielzeug, zusammen mit mehr als 250 000 Tierknochen beweist, daß Uley über eine sehr lange Zeit hinweg eine besondere Bedeutung besaß.

Die Überreste einer großen Kultstatue, offensichtlich das insulare Gegenstück zum klassischen Gott Merkur, sowie eine Bronzefigur aus heimischer Werkstatt, die Merkur als den keltischen, gehörnten Gott zeigt, sprechen dafür, daß ihm als dem obersten Gott dieser Tempel gewidmet war. Knochen von zahlreichen Ziegen, Widdern und Hähnen, allesamt Tiere, die Göttern dieses Typs als Opfer dargebracht wurden, stützen diese Interpretation. Der Hahn war zugleich das heilige Tier der ‚Sonnen'-Götter. Außerdem fand man eine im keltischen Stil gearbeitete Bronzebüste eines Gottes mit Strahlenkranz, ähnlich dem gehörnten Gott, ein Zeichen für den nahtlosen Übergang vom keltischen zum römischen Kult.

Im Hinblick auf den Lindow-Mann ist besonders ein Altar interessant, der ein Relief Merkurs zeigt, auf dem dieser mit seinen Symbolfiguren Widder und Hahn dargestellt ist. Die Inschrift auf dem Sockel besagt, daß „Lovernius, der Sohn des . . ., bereitwillig und zu Recht Merkur einen feierlichen Eid geleistet hat". Dieser Name war offensichtlich dem Adel vorbehalten: Lovernius von Gallien war ein angesehener Adliger, der große Feste veranstaltete und für ein Preisgedicht in Gold zahlte. Lovernius nahm Zinnplatten und schrieb auf eine seinen Namen.

Loarn von Irland war ein mächtiger Kriegsfürst, der Schottland überfiel und große Landstriche für sein Volk annektierte. Vom 2. Jahrhundert v. Chr. bis zum 5. Jahrhundert n. Chr. wird der keltische Name für „Fuchs" an Adlige verliehen. Das Wort, von dem er abgeleitet wurde, existiert als Oberbegriff noch immer in den keltischen Dialekten Britanniens. Diesem Begriff in Uley zu begegnen, wo ein mächtiger Gott vom Typ Merkurs − vielleicht Lugos oder Esus − lange Zeit verehrt wurde, ist besonders aufschlußreich. Der heidnische Tempel wurde später durch frühchristliche Gebäude ersetzt; auch dies ist ein Beweis dafür, daß der Ort jahrhundertelang heilig war.

Zum Gedenken eines weiteren Lovernius wurde im späten 5. Jahrhundert eine Inschrift in Caernarvonshire angebracht. Sie lautet: „Fili Loverni Anatemori" und wurde auf dem Türsturz einer nicht mehr benutzten Kirche in Llanfaglan entdeckt. Einen weiteren Beweis für die frühe Benutzung dieses Namens in Irland wie in den Gebieten Galliens liefert Lorne, ein Distrikt im schottischen Argyll. Der Name Lorne leitet sich vom irischen Loarn ab und dieses wiederum von der noch älteren Form Lovernos. Lorne wurde im übrigen nach Loarn benannt, einem der Söhne des nordirischen Königs Eric, der im späten 5. Jahrhundert Schottland kolonisierte.

Das Armband aus Fuchsfell

Wir wissen inzwischen, daß der Lindow-Mann ein adliger Inselkelte aus der späten Eisenzeit ist. Wir glauben, daß er zur gebildeten Oberschicht seines Stammes gehörte und wahrscheinlich Druide war. Abgesehen von einem Fuchsfellarmband an seinem linken Unterarm scheint er nackt in den Tod gegangen zu sein. Es ist jedoch nicht ausgeschlossen, daß er daneben auch einen Umhang aus Fuchsfellen trug, denn Umhänge waren bei den Inselkelten ein Statussymbol. Das Vorhandensein von Fellresten im Torf, im Bereich seines Armes, wo auch das Band lag, könnte dafür sprechen. Außerdem war die Garrotte aus einem nicht-pflanzlichen Material angefertigt; es scheint weder von einer Kuh, einem Pferd, einem Menschen, einem Hirsch, Schwein oder Schaf zu stammen. Könnte die Garrotte aus Fuchsdarm gedreht worden sein? Wir wissen, daß man in klassischer Zeit beispielsweise Hühnerdarm verwandte, um die Opfer zu fesseln.

Es scheint so gut wie sicher, daß die natürliche Haarfarbe des Lindow-Mannes rötlich war, vielleicht fuchsfarben. Dies mag erklären, warum er ein totemähnliches ‚Abzeichen' um den Unterarm trug. Er war ‚von der Art der Füchse'; er gehörte dem Fuchs. Wir glauben, daß sein Name *Lovernios* war.

In den Bergwerksstädten in der Nähe von Sheffield, 30 Meilen östlich von Lindow, tanzt man seit altersher einen Langschwerttanz, der ein interessantes Licht auf Lovernios Opferung wirft. Als „Schwerter" dienen etwa 90 cm lange, ungeschärfte Klingen. Es gibt zwei Teams von Langschwerttänzern, in Handsworth und in Grenosida, die jeweils aus sechs Mitgliedern bestehen. Beide treten traditionell am 2. Weihnachtsfeiertag auf. Der ‚Häuptling' des Grenosider Teams trägt dabei einen Hut aus Fuchsfell, der im Verlauf des Rituals eine wichtige Rolle spielt. Der Tanz ist äußerst kompliziert und kunstvoll und wird innerhalb der beteiligten Familien von einer Generation zur nächsten weitergegeben. Der Höhepunkt ist das Verflechten der Schwerter zu einem ‚Schloß', einem kunstvollen Muster, das variieren kann. In Grenosida schmückt die Vorderseite des Fellhutes ein Fuchsgesicht.

Die Tänzer flechten das ‚Schloß' über dem Kopf des Anführers und schlagen ihm zum Zeichen seiner Exekution den Fuchsfellhut herunter. Im weiteren Verlauf des Tanzes wird dann das Opfer von den übrigen Tänzern wieder zum Leben erweckt. Ohne Zweifel haben auch die, die Lovernios töteten, daran geglaubt, daß er von den Göttern wiedererweckt werde, denen er geopfert worden ist. – Der Grenosider Häuptling wird enthauptet, der Lindow-Mann wurde erwürgt. Der Häuptling trägt einen Hut aus Fuchsfell, der Lindow-Mann ein entsprechendes Armband.

Der Schwerttanz hat als Bestattungs- oder Triumphritual bei den

Kelten eine lange Tradition. So ist er z. B. auf der Rückseite eines Bestattungsbettes abgebildet, das in einem Grabhügel bei Hochdorf, Baden-Württemberg, entdeckt wurde und aus der etwa um 800 v. Chr. beginnenden Hallstatt-Periode stammt. Auch auf der Rückseite einer gallischen Münze aus der La-Tène-Zeit ist der Triumphtanz eines Kriegers abgebildet. Eine Version dieses wilden, männlichen Tanzes hat sich bis heute im schottischen Hochland erhalten.

Drei Dinge sind tief im Unterbewußtsein der Kelten verwurzelt: das Druidentum, die Bedeutung der Namensgebung und der Vorfahren sowie ein ehrfürchtiger Respekt vor der lebenden Natur. Der Majestät und der Macht der Druiden ist stets mit Ehrerbietung begegnet worden. Das Ritual der Namensgebung lag, zumindest innerhalb des Adels, ebenso wie die damit verbundene Reinigungs- und Taufzeremonie in ihren Händen. Noch heute sind in den gälisch sprechenden Distrikten des schottischen Hochlandes Spitznamen, die sich an Namen von Tieren anlehnen, etwas Alltägliches, und für gewöhnlich kann jeder seine Vorfahren über mehrere Generationen zurückverfolgen.

Keltische Personennamen enthielten eine dreifache Information zur Identifizierung ihres Trägers: seinen *eigenen* Namen, den *Stammes-Namen* (die Klassiker berichten, daß die Kelten sich selbst als Keltoi oder Celtae bezeichnet haben) und den *Familiennamen,* der in der frühen Zeit auf einen der heidnischen Götter zurückging. Cäsar erzählt, daß „alle Gallier sich rühmen, von Dis Pater abzustammen und behaupten, ihr Wissen stamme von Druiden". Teutates, „der Gott des Volkes", Cernunnos, „der Gehörnte", Sucellos, „der Gott mit dem Hammer", der irische Dagda, der „gute Gott", der namenlose Gigant von Cerne Abbas, Dorset: auf sie und viele andere scheint die Beschreibung des Vatergottes, des Urvaters der keltischen Stämme, zu passen.

Das Dritte, das im Denken und Glauben der Kelten verwurzelt gewesen zu sein scheint, ist der stete und tiefe Respekt vor der lebenden Natur, vor Säugetieren, Vögeln, Fischen und sogar Pflanzen. Götter, Menschen und Stämme sind nach ihnen benannt worden. Dennoch wäre es wahrscheinlich falsch, zu sagen, die Kelten wären tierlieb, d. h. Tieren gegenüber ungewöhnlich rücksichtsvoll gewesen. Aber sie nahmen war, daß noch andere Lebewesen neben ihnen existierten, und zwar in dieser wie in der jenseitigen Welt, daß sie eine eigene Persönlichkeit besaßen und vor allem ihren eigenen Zauber. Die Kelten glaubten, daß es möglich sei, die Sprache der Säugetiere und Vögel zu erlernen und daß es anderen Wesen möglich sei, menschliche Gestalt anzunehmen und umgekehrt. In der Welt der frühen Kelten gab es keine Schranken zwischen den Dingen, die sämtlich nebeneinander oder miteinander verbunden in zeitloser Existenz lebten. Der Tod war nichts als eine Erweiterung des Lebens. Ein lebendiges Wesen konnte in jeglicher Gestalt erscheinen, ohne große Verwunderung oder Skepsis hervorzurufen. Hierauf beruhte die ausdauernde Stärke der Kelten in einer sich wandelnden und sie bedrohenden Welt. Wir erkennen diese Zauberkraft in Lovernios' Einverständnis mit seinem Opfertod und seinem ruhigen Hinabsteigen in das Wasserloch, das, wie wir wissen, nichts anderes war, als der Eingang in die „andere Welt" der Götter und seiner Vorfahren.

4. Kapitel

Der Fuchsbau

Warum wurde ausgerechnet das Lindow-Moor als Lovernios' Eintritt in das Totenreich gewählt?

Wir haben das Moor besucht, wohlwissend, daß wir hinter seine heutige Erscheinung blicken und es uns in einer keltischen Landschaft von vor 2000 Jahren vorstellen mußten, wenn wir einer Antwort auch nur nahekommen wollten. Auf den ersten Blick wirkt das Gebiet am südlichen Rand von Greater Manchester, in dem das Lindow-Moor liegt, wenig reizvoll; es ist eher langweilig. Es gibt keinerlei Hinweis dafür, warum die Wahl eines Opferplatzes ausgerechnet auf diesen Ort fiel. Heute bedeckt das Moor nur noch ein kleines Gebiet am westlichen Rand von Wilmslow in der Nähe des Flughafens von Manchester. Jets donnern und heulen darüber hinweg. Im Zentrum des heutigen Lindow jedoch liegt der Black Lake, dem das Moor seinen Namen verdankt.

Am Black Lake

Das Dörfchen Lindow End mit seinen verstreut liegenden, anspruchslosen Häusern markiert die südliche Grenze des alten Moores. Von hier hat man eine wunderschöne Aussicht auf die stark bewaldeten Abhänge von Alderley Edge, eine Meile südwestlich hinter Wilmslow. Wilmslow, ursprünglich eine kleine Provinzstadt, ist heute ein Vorort von Greater Manchester inmitten eines landschaftlich reizvollen und fruchtbaren Grüngürtels, der sich bis Alderley Edge und Nether Alderley erstreckt. Lindow Moss liegt versteckt hinter einem dichten Baumgürtel am westlichen Rand der Hauptstraße, die durch die Außenbezirke von Wilmslow weiter nach Manchester führt. Zwischen Wilmslow und dem Moor verläuft die enge Kurve der Racecourse Road, ein Name, der an eine Zeit erinnert, als der Rand des Moores gelegentlich als Rennstrecke benutzt wurde. Wenn man in diese Chaussee mit ihrem grünen Blätterdach einbiegt, hat man bereits den Waldrand von Lindow Common erreicht und damit den zugänglichsten Teil des noch vorhandenen Moores.

Anders als der westlich der Racecourt Road gelegene Hauptteil des Moores, der landwirtschaftlich genutzt und in dem Torf gestochen wird, wird das Common vom Macclesfield District Council als herrlicher Naturpark erhalten. Das Gebiet ist wegen des Nebeneinanders von Heide und Moor von besonderem wissenschaftlichen Interesse. Dieser kleine, grüne Zufluchtsort, eingerahmt von Straßen, Flughafen und Häuserreihen, kommt dem Lindow von vor 2000 Jahren noch am nächsten. Wenn man die sauberen und sehr gepflegten Randgebiete des Common durchstreift, wirkt es fast wie ein Schock, wenn man plötzlich auf eine große, melancholisch stimmende, dunkle Wasserfläche trifft – den Black Lake.

Lindow bedeutet ‚schwarzer See‘, und wir hatten angenommen, daß der Name aus der keltischen Vergangenheit dieser Gegend stamme und sich in ihm vielleicht eine Erinnerung an Lovernios' Ende erhalten habe. Jetzt sahen wir, daß er sich auf ein im Urzustand belassenes Stück Natur bezog. Der See, Mittelpunkt des Common, wird von der örtlichen Gemeinde instand gehalten. Im Sommer trocknet er gelegentlich aus, was wahrscheinlich am fallenden Grundwasserspiegel durch den Wasserbedarf der Bäume und die Nähe immer größerer Hauptdrainagesysteme liegt. Sorgfältig gepflegte Pfade schlängeln sich um den See und führen kreuz und quer durch Birkengestrüpp und offene Heide. Im Norden stößt man auf moorigen Boden, teilweise durchsetzt von hellgrünem Moos. Wir fanden Büschel von Moormyrthe zwischen schlanken Reetstengeln und stacheligen Büscheln sich gelb färbenden Grases und dazwischen immer wieder dunkle Wasserlachen, die sich zu weitläufigen Tümpeln vereinigten.

Während wir das Sumpfgebiet durchstreiften, fiel es uns nicht schwer, uns Lovernios' Ende vorzustellen. Hier, inmitten der rauschenden Birken und dunklen Wasserlachen, herrschte eine Weltabgeschiedenheit, die fast magisch wirkte. Der Lärm der Flugzeuge und Autos wurde durch den schützenden Ring der Bäume ferngehalten und auf ein dumpfes Brummen reduziert. Einen Moment lang konnte man sich an jenen grausamen Tag von vor 2000 Jahren zurückversetzt glauben.

Das Moor gehört zu den beiden Pfarreien Mobberley und Wilmslow und war schon im Mittelalter Gemeindeland. Bürger beider Dörfer hatten das Recht, hier Torf zu stechen. Damals war das Moor 607 ha groß. Berichte aus dem 18./19. Jahrhundert zeigen, daß die Fläche infolge der Bebauung und Kultivierung um 1843 bereits auf 60,7 ha zusammengeschrumpft war. Heute sind auch davon nur noch 50,5 ha übriggeblieben, von denen wiederum nur ein kleiner Teil zum wissen-

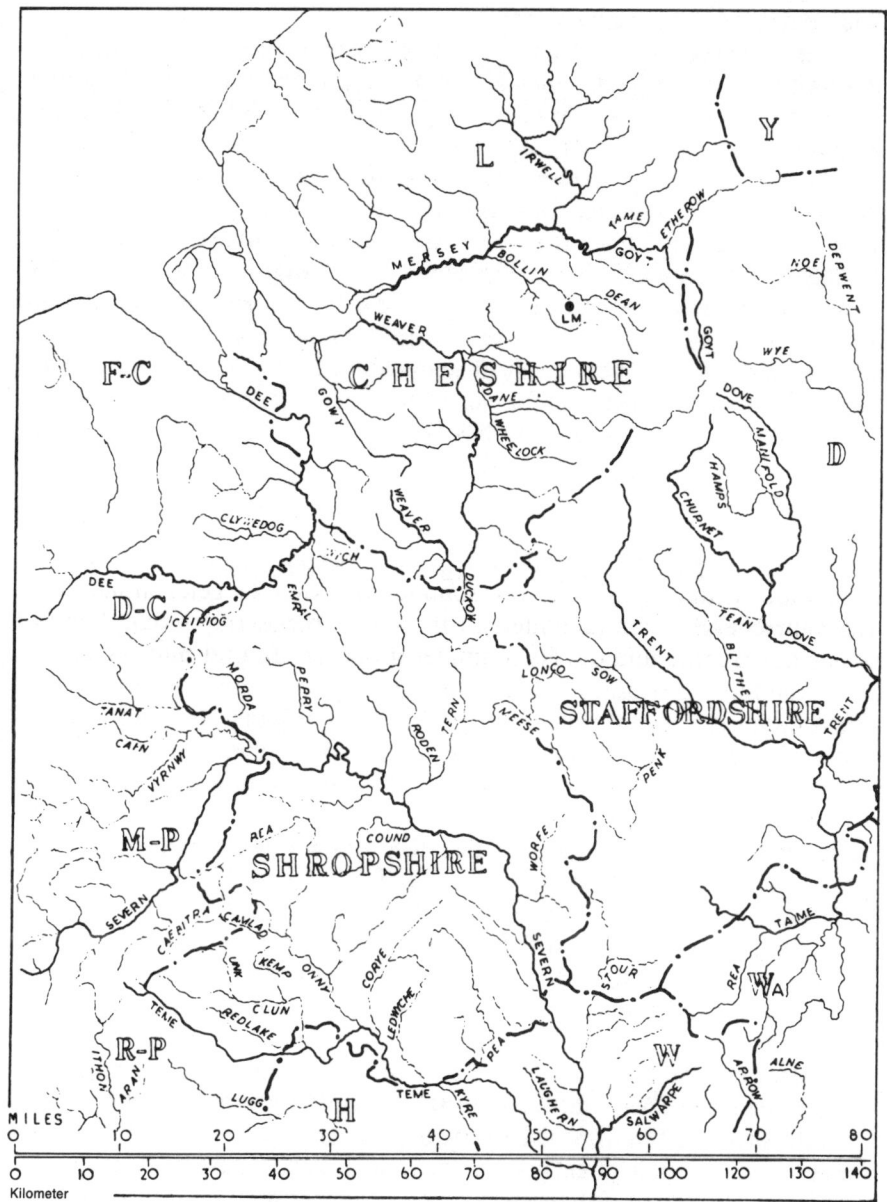

Cornwall. Das Zuflußgebiet der drei Ströme Severn, Weaver und Trent und die drei Grafschaften Shropshire, Cheshire und Staffordshire, die zusammen Cornwall bilden.

schaftlichen Forschungsgebiet des Common gehört. Im 18. Jahrhundert stand das Moor besonders in Verruf, nachdem wiederholt Menschen und Vieh darin umgekommen waren.

Der Historiker W. H. Norbury berichtete 1884, daß man im Moor das aufgeweichte Skelett eines Ebers und die Überreste eines Knüppeldammes gefunden habe. Der Eber war ein äußerst wichtiges Kulttier der Kelten; der Knüppeldamm könnte ein eisenzeitliches Dorf mit dem festen Ufer verbunden haben. Norbury berichtete ferner, daß sich die um das Moor herum lebende Bevölkerung sowohl durch ihr Aussehen als auch durch ihren Lebensstil stark von ihren Nachbarn unterscheide. Leider ist er hierauf nicht im einzelnen eingegangen. Aber er hielt die ortsansässige Bevölkerung zumindest für die Nachfahren eines sehr alten Volkcs. Ausgestattet mit diesen dürftigen Hinweisen beschlossen wir, weiter in die Vergangenheit zurückzugehen und dabei mit der Entstehung des Moores selbst zu beginnen. Vielleicht würde dies etwas Licht in das Dunkel um Lovernios' Tod bringen.

Die Entstehung der Marschen

Die forensische Untersuchung des Lindow-Mannes hatte sich auch auf Proben des umliegenden Torfs erstreckt. Dabei ging es zum einen um eine unabhängige Radiokarbon-Datierung, zum anderen darum, anhand der Analyse ein Bild von der frühgeschichtlichen Landschaft zum Todeszeitpunkt des Lindow-Mannes zu gewinnen. Wir haben bereits erwähnt, daß die früheste Radiokarbon-Datierung – erstellt vom British Museum Laboratory – für den Torf bei *ca.* 300 v. Chr. lag und man daher den Zeitpunkt für die Versenkung des Körpers vordatieren mußte. Dies wurde durch die gewonnenen Daten des Oxford Laboratory später bestätigt.

Die Rekonstruktion der frühgeschichtlichen Landschaft mit Hilfe extrahierter Torf-Monolithen, also langer senkrechter Bohrungen durch sämtliche Erdschichten, beruht sowohl auf ihrer individuellen Datierung als auch auf einer Analyse der praktisch unzerstörbar eingeschlossenen Samenpollen (Palynologie). Mit dieser Methode kann ein Fachmann die frühgeschichtliche Vegetation äußerst detailgetreu rekonstruieren. Selbst Beeinflussungen durch das Klima und den Menschen können aus Veränderungen an den Pollen abgeleitet werden. So liefert uns die Palynologie ein lebendiges Bild des frühgeschichtlichen Moores zur Zeit des Lindow-Mannes.

Vegetation und Klima sind in Britannien wie im übrigen Europa während der Eisenzeit aufs engste mit den drastischen Veränderungen verbunden, die sich aus der Einführung des Ackerbaus aus dem Nahen

links: Das rechte Bein des Lindow-
Mannes, das als erstes entdeckt wurde

umseitig: Lindow Moss

oben: Archäologen bei der Ausgrabung des Lindow-Mannes

unten: Die Fundstelle im Lindow-Moor. Die Lage des Körpers wird durch die Maurerkelle angezeigt.

oben: Der Rücken des Lindow-
Mannes, unmittelbar nach der Ausgrabung

unten: Die Oberseite seines Kopfes mit
den vermutlich durch Axthiebe verur-
sachten Verletzungen

links oben: Der Kopf des Lindow-Mannes, nachdem man den Torf entfernt
hatte. Sein linkes Ohr ist abgeknickt.

links unten: Der fast vollständig gesäu-
berte Oberkörper des Lindow-Mannes

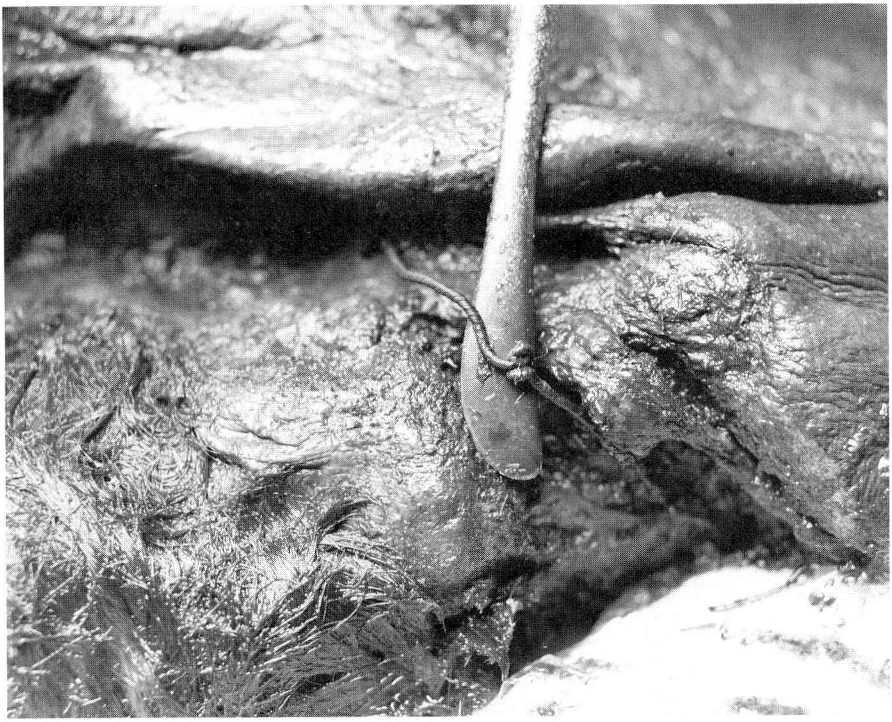

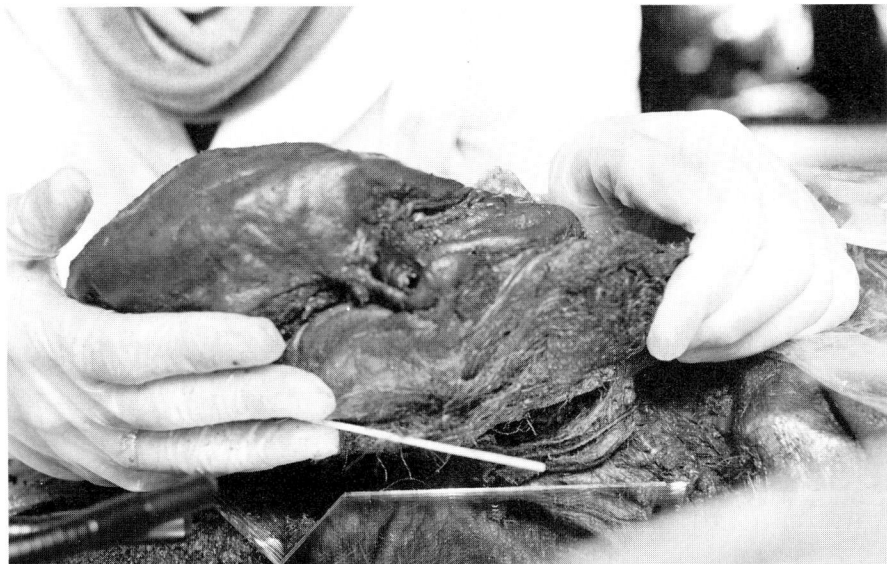

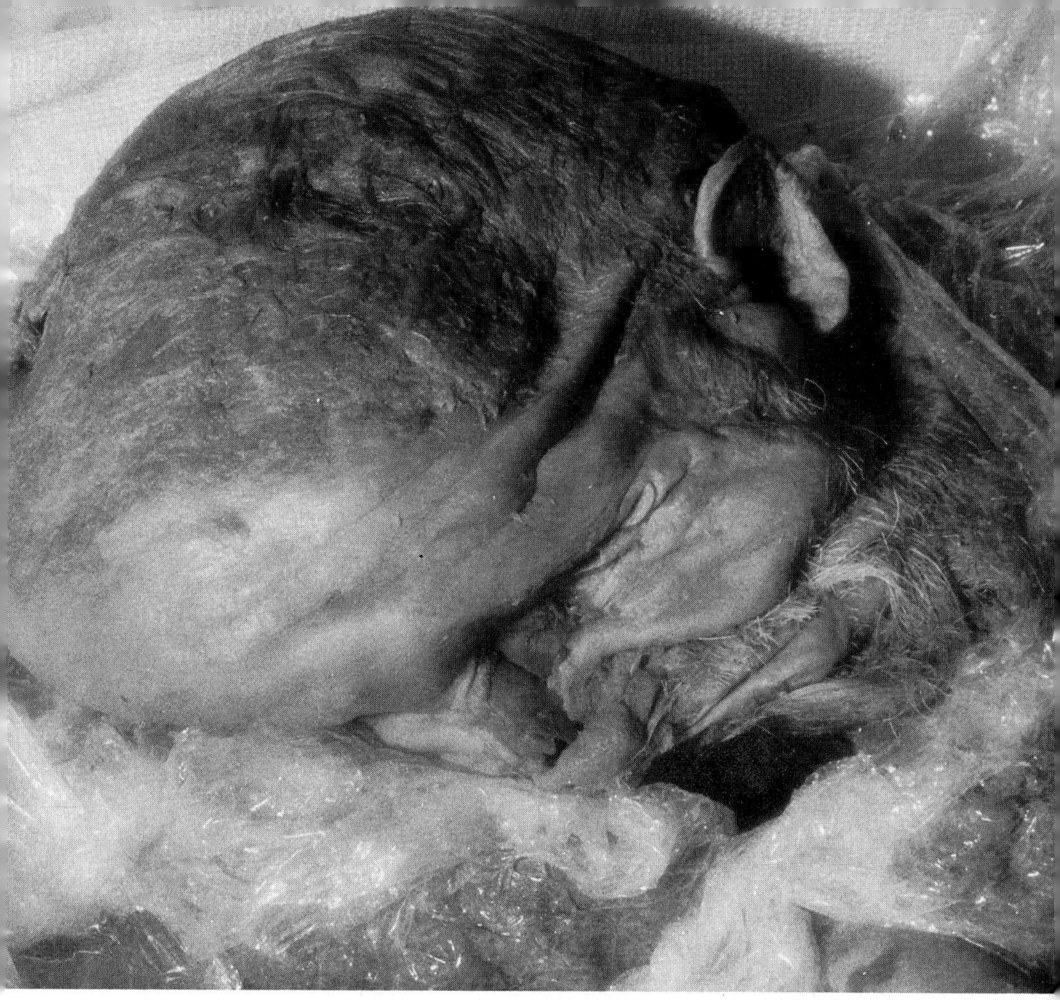

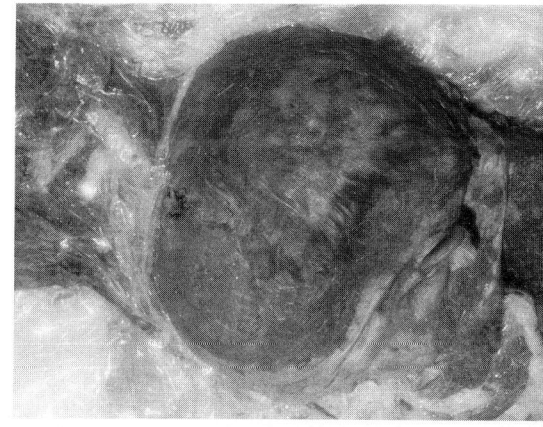

links oben: Die Garrotte und einer der Originalknoten. Darüber erkennt man sein gut erhaltenes Haar.

unten: Die Kehle des Lindow-Mannes mit dem tiefen Einschnitt, der seinen Tod mitverursacht hat

Eine Infrarot-Aufnahme seines Kopfes, auf der die Frakturen im Schädeldach und an der Basis zu erkennen sind

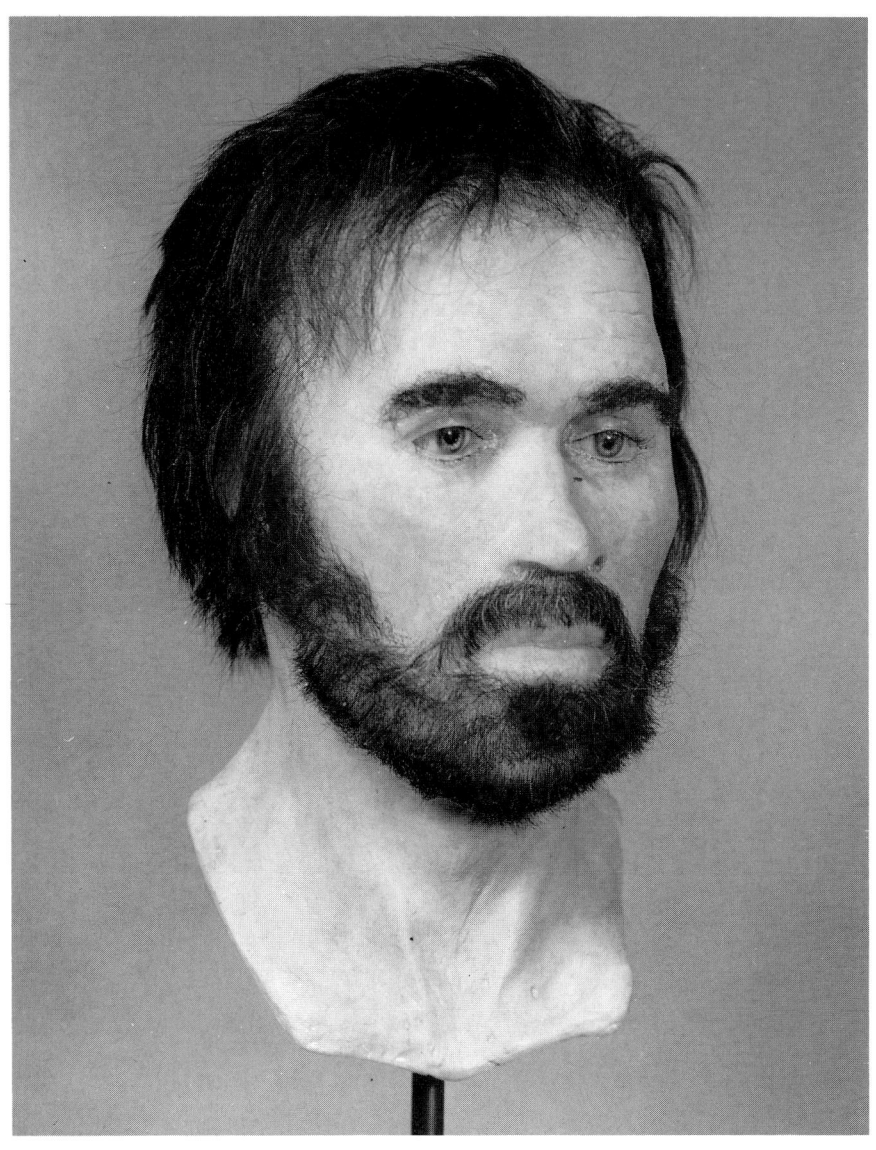

Eine Rekonstruktion seines Kopfes
aufgrund forensischer Untersuchungen

Osten vor etwa 8000 Jahren ergeben haben. So wurde z. B. der starke Rückgang der Wälder, der sich aus entsprechenden Pollenanalysen ableiten läßt, zu einem großen Teil durch die primitive Kultivierung des Bodens verursacht. Einige Archäobiologen führen demgegenüber zumindest das Absterben der breitblättrigen Bäume auf klimatische Faktoren zurück; die neuen Verhältnisse seien dann von den ersten Ackerbauern ausgenutzt worden. Meinungen über die Inbesitznahme des Bodens durch den Menschen gehen auseinander; eindeutig sind jedoch die Aussagen zur *Art und Weise* der frühen Bebauung, die mit Hilfe der Pollenanalyse gemacht werden können. Sie beruhte auf Brandrodung: Durch Abbrennen und Abholzen wurden kleine Waldlichtungen geschaffen. Diese wurden dann ein paar fruchtbare Jahre lang bebaut, bis der Boden so ausgelaugt war, daß sich eine weitere Bearbeitung nicht mehr lohnte. Daraufhin zogen die Bauern weiter, rodeten eine neue Ackerfläche und überließen die alte wieder dem Wald.

Diese primitive Form des Ackerbaus erinnert an Tacitus' Bericht über die Germanen. Die Ur-Kelten brachten dieses Stadium jedoch schon früher hinter sich und entwickelten weit vor ihren germanischen Nachbarn eine hoch organisierte Form des Ackerbaus. In mancher Hinsicht waren sie sogar den Römern voraus. Es existieren mehrere klassische Berichte, wonach die Gallier bereits von Pferden gezogene Mähmaschinen besaßen, die Mähdrescher unserer Tage. Zeitgenössische Illustrationen dieser gewaltigen Maschinen verraten einen Erfindungsgeist, der eines Leonardo da Vinci würdig ist. Es waren praktische, brauchbare Maschinen und nicht etwa irgendwelche Spielereien.

Für die Jungsteinzeit, etwa 4000 Jahre bevor Lovernios starb, zeigt der Pollenbericht, daß die Rodungsflächen in den großen britischen Wäldern zunehmen. Der Bericht läßt erkennen, daß diese Veränderung mit einer allmählichen Verschlechterung des Klimas während der 2000 Jahre der Bronze- und frühen Eisenzeit bis etwa 400 v. Chr. einherging, als Britannien von einer namhaften keltischen Bevölkerung besiedelt wurde. Die Durchschnittstemperaturen sanken, und die Niederschläge nahmen zu. Vermehrte Feuchtigkeit und die Rodung der Wälder führte zur Entstehung ausgedehnter Sümpfe und Torfmoore, besonders in den Flußmündungen. Auch die ausgedehnten Marschen im Mündungsbereich von Mersey und Dee, die das Lindow-Areal einschließen, stammen wahrscheinlich aus jener Zeit, ebenso wie die Hochmoore im Osten. Nichtsdestoweniger scheint der Ackerbau während der Bronzezeit ständig zugenommen zu haben.

Diese Wechselbeziehung zwischen Klimaverschlechterung und Veränderung der Landschaft findet nach dem Pollenbericht um etwa 400 v. Chr. eine Unterbrechung. Ob dies die Entwicklung der komplizierten sozialen und technologischen Struktur der Eisenzeit förderte, ist Gegenstand von Spekulationen. Die Zeit der römischen Invasionen und der römischen Herrschaft bis 400 n. Chr. scheint von einer zunehmenden Erwärmung des Klimas begleitet gewesen zu sein, die es sogar erlaubte, im Süden Englands Wein anzubauen. Cäsar berichtet, daß sich die Bewegungen der keltischen Kampfverbände während seines Vormarsches von der Küste ins Landesinnere durch Staubwolken verraten hätten, und er beschreibt die verheerende Wirkung der Sommerstürme auf seine Flotte. Beides könnte für trockenes, sehr warmes Wetter in der Mitte des 1. Jahrhunderts v. Chr. sprechen. Wir wissen, daß das römische Interesse an Britannien durch die Fruchtbarkeit seines Bodens und den reichen Getreideexport geweckt worden ist; auch dies ein Hinweis auf warmes Klima.

Es gibt somit keinen Beweis für irgendeine katastrophale Wetterverschlechterung zu Lovernios' Lebzeiten, als das Lindow-Moor – wie Radiokarbondatierung und Palynologie bewiesen haben – bereits ein voll entwickeltes Torfmoor war. Entsprechend fanden auch die dänischen Ritualopfer während einer Periode zunehmender Erwärmung statt.

Dieses sonnige Bild der Späteisenzeit hat kürzlich durch eine faszinierende Entdeckung eine Einschränkung gefunden, auf die einige Forscher bei der Durchsicht alter chinesischer Berichte nach frühen astronomischen Daten gestoßen sind. Das plötzliche Einsetzen einer verheerenden Kälte- und Nässeperiode während der Han Dynastie in China im Jahr 205 v. Chr. hat die Wissenschaftler bereits viele Jahre lang beschäftigt. Jetzt sieht es so aus, als seien jene schrecklichen Hunger- und Sterbejahre, in denen man die Kinder offen auf den Märkten gegen Nahrungsmittel tauschte, die Folge eines gewaltigen Vulkanausbruchs auf Island um das Jahr 210 v. Chr. gewesen.

Danach müssen durch die Eruption gewaltige Mengen von Staub in die Atmosphäre gelangt sein; chinesische Chroniken berichten, daß „man die Sterne nicht mehr sehen konnte". Eingehende Studien der dänischen Moore haben in der Tat einen plötzlichen Schatten über dem allgemeinen Bild eines sich verbessernden Klimas in dieser Zeit ergeben: an der Torfsäule ließen sich abnorme Regenperioden ablesen. Diese Abweichung ist jedoch in England bisher nicht berücksichtigt worden.

Wir fragten uns natürlich, ob eine solche Katastrophe möglicherweise der Grund für ein ganz außergewöhnliches Opfer gewesen sein könnte. Die Radiokarbondatierung sprach jedoch sowohl im Fall des Lovernios wie dem der dänischen Moorleichen entschieden dagegen. Hinzu kam, daß sich die Folgen des isländischen Vulkanausbruchs wahrscheinlich nur ein paar Jahre lang bemerkbar gemacht haben. Und außerdem glaubten wir, daß wir uns bei einem so wichtigen Opfer, wie dem des Lovernios, nach einem weit einschneidenderen Ereignis umsehen mußten. Selbst wenn man unterstellte, daß eine Serie von Mißernten sein Opfer erforderlich gemacht hätte, um den Zorn der Götter abzuwenden, hätte die hohe Qualität des Korns, aus dem seine letzte Mahlzeit

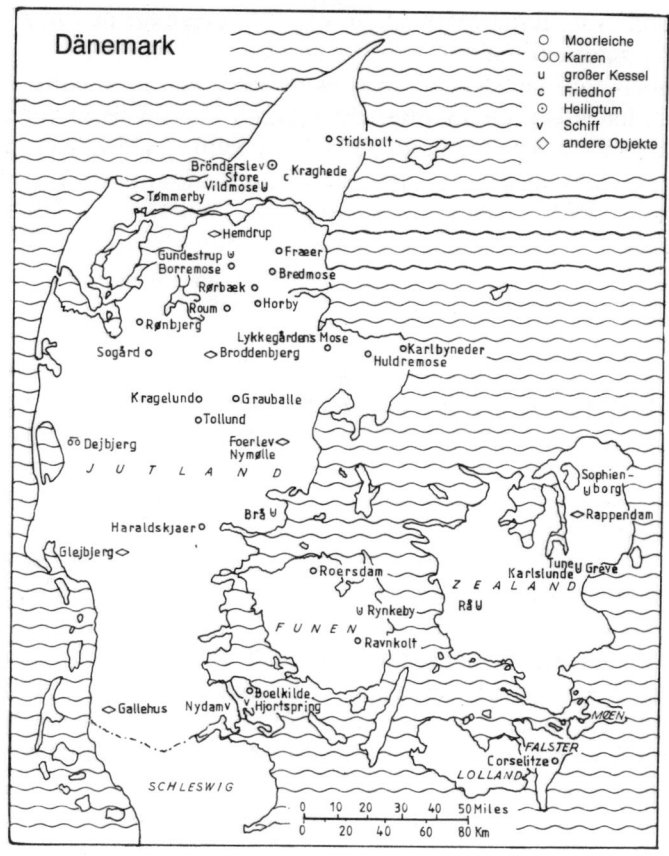

O	Moorleiche
OO	Karren
u	großer Kessel
c	Friedhof
⊙	Heiligtum
v	Schiff
◇	andere Objekte

Dänemark

Stidsholt
Brönderslev ⊙ Kraghede
Store
Vildmose v
Tømmerby
Hemdrup
Gundestrup v Fræer
Borremose ○ Bredmose
Rørbæk ○
Roum ○ Horby
Rønbjerg
Lykkegårdens Mose
Sogård ○ Broddenbjerg Karlbyneder
Huldremose
Kragelundo Grauballe
Tollund
Dejbjerg Foerlev
Nymølle
JUTLAND
Sophien-
yborg
Brå v Rappendam
Haraldskjaer ○
Glejbjerg ◇ Tune v Greve
Karlslunde
Roersdam ZEALAND
Rå v
FUNEN v Rynkeby
Ravnkolt
Boelkilde
Gallehus Nydam v Hjortspring
Nydamv MØEN
FALSTER
Corselitze ○
LOLLAND
SCHLESWIG

0 10 20 30 40 50 Miles
0 20 40 60 80 Km

Eine Karte von Dänemark, auf der die frühgeschichtlichen Fundstellen angegeben sind

bereitet war, einer Erklärung bedurft. Das sorgfältig gemahlene Mehl, die für die Eisenzeit typischen Getreidesorten und ihr Verzehr in Form eines geschwärzten Stückes Bannock aus Anlaß eines Beltain-Festes – alles dies deutete auf eine gute Ernte im vorangegangenen Jahr hin. Was immer der Grund für Lovernios' Tod gewesen sein mochte, wir konnten nicht glauben, daß es die Angst vor einer drohenden Hungersnot oder eine bereits seit einigen Jahren andauernde Katastrophe war. Auch sein robuster und gut genährter Körper sprachen dagegen.

Wie stand es mit den dänischen Opfern? *Ihre* Opferung konnte in der Tat durch Mißernten ausgelöst worden sein. Nach Meinung der Archäobotaniker war jener ungenießbare Brei, der ihr letztes Mahl darstellte, ihnen entweder im Winter oder Frühling bereitet worden. Dies deutete darauf hin, daß sie den Göttern oder der Erdmutter geopfert

67

worden waren, um bessere Ernten zu erflehen. Nichtsdestoweniger zeigten auch sie keine Anzeichen von Unterernährung (die sich an anderen „hingerichteten" Opfern nachweisen lassen, wie z. B. dem Winderby-Mädchen). Darüber hinaus zeigten die Radiokarbon-Datierungen, daß sich die Opfer über die gesamte Eisenzeit verteilten. Nur eins von ihnen – der Borremose-Mann – erlitt einen dreifachen Tod, der in gewisser Weise an den des Lindow-Mannes erinnert (vgl. Appendix II).

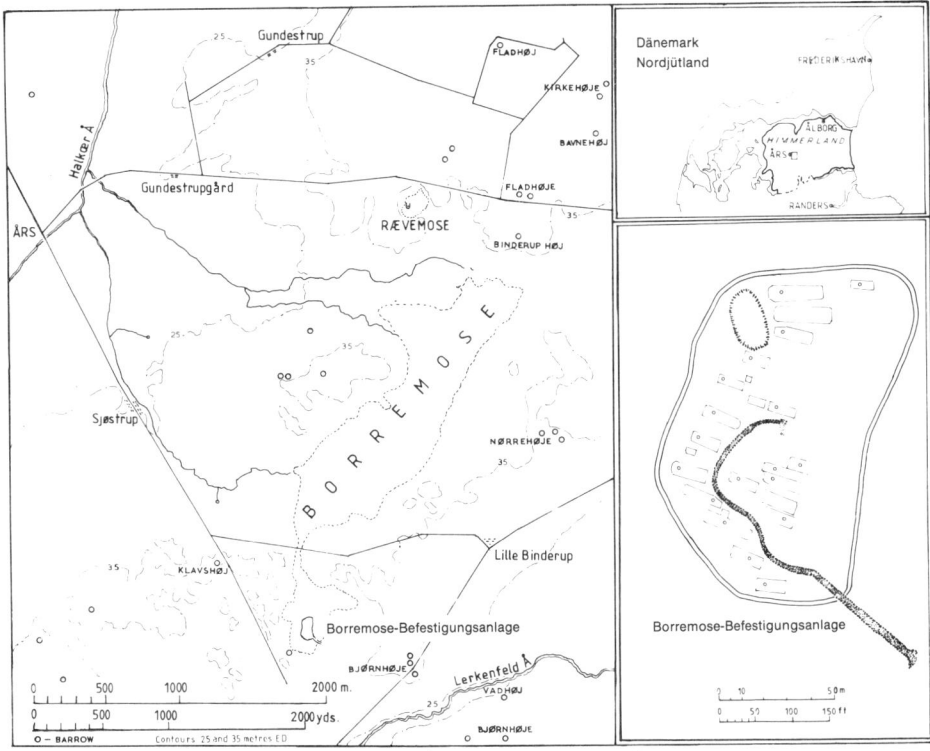

Raevemose und Borremose, Dänemark. Im ersteren wurde der Silberkessel von Gundestrup gefunden, im letzteren entdeckte man die Moorleichen sowie Überreste einer eisenzeitlichen Befestigungsanlage.

Es ist denkbar, daß irgendeine möglicherweise klimatisch bedingte Katastrophe im 1. Jahrhundert n. Chr. über Britannien hereinbrach. Zahlreiche große keltische Bergfesten wurden während dieser Zeit verlassen. Während der Invasion unter Claudius wurden sie dann wieder besetzt und in aller Eile restauriert. Der Grund für eine solche Massenabwanderung bleibt ein Rätsel, denn viele der Königtümer im Süden Britanniens standen gerade damals in hoher Blüte.

Der Grund für Lovernios' Tod, die tiefere Bedeutung des Lindow-Moores als Opferplatz und die Verbindung zwischen diesen beiden hatten wir noch immer nicht herausgefunden. Wir beschlossen daher, die Volksbräuche und Legenden der Lindow-Gegend etwas näher unter die Lupe zu nehmen: Hatte Lovernios' Tod in ihnen irgendeine Spur hinterlassen, die sich verfolgen ließ?

Der König im Erdreich

Über die meisten Torfmoore und Sümpfe gibt es eine bunte Sammlung von Geschichten und Legenden. Sie handeln von übelwollenden und boshaften Geistern und Feen, die unter den verschiedensten Namen auftreten wie ‚bogans‘, ‚boggarts‘, ‚bogles‘ und ‚bogies‘. In Nordwestengland und auf der Insel Man sind die Moorgeister Schrecken verbreitende Wesen, die häufig die Gestalt von riesigen Widdern annehmen. In Cheshire und Lancashire nennt man sie ‚boggarts‘ und ‚bugganes‘, und man sagt, daß sie sich gelegentlich in der Gestalt einer weißen Kuh oder eines Schimmels zeigen. Zu anderen Zeiten wiederum erscheinen sie als riesige schwarze Hunde mit wilden, untertassengroßen Augen; sie sind Vorboten des Todes. Das ‚Ungeheuer im Moor‘ hat als Thema stets eine große Faszination ausgeübt, was sich Sir Arthur Conan Doyle (selbst ein großer Freund des Geheimnisvollen und Übernatürlichen) in seinem Buch *Der Hund von Baskervilles* zunutze gemacht hat. Seine Beschwörung des unheimlichen Phantom-Hundes als ein Geschöpf des Moores geht auf eine ganze Unterwelt geisterhafter und phantastischer Tiere zurück, die ein wesentliches Element der britischen Folklore bilden. Viele dieser Geschichten mögen mit der vagen Erinnerung an Tier-Totemismus aus der keltischen oder einer noch früheren Zeit zusammenhängen.

Diesen Faktor hatten wir bisher nicht beachtet. Unsere Analyse des Symbolgehaltes seines Fuchsfellarmbandes hatte keinen Grund für das Opfer geliefert. Für uns war das Armband eine Art Abzeichen seines Clans oder seines Ranges sowie ein Symbol für Lovernios' Familiennamen. Es war das einzige Zeichen seines weltlichen Amtes und seines Standes, das ihm in der Stunde seines Todes zu tragen erlaubt war. In keiner Weise schien es auf den Anlaß hinzuweisen, der seinen Tod erforderlich gemacht hatte. Die Moorgeister waren aller Wahrscheinlichkeit nach die Seelen von Menschen, die im Moor einen *vorzeitigen* Tod gefunden hatten. Die dänischen Moorleichen hatte man, soweit sie geopfert worden waren, mehr oder weniger sorgfältig mit schweren

Gewichten belegt. Vielleicht wollte man auf diese Weise ihre rachsüchtigen Seelen bannen, die andernfalls wieder heraufgestiegen wären und Vergeltung geübt hätten. Der Glaube an eine Rache der Toten, die zurückkommen und die Lebenden heimsuchen, sofern ihre Seelen nicht versöhnt wurden, findet sich in vielen frühgeschichtlichen Religionen.

Vielleicht konnte uns das Studium traditioneller Volksbräuche eher weiterbringen, da sich in ihnen möglicherweise noch alte Opferriten widerspiegelten. Am vielversprechendsten schien uns das ‚Kappenspiel‘ von Haxey, das an jedem 6. Januar aufgeführt wird und auch als Epiphany oder Old Christmas Day, d. h. Fest der Erscheinung Christi und zugleich Dreikönigsfest, bekannt ist. Haxey liegt auf der Grenze zwischen Lincolnshire und Humberside auf der Insel Axholme. Das Dorf war früher ein völlig abgelegener Ort inmitten eines großen Sumpfgebietes und hat sich selbst heute noch etwas von seiner Abgeschiedenheit bewahrt. Bereits in früheren Jahrhunderten sind in den dortigen Sümpfen mehrere Moorleichen gefunden worden. Die damaligen Forschungsberichte deuten an, daß einige der Männer möglicherweise einen Opfertod erlitten haben.

Um das ‚Kappenspiel‘ ranken sich eine Reihe mittelalterlicher Legenden, wie z. B. das Wiederauffinden eines von Lady de Mowbray vermißten Hutes. Dennoch gibt es kaum Zweifel, daß das Spiel heidnischen Ursprungs ist. Die Feier beginnt in der Abenddämmerung, wenn sich die Mitspieler im Zentrum von Haxey versammeln. Es sind 12 ‚boggans‘, ein ‚boggan‘-König und ein Narr, wobei der König als Zeichen seiner Herrschaft ein langes Rutenbündel aus 13 Weidenzweigen trägt, das seinerseits dreizehnmal gebunden ist. Auf dem Sockel des alten Kreuzes stehend und eine mit Kleie gefüllte Socke schwenkend, die mit einem Lederriemen am Ende eines Stockes befestigt ist, hält der Narr eine Rede. Gegen ihr Ende wird neben ihm ein Feuer entzündet, und nun beginnt als eine Art ‚Nebenzeremonie‘ das ‚Ausräuchern des Narren‘, wobei seine Kleider in Brand gesetzt werden. Danach führt der Narr die Versammlung auf das Feld, wo das Legendenspiel um Lady de Mowbrays Kappe traditionsgemäß fortgesetzt wird.

Der ‚boggan‘-König wirft 12 „Kappen“, symbolisiert durch mit Leder umwickelte Stücke eines dicken Taues, in die Luft. Bei dem nun folgenden, äußerst ruppigen Spiel müssen die Zuschauer versuchen, je eine der Kappen in ihre jeweilige Dorfkneipe zu entführen, ohne dabei von den ‚boggans‘ berührt zu werden. Aber damit ist das Spiel noch nicht zu Ende. Eine Stunde nach dem Beginn der Zeremonie schleudert der ‚boggan‘-König auch seine ‚Königskappe‘ in die Luft, die den Mittelpunkt des gesamten Rituals bildet, und nun erst beginnt der eigentliche Wettbewerb. Sämtliche Mannschaften des Pfarrsprengels stürzen sich auf dieses Stück Tau, und es beginnt ein wildes, rugby-ähnliches Handgemenge, ‚sway‘ genannt, wobei wieder jede Mannschaft versucht, das Tau

– ohne Rücksicht auf Verluste – in ihre Heimatkneipe zu bringen. Die ‚Sieger'-Kneipe wird ‚Kappenbesitzer' für das kommende Jahr. Heute ist das ‚Kappenspiel' von Haxey in seiner Art einmalig; aber noch bis in die jüngste Vergangenheit fanden ähnliche Spiele auch in anderen Dörfern des Fenlandes statt. Der Wettkampf weist Ähnlichkeiten mit anderen ‚heiligen Fußballspielen' auf, wie z. B. dem Shrove-Tuesday-Spiel, das Fastnachtsdienstag gespielt wurde.

Was verbirgt sich hinter dem kunstvollen Haxey-Spiel? Seine Verbindung zu den Moorgeistern, den ‚boggans', liegt auf der Hand. In der Behandlung des Narren könnte man das Relikt einer rituellen Tötung sehen, besonders weil sie in früheren Zeiten weit grausamer war: Er wurde an einem Tau über schwelendem Stroh aufgehängt und war nahezu erstickt, bevor man ihn in die Asche hinabfallen ließ. Andererseits scheint er an dem Scheingefecht um die Kappen nicht teilgenommen zu haben. Im übrigen erinnert das Spiel in gewisser Weise an eine Theorie über den Ursprung des Fußballspiels: Ursprünglich, so heißt es, wurde um einen heiligen, abgetrennten Kopf gekämpft, den der Gewinner als Fruchtbarkeitssymbol aufbewahrte. Wie wir gesehen haben, waren die Kelten Kopfjäger und pflegten bis in historische Zeiten einen tiefeingewurzelten Kult um den abgeschlagenen Kopf. Rituale wie das ‚Kappenspiel' von Haxey könnten durchaus Überreste ehemaliger sakraler Wettkämpfe oder religiöser Feiern sein.

Trotz seines vielversprechenden Vorspiels und der Verbindung des Kappenspiels mit den Sümpfen, Mooren und dem Fruchtbarkeitskult hatten wir das Gefühl, daß es keinen wirklichen Hinweis auf den Grund für Lovernios' Tod lieferte. Das Spiel ist eindeutig ein jahreszeitliches Ereignis; es ist nicht mit einem rituellen Mahl verbunden, und es beinhaltet nicht den dreifachen Tod. Hätte eine solche Zeremonie, die ja an verschiedenen Orten in den Mooren und Sümpfen zelebriert wurde, jedes Jahr echte Opfer gefordert, und wären diese im Torf versenkt worden, hätte man wenigstens einige von ihnen bis heute finden müssen.

Wir mußten also weitersuchen. Der Süden von Greater Manchester ist von Sümpfen und Seen umgeben, die zum Teil erheblich größer sind als der Black Lake, aber völlig anders in ihrer Art. Der größte von ihnen ist Rostherne Mere, der in den Bollin abfließt. Dieser wiederum umrundet die nördliche Ecke des Lindow-Moores, bevor er sich mit dem Mersey vereinigt.

Um den Rostherne Mere ranken sich mehrere seltsame unterirdische Legenden. Eine beschreibt, daß der tiefe See durch einen Tunnel mit der Irischen See verbunden sei. Eine andere betrifft die Kirche von St. Mary, die auf einem kleinen Hügel über dem See steht. Eine ihrer Glocken stürzte ans Seeufer, als der Kirchturm repariert wurde. Auf den Ruf eines der Arbeiter: „Hol' dich der Teufel", rollte die Glocke ins Wasser und wurde nie wiedergefunden. Man erzählt, daß man sie von

Zeit zu Zeit leise läuten hört. Vielleicht läute sie der Teufel oder einer seiner Dämonen. Nach einer anderen Version bringt eine im See lebende Meerjungfrau sie zum Klingen.

Von ‚Unterirdischen' erzählt man auch in Mobberley in der Nähe des Lindow-Moores. So wird vermutet, daß ein Tunnel das alte Schloß mit der Kirche verbindet. Solche Geschichten sind über ganz Britannien verbreitet und beruhen manchmal sogar auf wahren Begebenheiten. Interessanter ist hier jedoch das neue Herrenhaus ‚Hobcroft Hall' in Mobberley. Es verdankt seinen Namen einem berühmten Elfenspuk dieser Gegend. Das Treiben dieser unterirdischen Dämonen kommt dem der Moorgeister sehr nahe und versetzt sie unmittelbar an den Rand von Lindow Moss, wo tief im Boden Lovernios lag.

Keine dieser Legenden enthielt irgendeine Besonderheit, die wir mit ihm in Verbindung bringen konnten. Nichtsdestoweniger fühlten wir uns ermutigt, denn inzwischen sahen wir Lovernios in einem neuen Licht: als den ‚König im Erdreich'. Die Idee ist ungeheuer faszinierend. Sie beruht auf den Legenden vom *Gottesopfer,* dem König, der getötet wird, sobald er die Blüte seines Lebens überschritten hat. J. G. Frazer hat sich mit diesem Gedanken z. B. in seinem klassischen Buch *Der goldene Zweig* auseinandergesetzt. Das Blut dieses königlichen Opfers und das Fleisch seines Körpers machten das Land fruchtbar, sobald der Tote symbolisch der Umarmung durch die Erdmutter überlassen wurde. Dieser Glaube war ein lebenswichtiges Element aller ackerbäuerlichen Religionen, und solche Opfer − oder ihre Surrogate − wurden ein wesentlicher Teil der Zeremonien zur Feier des Sommeranfangs, jener geheimnisvollen Jahreszeit des Wachsens und der Fruchtbarkeit. Dazu gehörte selbstverständlich Beltain, der Vorabend des 1. Mai, das Fest von Lovernios' Tod.

Über die Kompliziertheit und die Symbolik der Feiern zum 1. Mai gibt es eine umfangreiche Literatur, die wir hier nicht im einzelnen anführen wollen. Wir haben bereits die beiden Hauptpunkte erwähnt, die sich auf Lovernios' Tod beziehen: seine Wahl zum *Opfer,* die wir durch die Rekonstruktion des verbrannten Stückes Bannock nachgewiesen haben, und die Vermutung, daß er darüber hinaus ein *göttliches Opfer* war, dessen Herzblut das Land tränkte und dessen Körper in einer Zeit des Unglücks in die nassen Arme des großen Volksgottes gelegt wurde.

War Lovernios wirklich ein ‚König im Erdreich', das höchste Opfer eines Volkes in Zeiten großer Prüfung? War er ein Fürst in der Blüte seines Lebens, dessen körperliche Makellosigkeit und priesterlicher Status in der Umarmung des Gottes bewahrt bleiben würde, bis die Zeit des Unglücks vorüber war? Diese Überlegungen führten uns weit über Elfen, Geister und Narren hinaus und konfrontierten uns statt dessen mit den grundlegenden Mythen um den jungen geopferten Gott: Baldur, Tammuz, Adonis, ja selbst Christus. Denn Lovernios gab sein Blut wahrhaft in vollem Umfang, und als er im Wasser des Moores versank, schloß es sich über ihm wie eine Höhle.

Zu unserem Erstaunen erfuhren wir: Es gab in der Nähe des Lindow-Moores tatsächlich eine Legende von einem ‚König im Erdreich'. Alderley Edge, der an einen Walrücken erinnernde Gebirgskamm, der über dem Lindow-Moor auftauchte, als wir uns Wilmslow näherten, ist Schauplatz einer sonderbaren und machtvollen Legende, die nun für uns eine neue Bedeutung gewann. Die Legende betrifft König Arthur und einen Zauberer, der einige sehr druidische Züge aufweist. In ihrer einfachsten Form stellt sich die Legende wie folgt dar:

Ein Bauer war mit einer wunderschönen weißen Stute unterwegs zum Markt in Macclesfield. Als er Alderley Edge durchquerte, sprach ihn ein Zauberer an und bot ihm für das Pferd einen sehr guten Preis. Der Bauer lehnte das Angebot jedoch ab, denn er meinte, er werde auf dem Markt mehr Geld dafür bekommen. Aber obgleich sich viele Leute für das Pferd interessierten, wollte keiner den von ihm verlangten Preis zahlen, und so trat er mit seiner Stute den Heimweg an. Der Zauberer wartete schon auf ihn, und diesmal nahm der Bauer sein Angebot an und steckte das Geld ein. Der Zauberer bat ihn, das Pferd durch den Wald hinabzuführen bis zu einem Felsen. Als der Zauberer den Felsen berührte, erschien plötzlich ein großes Tor und öffnete sich. Der Zauberer erzählte dem Bauern nun, daß König Arthur und seine Ritter hier schliefen, bis England sie wieder brauchen würde, einer der Ritter aber kein Pferd habe. Als der Bauer sah, daß der Zauberer die Wahrheit sprach, floh er mit seinem Geld.

Legenden von schlafenden Königen und Helden, die in der Stunde der Not ihres Landes auferstehen werden, gibt es an vielen Orten der Britischen Inseln wie im übrigen Europa. Sie ranken sich um den Namen Arthurs und werden in Devon sogar mit Drake in Verbindung gebracht. Sie sind jedoch wiederum nicht so alltäglich, als daß man die Nähe dieses legendären Schauplatzes zu Lindow als puren Zufall abtun könnte. Alderley Edge besitzt Höhlen und auch Minen; man hat hier in römischer Zeit und wahrscheinlich schon früher Kupfer gefördert. Ob dies irgendeine Rolle bei der Opferung des Lindow-Mannes gespielt hat, ist eine Frage, der wir uns später zuwenden werden. Zuerst mußten wir herausfinden, ob es noch irgendeine sehr alte Erinnerung an einen ‚König im Erdreich' gab, die dann später in die Legende von König Arthur einging, wobei das Druidische in der Gestalt des Zauberers erhalten blieb. Einen Hinweis gibt möglicherweise eine auf die Legende zurückgehende Feier an einer Zauberquelle auf dem Kamm des Gebirges, die stark keltische Züge aufweist. Einen weiteren Anhaltspunkt liefert der Schimmel, ein den Kelten besonders heiliges Tier. Die Wurzel seines keltischen Namens *mandua*, ‚Pony', begegnet uns im Namen der mächtigen Königin der Brigantes, Cartimandua, ‚glänzendes Pony‘, die hier auf S. 86 in unsere Geschichte eintritt.

Wir fanden noch mehr traditionelle Bräuche, bei denen Pferd und Götteropfer eine Rolle spielen. In Ashton-under-Lyme wirft die seltsam anmutende Zeremonie des ‚Rittes des schwarzen Kerls‘, die bis in die sechziger Jahre unseres Jahrhunderts an jedem Ostermontag stattfand, ein seltsames Licht auf das Lindow-Opfer. Hierzu setzte man die Figur eines Ritters in schwarzer Rüstung und Mantel auf ein Pferd und führte sie durch die Stadt. Am Ende des Weges wurde die Figur als Zielscheibe aufgestellt und unter allseitigem Geschrei mit Dreck und Steinen beworfen. Dieser Brauch geht − oberflächlich betrachtet − auf das Mittelalter zurück. Den Hintergrund bildet die Verfluchung eines grausamen adligen Landbesitzers aus dem 15. Jahrhundert. Aber der frühgeschichtliche, eigentliche ‚Sündenbock‘-Gedanke ist zu offenkundig, als daß man ihn ignorieren kann. Wir sehen in dieser Legende die unmißverständliche Geschichte eines Adligen, der beladen mit dem Unglück seines gesamten Volkes einen Ritualtod als Gottesopfer erleidet.

Ein weiteres Beispiel für diesen seltsamen Ostermontagsbrauch hat sich bis ins letzte Jahrhundert im nahegelegenen Neston erhalten: der ‚Ritt des Lords‘. In diesem Fall ritt ein Mann auf einem Esel durch die Stadt, während ihn die Bewohner mit Unrat bewarfen. Wir hatten immer mehr das Gefühl, daß die Konzentration dieser Legenden und Geschichten in dieser Gegend uns den gesuchten Hinweis auf jenes außergewöhnliche Ereignis von vor 2000 Jahren liefern könnte. Vielleicht hatte auch Lovernios eine förmliche Verfluchung als Sündenbock über sich ergehen lassen müssen so wie die Beltain-‚Opfer‘ in der lebendigen Tradition. Es würde gut in das Bild eines *gewählten Opfers* passen.

Das Pferd als Reittier des Opfers taucht in einer weiteren in ihrer Art einmaligen Volksüberlieferung in Cheshire auf: im ‚Wilden Pferd von Antrobus‘. Hier liefert das Maskenspiel von Antrobus die Bühne. Wie viele dieser alten Spiele handelt es von Tod und Auferstehung des Helden. In diesem Fall ist es der ‚Black Prince of Paradise‘. Das Spiel ist das einzige bekannte Maskenspiel, in dem ein Pferd eine Rolle spielt.

Bei der Sichtung der weitgestreuten folkloristischen Zeugnisse begann sich, wenn auch noch etwas verschwommen, eine Gruppe von Legenden herauszuschälen, in denen die Idee vom König als Sündenbock ihren Niederschlag gefunden hat: die Einbeziehung eines Pferdes, der unterirdische Schlaf des Königs, das Fuchsfell-Symbol sowie Tod und Wiedergeburt des göttlichen Opfers. Das Zusammenlaufen der drei Beweisfäden *göttliches Opfer, erwähltes Opfer* und *Beltain-Fest* unterstrich das *keltische* Moment der Zeremonie. Falls hier wirklich ein verschwommener Schatten von Lovernios' Opfer aufgetaucht war, dann würden wir möglicherweise ein schärferes Bild erhalten, wenn wir uns nun gezielt den keltischen Bezügen dieser Gegend zuwandten. Aufgrund dieser Nachforschungen begann sich schließlich das Rätsel um die Bedeutung des Lindow-Moores zu entwirren.

Die dreifache Grenze

Das Lindow-Moor liegt in einer flachen, tellerförmigen Senke, die im Norden durch den Bollin begrenzt wird, der von den Pennines herabkommend in den Mersey fließt. Der Name dieses großen Flusses kommt vom altenglischen Maeres-ea und bedeutet ‚Grenzfluß‘. Wahrscheinlich bildete er einst die Grenze zwischen dem angelsächsischen Königreich Mercia und den nicht unterworfenen Cumberländern, die von den Walisern als ‚Männer des Nordens‘ bezeichnet wurden.

Cheshire war ursprünglich ein Teil von Mercia und wurde erst im 10. Jahrhundert selbständig. Als ‚Leageceaster‘, das bedeutet ‚Stadt der Legion‘, wird Chester erstmalig in der angelsächsischen Chronik im Jahr 979 erwähnt. Lancashire existierte damals noch nicht; das Land nördlich von Chester war noch feindliches, britisches Territorium. Man bezeichnete es als Land der Pecsaetan (Picten), was darauf schließen läßt, daß die ursprüngliche keltische Bevölkerung, die Setantii, die der alten Brigantian confederacy angehörten, noch immer dort lebte. Ihr Stammesname enthält den lateinischen Namen für den Mersey: Seteia flumen. Die Setantii waren jedoch alles andere als ein obskurer keltischer Stamm, der während des anglosächsischen Vormarsches hinter den Sümpfen hockte. Sie hatten sich andauernden Ruhm erworben, indem sie den Iren von Ulster ihren legendären Helden Chúlainn gaben.

Die Tatsache, daß die Angelsachsen dieses Gebiet als eine starke keltische Enklave anerkannten, unterstreicht die Bedeutung der keltischen Mythen, die sich um diese Gegend ranken und auch Lindow am gegenüberliegenden Ufer des Mersey mit einbeziehen. Südlich des ‚Grenzflusses‘, auf der Halbinsel ‚Wirral‘, waren die Kelten ebenfalls sehr stark vertreten. Der Name des Ortes Wallasey an ihrer äußersten Spitze bedeutet schlicht ‚Insel der Waliser‘. Die Präsenz der Kelten, die bis in die angelsächsische Zeit hinein dauerte, wird durch den Namen unterstrichen, den die Sachsen den Bewohnern von Wirral gaben: die Kilguri. Dieser Name leitet sich wiederum vom Stamm der Cornovii ab, die das keltische Königreich Cornovia gründeten. Lindow Moss liegt in Cornovia.

In keltischer Zeit bildete der Mersey die Grenze zwischen den Cornoviern und der Brigantian confederacy im Norden. Cornovia umfaßte ungefähr das heutige Cheshire, Shropshire und Staffordshire. Wie die meisten keltischen Königreiche läßt es sich jedoch besser anhand seiner Grenzflüsse als anhand der späteren sächsischen Grafschaften und Verwaltungsbezirke bestimmen.

Cornovia lag im Stromgebiet dreier großer Flüsse: Upper Severn, Weaver und Upper Trent. Der Mersey mit seinem ausgedehnten Sumpfgebiet bildete die natürliche Nordgrenze. Im Osten wurde Cornovia in einer Linie von den Flüssen Goyt, Dove, Trent und Tame abgeschlossen. Die südliche Grenze folgte wahrscheinlich dem Flußlauf von Teme und Salwarpe. Im Westen entsprach sie dem Oberlauf des Teme und einem Teil des Dee entlang den Ausläufern der Cambrian Mountains.

Im Osten Cornovias lag das Gebiet der Corieltavier und im Westen das der Deceanglier. Das Lindow-Moor — fünf Meilen vom Mersey und acht vom Goyt entfernt — befand sich in der Nordostecke von Cornovia, nahe der Stelle, wo dieses an Brigantia und Corieltavia grenzte.

Es ist verlockend, in Lindow den Ort zu sehen, wo sich die Grenzen dreier keltischer Königreiche trafen. Dies hieße jedoch, seine Bedeutung zu überschätzen. Denn die Grenzen, die wir umrissen haben, trennen keine autonomen Staaten voneinander, sondern eher lockere Stammesverbände mit sehr viel weniger politischem Zusammenhalt als im Südosten. Dort zogen die Handelsbeziehungen zum römischen Europa die keltische Gemeinschaft in den Hauptstrom der klassischen Kultur.

Obgleich die Flüsse wahrscheinlich reale Grenzen zwischen den Stammesverbänden darstellten, dürfen wir annehmen, daß es ständig zu Raubzügen und Streitigkeiten über ihren Verlauf kam. Die Vorstellung, daß der Mersey eine natürliche Grenze dargestellt habe und Lindow sicher versteckt hinter ihm und seinem Nebenfluß, dem Goyt, sowie der durch die Sümpfe gebildeten Barriere gewesen sei, beruht auf Ereignissen, die erst später stattgefunden haben.

Chester, ein unter dem Namen Deva gegründetes strategisch günstig gelegenes Legionärslager in der Flußmündung des Dee, blieb bis zur Regierungszeit Richard II. (1377—99) ein strategisch wichtiges Zentrum im Nordwesten Englands, bis die fortschreitende Verschlammung des Dee seine Bedeutung als Hafen einschränkte. Auf der Halbinsel Wirral dagegen befanden sich weit über das Mittelalter hinaus Kriegshäfen. Und sie war noch über die Regierungszeit Cromwells (1653—58) hinaus der Ausgangspunkt für Reisen nach Irland. In angelsächsischer Zeit spielte die Gegend eine wichtige Rolle im Kampf gegen die Dänen. Mehrere Wissenschaftler vertreten die Auffassung, daß die entscheidende Schlacht bei Brunanburgh im 10. Jahrhundert, die den Vorstoß der Wikinger zum Stillstand brachte, in der Nähe von Chester ausgetragen wurde. Die Eroberung von Wales und Nordengland unter Agricola ging von Chester aus, das erst nach der Befestigung von York (Eboracum) an Bedeutung verlor. Chester blieb jedoch eins der drei großen römischen Legionärslager in Britannien, und noch heute besitzt die Stadt zahlreiche, sehr schöne Überreste aus römischer Zeit.

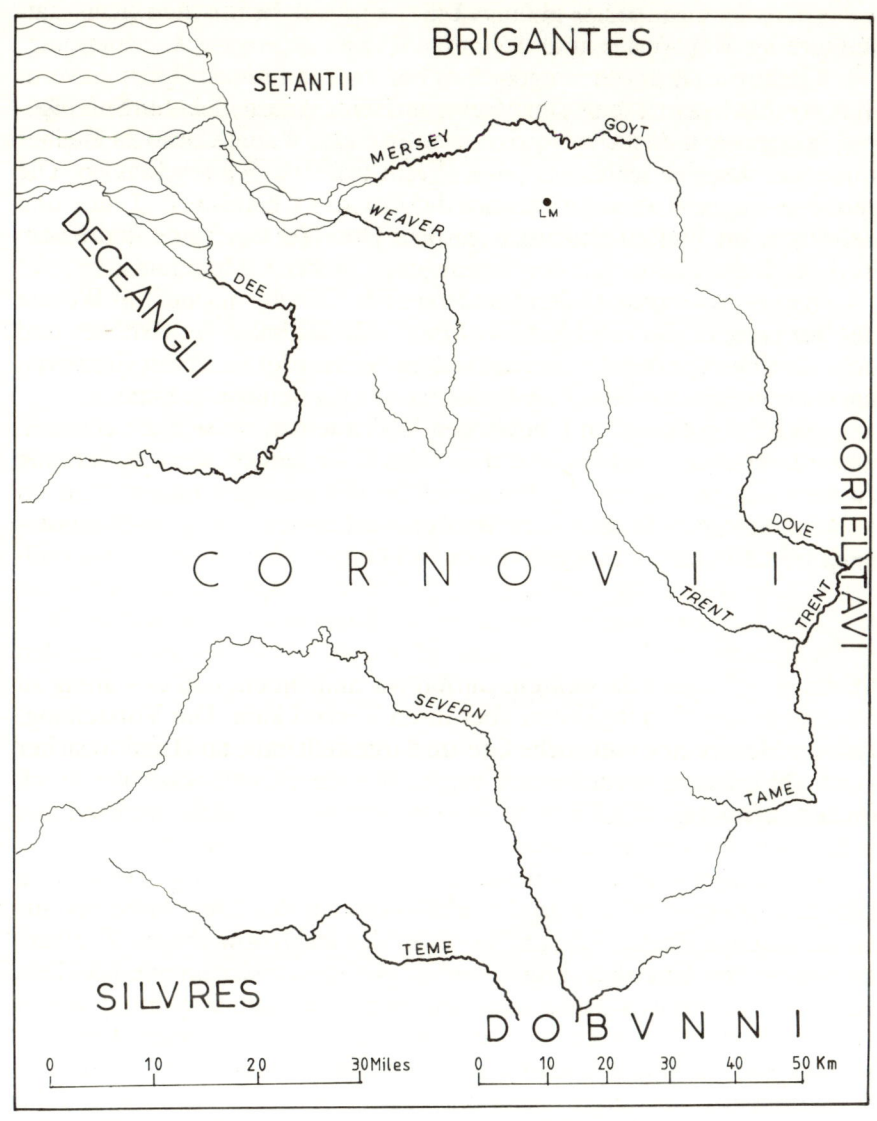

Die Cornovier und ihre britischen Nachbarn

Offensichtlich verlor dieser Teil Nordwest-Britanniens nach der Befriedung von Wales und Schottland seine strategische Bedeutung. Jahrhunderte später jedoch ging hier die Saat der industriellen Revolution auf. Die Entstehungsgeschichte dieses riesigen industriellen Ballungszentrums hier im Nordwesten würde den Rahmen dieses Buches sprengen. Aber es schien uns, daß es einen tieferliegenden Grund dafür geben müsse, warum ausgerechnet dieses Gebiet eine so zentrale Rolle bei der Entwicklung Britanniens gespielt hat. Wir sagen bewußt *Britannien,* weil die Rolle, die der Nordwesten in der Geschichte Englands gespielt hat, vor dem Hintergrund einer hartnäckigen und fortdauernden keltischen Präsenz gesehen werden muß. Berichte der Archäologen über Eigentümlichkeiten der um Lindow herum lebenden Bevölkerung lieferten hierfür nur einen Anhaltspunkt. Das heutige Lancashire liegt eingezwängt zwischen dem keltischen Wales und Cumberland, der Heimat der Waliser Vettern, Gwyr y Gogledd, ‚den Nordmännern‘, ein Gebiet, das bis heute viele seiner keltischen Züge bewahrt hat. In seinem Westen liegt die Insel Man und die insula sacra, Irland. Aber noch weit Interessanteres fanden wir im Osten.

Keltisches Brauchtum

Das Fortleben der Beltain-Feuer und die Bräuche des High Peak in Derbyshire haben wir bereits erwähnt. Weitere Beweise für die Lebendigkeit keltischer Tradition in dieser abgelegenen Gegend Englands liefert der weitverbreitete Brauch des ‚Brunnenschmückens‘. Es handelt sich dabei um ein christianisiertes Relikt frühgeschichtlicher, heidnisch-keltischer Quellen-Verehrung. Andere keltische Traditionen haben sich als ebenso dauerhaft erwiesen, wie z. B. der äußerst interessante ‚Steinkopf-Kult‘. Es gibt genügend Beweise, daß diese Köpfe noch heute im keltischen Stil gemeißelt werden, und nichts deutet darauf hin, daß hier eine bewußte Fälschung betrieben würde. Vielmehr wird hier eine lebendige Tradition fortgesetzt, die sich trotz der Nivellierungseffekte der Kultur des 20. Jahrhunderts erhalten hat.

Im Gedächtnis des Volkes leben noch immer keltische Bräuche fort, die auf die Bedeutung des Menschenopfers für die hier einst praktizierte keltische Religion hinweisen. Bedenkt man, welche zentrale Rolle dieses Gebiet in der englischen Geschichte gespielt hat, so könnte man fragen, ob möglicherweise der starke keltische Einfluß hierfür mitbestimmend gewesen ist. Oder anders herum gefragt: Erlaubt die historische Bedeutsamkeit dieser Region Rückschlüsse auf ihre Wahl als Schauplatz für den Tod des Lindow-Mannes?

War es die Wahl Lindows für dieses komplizierte und einzigartige

Opfer, die die erstaunliche Konzentration keltischen Einflusses in diesem Land zwischen den Flüssen bewirkte? Markierte die dreifache Grenze am Ende gar nicht das Aufeinandertreffen dreier Königreiche, sondern umschloß sie vielmehr eine keltische Enklave mit Lindow als Mittelpunkt?

5. Kapitel

Das Unglücksjahr

Lovernios' Opferung war keine Routineangelegenheit gewesen. Dazu waren die Umstände zu ungewöhnlich, vor allem sein dreifacher Opfertod am Fest des Belenos und die Tatsache, daß man einen zum Priester ausgebildeten Fürsten als williges Opfer auserkoren hatte. Diese auffallenden Merkmale wiesen auf ein schwerwiegendes Motiv und auf eine besondere Bedeutung des Lindow-Moores hin, die wir noch nicht hatten aufdecken können. Ein derartiges Opfer, so fühlten wir, wurde weder jährlich noch routinemäßig dargebracht. Es mußte durch außergewöhnliche Umstände bedingt gewesen sein, möglicherweise durch eine jäh eingetretene Katastrophe. Unsere Suche nach dem Sinn von Lovernios' Leben und Tod, dem eines Druiden und Fürsten, führte uns nun unaufhaltsam zur Aufdeckung dieses Verhängnisses.

Was hatte eine so einmalige symbolische Reaktion auslösen können, die Eingang in das örtliche Brauchtum gefunden hatte und an die uralten Mythen vom sterbenden und wieder auferstandenen jungen Gott denken ließ? Ein so beispielloses und einmaliges Opfer deutete auf eine Katastrophe von apokalyptischem Umfang.

Im vorigen Kapitel haben wir die kurze Periode der Wetterverschlechterung angesprochen, die um 210 v. Chr. begann und Äcker und Wälder in Moore und Sümpfe verwandelte. Dieser Umstand jedoch, der für die dänischen Opfer eine Rolle gespielt haben mag, lag zeitlich zu früh, als daß er auch Lovernios' Tod beeinflußt haben könnte. Die Radiokarbonuntersuchung datierte sein Opfer unzweifelhaft in die 2. Hälfte des 1. Jahrhunderts n. Chr. Diese Zeit aber wurde von einem einzigen unheilvollen Geschehen beherrscht: der Eroberung Britanniens durch die Römer. Wie wirkte sich diese Eroberung auf das Gebiet um das Lindow-Moor aus? Und warum forderte sie dieses höchste Opfer? Um diese Fragen zu beantworten, müssen wir zunächst den Verlauf der Eroberung bis zur Besetzung Cornovias skizzieren.

Unter der Knute der Römer

Die Invasion unter Claudius im Jahr 43 n. Chr. hatte für das keltische Britannien schlimme Folgen. Es war bereits die dritte römische Invasion nach den beiden Überfällen unter Julius Cäsar (55 und 54 v. Chr.), die aber beide wenig erfolgreich waren. Der dritte Angriff erfolgte, als die Erinnerung an Cäsars Raubzüge längst verblaßt war und die britischen Kelten nicht mehr damit rechneten, daß Rom jemals wieder eine Eroberung anstreben würde.

Die 3. Invasion, unter Führung von Aulus Plautius, unterschied sich in einem sehr wichtigen Punkt von den erfolglosen Eroberungsversuchen Cäsars: Die Landung bei Richborough in Kent vollzog sich ohne Gegenwehr der Kelten. Plautius und seine Armee stießen erst beim Überschreiten des Medway auf ein vereintes keltisches Stammesheer unter Caratacus. Es wurde vernichtend geschlagen, und Caratacus floh mit den Resten seiner Truppen nach Westen. Plautius stellte nach der Schlacht seine Armee neu zusammen und wartete das Eintreffen der von Kaiser Claudius selbst geführten Verstärkung ab.

Die vereinigten Heere rückten danach weiter vor und gewannen, wie Tacitus berichtet, eine weitere Schlacht bei Brentwood, was zur Unterwerfung von elf britischen Königen im Südosten führte. Das Heer wandte sich nun nach Norden und eroberte die Festung Camulodunum, das heutige Colchester, die die Römer anschließend zur Stadt ausbauten und zum Mittelpunkt ihrer neuen Provinz Britannien machten. Seit den ersten Eroberungsversuchen unter Cäsar waren die Königreiche im Südosten bereits durch die sich ständig erweiternden Handelsbeziehungen zur römischen Welt in hohem Maße romanisiert worden. Nun gerieten sie bald völlig unter römischen Einfluß. Das Königreich der Atrebates, das sich um Silchester in der Nähe von Reading konzentrierte und einen Großteil des heutigen Hampshire umfaßte, war bereits ein Vasall Roms. Mit Colchester als gesichertem Stützpunkt errichtete Plautius nun die erste Grenze der neuerworbenen römischen Provinz entlang dem Fosse Way, der noch heute Lincoln mit Leicester, Cirencester und Bath verbindet. Mit diesem Grenzwall begann der Ausbau des römischen Straßensystems, das bald Befestigungen und Städte der neuen Provinz miteinander verbinden sollte. Plautius rückte beständig weiter nach Norden vor bis hinein nach Lincolnshire und schickte zugleich Vespasian tief in den Südwesten des Landes, wo dieser auf ganzer Linie siegreich war.

Es ist möglich, daß die Aussicht auf einen noch luxuriösen Lebensstil den belgischen Adel im Süden des Landes veranlaßte, die römische Invasion ohne allzu großen Widerstand hinzunehmen. An anderen Orten kam es jedoch zu heftigen Kämpfen. Caratacus hatte sich zu den kriegerischen Silures und Ordovices geflüchtet, deren Königreiche in den abgelegenen Gebirgen von Süd- und Zentralwales lagen. Dahinter

Keltische Stammesgenossen in Britannien und Irland, die Lage des Lindow-Moores,
Llyn Cerring Bach und Ortsnamen mit ‚nemet‘, was ‚Hain‘ oder ‚Heiligtum‘ bedeutet

begann das Gebiet der Stammeskonföderation der Brigantes, das sich über einen großen Teil Englands nördlich des Mersey erstreckte. Diese waren bis dahin von den Römern noch nicht angegriffen worden, wohl aber bereits das Ziel römischer Diplomatie: Die Konföderation war durch ernste Differenzen gespalten, die die Römer sich bereits zunutze machten. Der weitere Norden und Westen war damals noch unerforscht und auf keiner Karte eingetragen; er galt als Feindesland. Die römische Provinz, die auf Colchester und den Königreichen im Südosten basierte, war nicht so mächtig, daß sie sich in jedem Fall schnell weiter ausdehnen mußte; sogar ihr Bestand war fraglich. Cäsar hatte sich seinerzeit zurückgezogen; vielleicht würde es Claudius ebenso machen. Caratacus und seine Leute mögen so gedacht haben, um sich für ihren harten Guerillakrieg in den Bergen Mut zu machen.

Die Invasion im Jahr 43 n. Chr. stellte allein noch keine unabwendbare Katastrophe dar. Die Möglichkeit eines britischen Wiedererstarkens, zentriert auf Caratacus' Operationsbasis bei den Silures und Ordovices, und die mögliche Niederlage der Römer waren keine Utopie. Die Römer mochten sich jederzeit zum Rückzug bis an die Küste Galliens als natürliche Grenze entschließen, falls der Widerstand sich verstärkte. Nur wenige Jahrzehnte zuvor hatten sie sich nach ihren erfolglosen germanischen Abenteuern hinter den Rhein zurückgezogen. Auch jetzt mochten sie eine ähnliche Strategie verfolgen. Aber so ermutigend solche Überlegungen für die Briten gewesen sein mögen, so bestand doch zwischen den Tagen Cäsars und denen des Claudius ein entscheidender Unterschied, der eine solche Entwicklung unwahrscheinlich machte. Rom war nicht länger eine Republik. Es war inzwischen ein Kaiserreich unter der Herrschaft eines einzigen Mannes, dessen Armeen nach Laune eben dieses Mannes marschierten, der überdies ein Gott war. Wohin Rom nun auch marschierte, der Glaube an den Kaiser marschierte mit. Und wenn der Kaiser befahl, ein Land solle erobert werden, dann würden die Legionen kämpfen. Caligula hatte aus einer plötzlichen Laune heraus versucht, England zu besetzen. Claudius hingegen machte Ernst, und die vier Legionen, die nun in England stationiert waren, standen geschlossen hinter ihm.

Die Kaiserverehrung als solche hätte bei den Kelten nicht unbedingt auf großen Widerstand stoßen müssen. Die Abneigung der Römer gegen die Druiden war dagegen eine viel ernstere Angelegenheit. Cäsar war nicht lange genug geblieben, um sich Gedanken über die britischen Druiden zu machen oder irgend etwas gegen sie zu unternehmen. Sein Bericht über die Druiden im Gallischen Krieg läßt keine Antipathie erkennen. Aber seit den Zeiten des Kaisers Augustus war die Feindschaft der Römer gegen die Druiden in der soeben eroberten Provinz Gallien ständig gewachsen. Was hatte dies nun mit den Druiden in Britannien zu tun und mit dem geopferten Druiden Lovernios?

Die Verfolgung der Druiden

Beide, Augustus und sein Nachfolger Tiberius, erließen Edikte gegen die keltische Priesterschaft. Begründet wurde dies mit der Grausamkeit ihrer Opferriten, aber die wahren Motive waren wohl eher politischer Art. Trotz der Edikte blieb die heidnisch-keltische Religion während der gesamten römischen Besetzung und weit darüber hinaus eine mächtige Kraft. Claudius verbot 50 n. Chr. das Druidentum in Gallien, aber sein Edikt erstreckte sich nicht auf Britannien. Angesichts der Feststellung Cäsars, daß der Kult in Britannien begründet worden sei und sich von dort nach Gallien ausgebreitet habe, muß dies überraschen. Die Wahrscheinlichkeit liegt nah, daß die in Gallien verfolgten Druiden nach Britannien flohen.

Als sich nach der Invasion unter Claudius der Zugriff der Römer auf den Süden Englands verstärkte, sind die Druiden wahrscheinlich in entferntere Gegenden ausgewichen. Die Widerstandsbewegung, die Caratacus unter den Silures und Ordovices in den Waliser Bergen aufgebaut hatte, wird sie zweifellos angezogen haben. Es ist sogar möglich, daß sie bei der Organisation mitgeholfen haben. Falls dies der Fall war, wird ihre Ausgangsbasis mit ziemlicher Sicherheit Mona gewesen sein, die heilige Insel Anglesey, Zufluchtsort und Kornkammer für Caratacus' Truppen. Sein Widerstand löste eine scharfe Antwort Roms aus, betrachtet man die Erstürmung der südwestlichen Festungen, die den Druiden als Zuflucht gedient haben mögen. Es ist kaum anzunehmen, daß die Römer irgendwelche Schwierigkeiten hatten, die abgelegenen Bergfesten der Silures und Ordovices einzunehmen, als sie ernsthaft angriffen.

Die grausamen und blutigen Kampagnen in Dorset und Nordwales mögen, soweit sie sich gegen die Machtzentren der Druiden richteten, erklären, warum die Druiden in Britannien nicht geächtet waren. Claudius mag entschlossen gewesen sein, sie ganz einfach über die Klinge springen zu lassen. Aber was immer mit den Druiden geschah, die keltischen Götter wurden weiterhin unvermindert verehrt. Es gibt ungewöhnlich viele archäologische Beweisstücke dafür, daß der römische Pantheismus überall in Britannien in die einheimische Religion integriert wurde und die Römer ihrerseits die britischen Götter duldeten und gelegentlich sogar verehrten. Dasselbe gilt für Gallien. Dies zeigt die grundsätzlich tolerante Einstellung der Römer gegenüber fremden Religionen, wie bizarr diese auch sein mochten, soweit sie nicht die Anbetung des Kaisers verboten. Es muß daher andere Gründe für die unerbittliche Verfolgung der Druiden und die Zerschlagung ihrer Organisation, die alle Stämme miteinander vereinte, gegeben haben.

Steckt der Einfluß der Druiden hinter den fortgesetzten Kämpfen zwischen Kelten und Römern? In den ersten Jahren nach der Invasion

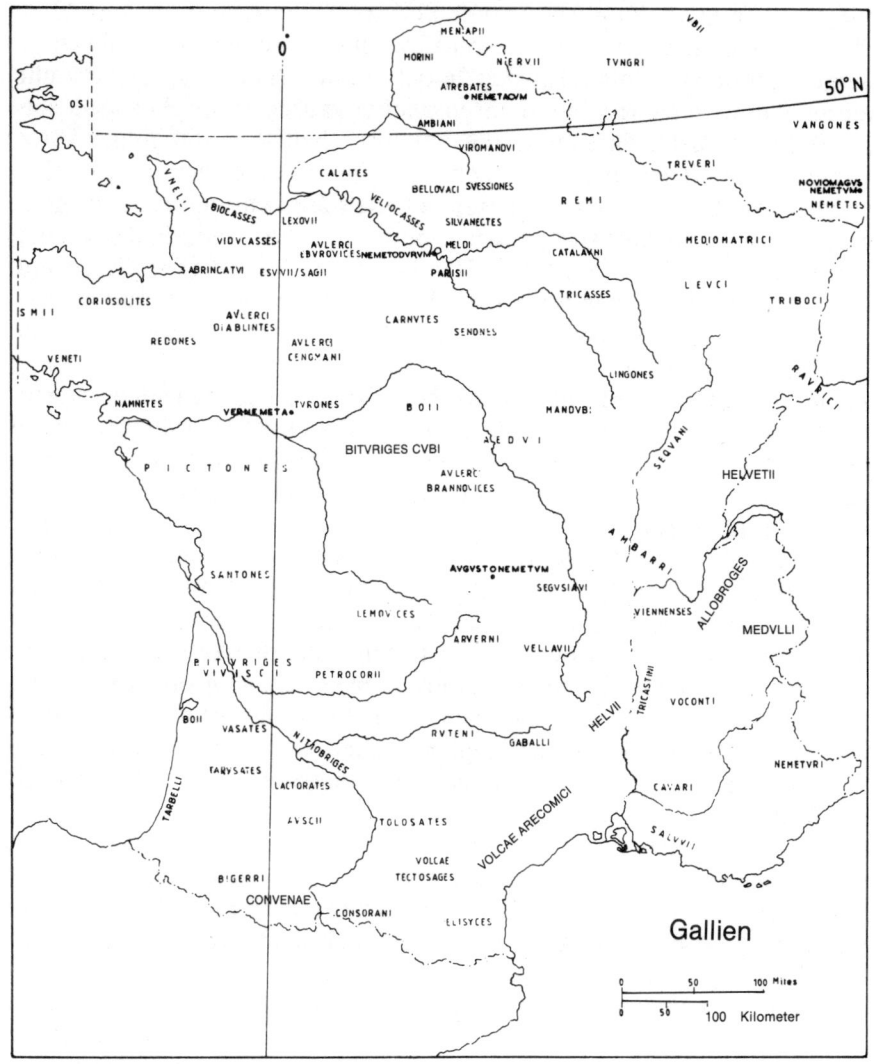

*Keltische Stammesnamen in Gallien sowie Ortsnamen mit ,nemet', was ,Hain' oder
,Heiligtum' bedeutet*

fielen die Silures wiederholt in die neue Provinz ein. Der Gouverneur
Ostorius Scapula schlug hart zurück und trieb sie in einer im Jahr 47 n.
Chr. beginnenden ganzen Serie von Feldzügen durch die Zentralwaliser
Berge. Caratacus stellte sich den Römern schließlich in einer Schlacht
bei Snowdon; wiederum wurde er vernichtend geschlagen. Diesmal floh
er nordwärts nach Brigantia, aber dort verließ ihn sein Glück. Die
Königin von Brigantia, Cartimandua, die den Römern freundlich
gesinnt war, händigte ihn in Ketten gefesselt aus. Die Silures kämpften
auch ohne Caratacus weiter, aber bis 58 n. Chr. unternahmen die
Römer keinen ernsthaften Versuch mehr, sie zu unterwerfen. In diesem
Jahr ernannte Nero, der 54 n. Chr. Kaiser geworden war, einen neuen
Gouverneur: Suetonius Paulinus. In den 15 Jahren zwischen dem
Beginn der Invasion und Paulinus' Ankunft hatte sich die römische
Macht auf der Insel gefestigt. In der Nähe von Colchester waren ehema-
lige Legionäre angesiedelt worden. Die einheimischen Kelten durften
keine Waffen mehr tragen. Wachsende Unzufriedenheit hatte bei den
Iceni, deren Königreich dem heutigen Norfolk entsprach, eine kurzle-
bige Revolte ausgelöst.

Die Ernennung Suetonius' kündigte einen neuerlichen, kräftigen
Versuch zur Besiedlung Britanniens an und damit eine Wiederaufnahme
der Kampagne gegen die Druiden. Nero regierte in Rom als absoluter
Herrscher. Dieser Umstand und der durch seine Verschwendungssucht
verursachte ständige Geldmangel veranlaßten ihn, sich im Reich nach
neuen Einnahmequellen umzusehen. Sein Blick fiel sehr bald auf Britannien, dessen Reichtum den Römern bisher noch nicht den erwarteten
Nutzen gebracht hatte. Dies lag zu einem großen Teil an den Silures
und Ordovices, die den Zugang zu den Blei- und Kupfervorkommen in
den Waliser Bergen versperrten und den Legionen nach wie vor einen
mühsamen und teuren Guerillakrieg aufzwangen. Suetonius kam mit
dem speziellen Auftrag, die Silures und Ordovices zu vernichten. Hierzu
mußte er nicht nur ihre Armeen und Guerillabanden zerschlagen, sondern auch ihre Nachschublinien und ihre Basis auf Anglesey. Diese
Insel war die Kornkammer des Widerstandes und die wichtigste Festung
der Druiden. Mit einem einzigen gut organisierten Feldzug konnten die
Römer daher ihren Gegner ausschalten, wenn es ihnen gelang, die
Berge zu umgehen und die Festung wie die Druiden zu vernichten. Für
sie war Anglesey der Schlüssel zum Erfolg.

Suetonius war der ideale Mann für diese Aufgabe. Er hatte gerade
einen überaus erfolgreichen Feldzug gegen die Mauren in Mauretanien
abgeschlossen, wo die militärischen Probleme – Guerillakrieg in den
Bergen, der von dahinterliegenden Basen unterstützt wurde – denen in
Wales verblüffend ähnelten. Zielstrebig ging er an die neue Aufgabe
heran, sicherlich bereits mit dem Gedanken an einen zweiten Triumphzug in Rom. Die Vernichtung des religiösen Zentrums scheint ihn dabei

Bronze-Figurine. Wahrscheinlich ein britischer Priester, dem es gestattet worden war, einen romanisierten keltischen Gottesdienst abzuhalten. In den siebziger Jahren dieses Jahrhunderts in einer Kiesgrube in Earith, Cambridgeshire, England, gefunden.

weniger beschäftigt zu haben als die von dort ausgehende militärische Bedrohung. Vielleicht waren sie für ihn auch nur die beiden Seiten ein und derselben Münze. Auf jeden Fall war der Angelpunkt seiner Strategie die materielle und geistige Ausschaltung der Nachschubbasis auf Anglesey, das heißt die physische Vernichtung der Druiden und ihres höchsten Heiligtums.

Der Aufmarsch seiner Streitkräfte für den Angriff auf Mona und die Einkreisung der Bergfeste von Snowdonia brachte das römische Heer im Frühjahr 60 n. Chr. in die Nähe des Lindow-Moores. Dann ereigneten sich drei gewaltige Katastrophen, die dieses Jahr zum schwärzesten machten, welches das keltische Britannien je erleben sollte. Die Erkenntnis der vollen Bedeutung dieses schwarzen Jahres lieferte uns den Schlüssel für das spätere Geschehen. Sie erklärte auf eine völlig unerwartete Weise, warum das Lindow-Moor als Schauplatz für das höchste Opfer Lovernios' ausgewählt worden war.

Das schwarze Frühjahr

Suetonius' Ankunft vor der Menai Strait mit zwei Legionen, Hilfstruppen und einer Kriegsflotte im Frühjahr 60 n. Chr. ist von Tacitus anschaulich geschildert worden. Die Römer wurden von einer bewaffneten, buntgemischten keltischen Kampftruppe aus Druiden, Männern und Frauen empfangen, die lautstark die gräßlichsten Flüche gegen sie schleuderten. Ihr Anblick war so unheimlich und entnervend, daß die Legionäre sie zunächst nur voller Entsetzen anstarrten, unfähig sich zu rühren. Es war dies der erste wichtige und gemeinschaftliche Auftritt der Druiden auf der geschichtlichen Weltbühne – und gleichzeitig ihr letzter.

Die Römer nahmen am Strand Aufstellung und bereiteten sich auf den Kampf vor. Es dauerte nicht lange, bis ihre militärische Logik und Disziplin die Oberhand über die Verwünschungen der Druiden gewann. Die Strände der geheimnisvollen Insel wurden gestürmt, die Druiden und ihre Gefolgsleute abgeschlachtet und die gesamte Insel systematisch verwüstet: Ihre heiligen Haine fielen der Axt zum Opfer.

Der Sieg war vollkommen, der Triumphzug gesichert, aber gerade als Suetonius den Becher des Ruhms an die Lippen setzen wollte, wurde er ihm durch die Ankunft eines Boten aus der Hand geschlagen, der Hals über Kopf aus dem Süden herangejagt war: Die ganze Provinz stand in Flammen. Boudica, die Königin der Iceni, hatte die Fackel des Aufstandes entzündet.

Während Suetonius die Silures und Ordovices in den Bergen verfolgt und sein Netz immer dichter um die Druiden auf Mona zusammengezogen hatte, hatte Catus als Prokurator des Kaisers mit gleicher Gründlichkeit Neros neue Finanzpolitik verfolgt. Das Edikt des Kaisers war noch frisch in seinem Gedächtnis, als sich ihm im Jahr 60 n. Chr. eine unerwartete Gelegenheit bot, die kaiserlichen Einkünfte – sowie die eigenen – nicht unerheblich aufzubessern. Boudicas Ehemann Prasutagus, der König der Iceni, war Ende des vorangegangenen Jahres gestorben. Er hatte die eine Hälfte seines riesigen Reiches Nero hinterlassen, die andere seinen beiden Töchtern in der Hoffnung, daß damit die Habgier des Kaisers befriedigt sei und er seine Familie in Frieden lassen würde. Er bewirkte genau das Gegenteil. Catus erkannte, daß sich ihm hier ein Vorwand bot, das gesamte Reich des toten Königs zu beschlagnahmen und dem Römischen Reich einzuverleiben. Boudica leistete Widerstand. Sie wurde ausgepeitscht, ihre Töchter wurden vergewaltigt. Boudica schwor daraufhin blutige Rache.

Es war die Schilderung ihres Rachefeldzuges, die über den siegreichen Gouverneur im Augenblick seines Triumphes inmitten des abgeholzten Hains der Druiden hereinbrach. Boudica hatte ihren Stamm mobilisiert, die benachbarten Trinovantes waren den Iceni zu Hilfe geeilt, und gemeinsam waren sie gegen die unbefestigte Stadt Colchester gezogen. Der Tempel des Kaisers, die Veteranenkolonie, alles, was während der 17jährigen römischen Herrschaft aufgebaut worden war, war in Flammen aufgegangen. Die Einwohner waren ermordet worden. Der siegreiche Mob – niemand würde auf die Idee kommen, von einer Armee zu sprechen – marschierte inzwischen auf das nahegelegene London zu, dem neuen und aufstrebenden Handelszentrum. Suetonius muß dies wie eine Rache der Druiden vorgekommen sein, wie die Erfüllung ihrer nicht ernstgenommenen Flüche, die sie wenige Stunden vorher am Strand gegen ihn herausgeschrien hatten. Vielleicht hielt er das Ganze auch für ein Komplott, ihn vom unerbittlichen Vorrücken auf Mona abzulenken, eine Kriegslist, die nicht aufgegangen war. Viele vermuteten damals, die Druiden hätten Caratacus' Widerstand in den Waliser Bergen organisiert, und wer konnte sagen, ob sie nicht auch ihre Hand bei dem plötzlichen Aufstand der Iceni im Spiel hatten?

Suetonius war ein Mann der Tat, ein erfahrener Heerführer. Kühl und ruhig traf er seine militärischen Entscheidungen. Er sammelte seine Reiterei und brach der Watling Street folgend in Richtung London auf, während ihm seine beiden Legionen mit dem gesamten Troß im Schlepp so schnell wie möglich folgen sollten. Eilboten wurden zum Basislager der Zweiten Legion in Gloucester gesandt mit dem Befehl, die Legion solle Suetonius am High Cross (Venonis) treffen, dort wo die Watling Street den Fosse Way in der Nähe von Leicester kreuzt. Die Neunte Legion in Cambridgeshire erhielt den Befehl, nach London zu marschieren, die Rebellen aufzuhalten und die Bedrohung von der Stadt abzuwenden.

Die römischen Streitkräfte waren im Augenblick des Aufstands weit verteilt und den Rebellen zahlenmäßig unterlegen. Ihre Lage wurde noch dadurch verschlimmert, daß die Zweite Legion durch fortgesetzte Angriffe der Silures gebunden war, die möglicherweise die Rebellion der Iceni unterstützen sollten. Jedenfalls ignorierte der Kommandant der Zweiten Legion Suetonius' Befehl, sich mit ihm zu treffen. Unerschrocken setzte Suetonius nur mit seiner kleinen Reitertruppe den Ritt nach London fort. Als er die offene Stadt erreichte, war sie zu seinem Erstaunen unversehrt. Boudicas Horde hatte London nicht angegriffen. Statt dessen hatte sie sich nach Norden gewandt, um die Neunte Legion abzufangen, die inzwischen nach Süden eilte. Boudica hatte für sie einen schlauen und vernichtenden Hinterhalt vorbereitet. Die Neuigkeiten, die Suetonius von jenem unbekannten Schlachtfeld erreichten, waren niederschmetternd und unglaublich: Die Neunte Legion war geschlagen worden. Ob der Sieg durch Boudicas Taktiken oder die bloße zahlenmäßige Überlegenheit der Briten errungen wurde, wissen wir nicht. Auf jeden Fall wandte sich Boudica, ermutigt und angefeuert durch ihren Erfolg, nun gegen London, das nur von Suetonius' kleiner Reiterarmee geschützt wurde.

Suetonius erwog die Situation in aller Ruhe. Er wußte, daß seine kleine und schlecht ausgerüstete Reiterei der riesigen Horde rebellischer Briten nicht standhalten konnte und daß das unbefestigte London nicht zu verteidigen war. Die einzige Hoffnung auf einen Sieg über Boudica lag bei der Infanterie der 14. und 20. Legion, die bereits auf der Watling Street im Anmarsch war. Suetonius beschloß, sich mit den beiden Legionen zu verbinden und Boudica zu einer Entscheidungsschlacht zu zwingen. Es war ein gewagtes Spiel. Möglicherweise würde Boudica seine Reiterei verfolgen und vernichten, statt das schutzlose London anzugreifen. Aber Suetonius glaubte, daß ihre revolutionären Kampftruppen nach dem Sieg über die Neunte Legion auf Plünderung und Zerstörung aus waren und sie nicht in der Lage sein würde, sie zurückzuhalten. Dadurch, daß er London opferte, gewann Suetonius die Zeit, die er benötigte, um seine Streitkräfte zu sammeln und sich ein Schlachtfeld auszusuchen, wo er die Vorteile einer geschulten römischen Kampftruppe am besten zur Geltung bringen konnte. Wenn London einmal erobert war, würde Boudicas Armee wahrscheinlich auseinanderbröckeln. Die britischen Stämme würden, des Tötens und Plünderns müde und in dem festen Glauben, die Sieger zu sein, nach Hause streben. Je länger Suetonius die Entscheidungsschlacht verzögerte, desto größer war seine Chance, sie zu gewinnen. Es kostete ihn große Überwindung, London zu opfern, die zweitgrößte Stadt der Provinz, die zudem ein aufstrebendes Handelszentrum war. Es war eine bittere Entscheidung. Er verließ die Stadt unter den Wehklagen der sich selbst überlassenen Bevölkerung und nahm nur die Männer mit, die in seiner Reitertruppe Dienst tun konnten. Eilig ritten sie die Watling Street hinauf, um sich mit den vorrückenden Legionen zu vereinigen.

Seine Rechnung ging auf, aber die Verluste waren noch größer, als Suetonius befürchtet hatte. Boudicas Armee ignorierte die fliehende Reitertruppe, fiel über das offene London her, setzte es in Brand und ermordete, was ihr in den Weg kam. Die Zerstörung war so gründlich, daß noch 2000 Jahre später in den Aufzeichnungen der Archäologen eine dicke Schicht von Asche und Staub ihr erbarmungsloses Vorgehen markiert. Auch danach suchte Boudica nicht die unausweichliche Konfrontation mit Suetonius. Vielmehr verwüstete ihre Armee das 20 Meilen nördlich von London gelegene Verulamium (St. Albans). Suetonius hatte zwar kostbare Zeit gewonnen, aber einen horrenden Preis dafür bezahlt. Die drei größten Provinzstädte waren zerstört und Tausende von Briten, Römern und ausländischen Kaufleuten getötet worden. Aber jetzt rückte der Tag der Abrechnung heran. Die beiden Legionen hatten sich getroffen, und die vereinten römischen Streitkräfte rüsteten sich zur Schlacht.

Suetonius wußte, daß es im Falle seiner Niederlage in Britannien nur noch eine einzige Legion geben würde, die schon jetzt einen ständigen Kleinkrieg mit den Silures führte. Roms Zugriff auf Britannien würde auf fatale Weise geschwächt, die Provinz praktisch unregierbar werden. Im Jahr 9 v. Chr. hatte der Verlust der drei Legionen des Varus in der Schlacht im Teutoburger Wald den römischen Vormarsch nach Germanien so gründlich scheitern lassen, daß die Römer sich bis hinter den Rhein zurückziehen mußten, den sie nie wieder überschritten. Es war durchaus möglich, daß bei einer Niederlage Suetonius' auch Britannien für immer verloren sein würde.

Über den Ort der Entscheidungsschlacht ist viel spekuliert worden. Die Legende verlegt ihn in die Gegend nördlich des zerstörten Londons. Tacitus berichtet, die Römer hätten einen Engpaß mit geschützten Flanken und steilem Zugang als Schlachtfeld gewählt; die Umgebung von Mancetter bei High Cross in Warwickshire, so glaubten viele, komme dieser Beschreibung am nächsten. Es gibt vieles, was für diese Ansicht spricht, nicht zuletzt der überlieferte keltische Name des Dorfes, welcher ‚Platz der Streitwagen' bedeutet.

Mit einigen 10 000 Legionären der achtfachen Heeresstärke der Briten hoffnungslos unterlegen, bewies Suetonius in diesem, für die eben flügge gewordene römische Provinz äußerst kritischen Augenblick sein überragendes militärisches Können. Die Schlacht verwandelte sich bald in eine wilde Flucht, als der britische Angriff an den römischen Schilden zum Erliegen kam und anschließend unter dem Speerhagel der Legionäre zusammenbrach. Die Römer erwiesen sich als rachsüchtig und unerbittlich, während sich das Kampfgeschehen immer mehr zu ihren Gunsten entwickelte. Tacitus berichtet von 80 000 erschlagenen Briten gegenüber ein paar hundert Römern. Ob er dabei nur die in der Schlacht Gefallenen meint oder auch jene mitzählt, die bei der Plünderung der drei Städte umkamen, ist unklar. Wie auch immer, schätzt man die Gesamtbevölkerung Britanniens zu jener Zeit auf rund 2 Millionen, dann waren die Auswirkungen dieses Gemetzels verheerend.

Mit Beginn des Sommers 60 n. Chr. begann für Britannien eine schwärzere Zeit als 1066 und 1940. Drei große Katastrophen, eine nach der anderen, trafen die britischen Kelten mit voller Wucht: Die Druiden waren erschlagen und die heiligen Haine zerstört worden, die besiegte Königin Boudica floh aus der verhängnisvollen Schlacht und beging Selbstmord, und die allgemeine Unruhe, die durch die Rebellion entstanden war, so erzählt Tacitus, hatte die Bauern davon abgehalten, rechtzeitig ihre Felder zu bestellen.

Britannien befand sich in der Gewalt der drei verbliebenen Legionen, die wegen der Zerschlagung der Neunten auf Rache sannen. Sie wurden von Suetonius befehligt, dessen Triumph über die Druiden auf Mona angesichts der Revolte und der Zerstörung der Städte erheblich an Glanz verloren hatte. Nach dem Sieg über Boudica wurden die Legionen während des „schwarzen" Jahres 60 n. Chr. neu zusammengestellt und verstärkt. Für die Kelten begann eine Schreckensherrschaft.

Die flüchtigen Rebellen wurden verfolgt und umgebracht, die Städte wieder aufgebaut und befestigt und danach einer eisernen Kontrolle unterworfen. In den eroberten Gebieten wurden Legionärsfestungen und -lager errichtet und durch schnurgerade römische Straßen miteinander verbunden.

Der Bau der großen Legionärsfestung Chester stammt aus jener Zeit konsequenter Vergeltung. Sie war der Meilenstein des römischen Vormarsches im Jahr 60 n. Chr. Roms Herrschaft war von nun an gefestigt und wurde unter Agricola seit 71 n. Chr. noch weiter nach Norden und Westen ausgedehnt. Die letzte echte Chance, die Römer zu vertreiben, war dahin. Uneingeschränkt herrschten sie über ein verwüstetes Land, das wegen der nicht ausgebrachten Saaten einer Hungersnot entgegensah.

Dies war nun die allerdunkelste Stunde in Britanniens schwarzem Jahr. Die Kelten hatten einen dreifachen Verlust erlitten: die druidischen Heiligtümer, die Ernte und ihre Krieger. Sie hatten gegen drei Legionen gekämpft und eine davon vernichtet, um dann von den anderen beiden aufgerieben zu werden. Die Römer hatten drei Städte verloren. Ein Ende der dunklen und grausamen Zeit römischer Herrschaft war nicht abzusehen. Die Götter hatten die Kelten verlassen. In dieser dunkelsten aller Stunden war es Zeit für das denkbar heiligste Opfer, um die unbegreiflichen Götter wieder zu versöhnen. Dies, so meinen wir, war der Grund, warum Lovernios starb und in einem Tümpel des Moores versank, um in dem heiligen Wasser zu schlafen, bis die römische Macht vorbei war.

Niemandsland

Wir haben bereits festgestellt, daß das Opfer Lovernios' zu Beltain stattfand. Seine äußerst ungewöhnliche Form, bei der sich *geweihtes* und *göttliches* Opfer in einer Person vereinten, läßt auf ein weit über das Normale hinausgehende Beltain-Fest schließen, kennzeichnend für eine Zeit, in der nahezu jede Hoffnung auf eine bessere Zukunft und das Wohlwollen der Götter geschwunden war. Bis zum Jahr 60 n. Chr. war keineswegs sicher gewesen, daß die Römer die Oberhand gewinnen würden: Die Waliser Stämme waren unbesiegt, und das große Heiligtum auf Mona war heil und unverletzt. Am Ende von Suetonius' Feldzug war das Heiligtum zerstört und die verwüstete Provinz von Terror und Hunger gezeichnet.

Nach dem Beltain-Fest des Jahres 60 n. Chr. bestand keine Aussicht mehr auf Rebellion, keine Hoffnung darauf, daß die verhaßten Römer, deren Armee inzwischen durch 2000 Legionäre und Hilfstruppen aus dem Reich verstärkt worden war, jemals von den Briten wieder vertrieben werden könnten. Darüber hinaus war es unwahrscheinlich, daß eine heilige druidische Zeremonie ungestraft auf streng kontrolliertem römischem Gebiet durchgeführt werden konnte.

Vor diesem düsteren Hintergrund wurde die Bedeutung des Lindow-Moores als Schauplatz des Opfers schließlich offenbar. Der Platz war gewählt worden, weil er der letzte verborgene Ort im Mahlstrom der römischen Aktivitäten war, der das ganze Land überflutet hatte: Das Lindow-Moor war abseits gelegenes Niemandsland. Es liegt in einem schmalen Dreieck zwischen der südlich gelegenen römischen Militärgrenze, die durch Suetonius' Marsch nach Anglesey festgelegt worden war, und der Grenze zum abhängigen Königreich der Brigantes im Norden. Man hat angenommen, daß dieses Dreieck unmittelbar nach der Niederwerfung der Rebellion und der anschließenden Vertreibung der Bevölkerung zur Militärzone erklärt wurde, die Militärgesetzen und einer Militäraufsicht unterlag, aber nicht unmittelbar zum Einflußbereich der Festung Chester gehörte. Ein großes Druidentreffen anläßlich des heiligen Beltain-Festes wäre südlich dieser Grenze völlig unmöglich gewesen, weil es sofort den Verdacht der Römer geweckt hätte. Und jedes Betreten des Königreiches Brigantia war von Verrat bedroht, wie im Fall Caratacus. Das natürliche Versteck in den Sümpfen des Lindow-Moores war der einzige Ort, der übrigblieb. Das schwarze Jahr erreichte am Black Lake seinen Tiefpunkt, und hier wurde das höchste Opfer dargebracht.

Eine sorgfältige Sichtung des Beweismaterials läßt erkennen, wie sich die Ereignisse unaufhaltsam auf den bitteren Höhepunkt zu Beltain hin entwickelten. Der Tod des Königs Prasutagus, der Boudicas Rebellion heraufbeschwor, ereignete sich im Winter 59/60 n. Chr. Man kann davon ausgehen, daß Catus kurz darauf das Reich der Iceni besetzte. Die Nachricht vom Aufstand erreichte Suetonius im Augenblick des Triumphes auf Anglesey. Die Straßen müssen zu diesem Zeitpunkt frei gewesen sein, was auf Frühlingsanfang hindeutet, denn Watling Street, nördlich von High Cross, lag damals außerhalb der militärischen Grenzen. Da Beltain das Ende des Frühjahres und zugleich den Beginn des Sommers anzeigt, muß das Opfer nach der Verwüstung Monas stattgefunden haben, nachdem bereits feststand, daß die Felder nicht rechtzeitig bestellt worden waren. Außerdem muß sich der größte Teil der römischen Truppen nach der großen Entscheidungsschlacht bei Mancetter noch im Süden bzw. in den Midlands aufgehalten haben. Dies ermöglichte die heimliche Versammlung und Opferfeier an einem so entlegenen Ort wie Lindow, wo keine unmittelbaren römischen Vergeltungsmaßnahmen zu befürchten waren. Lindow Moss mit seinen dunklen Tümpeln und Seen wurde gewählt, weil es gar keinen anderen Ort gab, wohin man hätte gehen können.

Der Terror

Im Jahr 61 n. Chr. muß die Situation im Land nach einem Winter der Schreckensherrschaft und des Hungers noch verzweifelter gewesen sein. Dennoch ist es angesichts der zunehmenden Präsenz der Römer in Chester ziemlich unwahrscheinlich, daß die druidische Opferfeier damals hätte stattfinden können, auch nicht im versteckten Lindow-Moor, es sei denn, *sie wurde mit Wissen der Römer zelebriert.*

Diese Möglichkeit ist es wert, untersucht zu werden. Die Römer haßten das Druidentum, und wir haben gesehen, wie sie die heiligen Haine auf Mona entweiht und abgeholzt haben. Nach der Niederwerfung des Aufstands dürfte die Verfolgung der überlebenden Druiden und die Verspottung ihrer heiligsten Bräuche noch zugenommen haben.

Wir erinnern an die Behandlung Christi durch die Römer sowie an die Härte und häufig verächtliche Grausamkeit der römischen Strafen im allgemeinen. Die Rolle der Römer bei der Kreuzigung Christi ist nicht leicht zu interpretieren; aber die Kreuzigung als Hinrichtungsart geht auf einen Opferritus der Karthager zurück, den die Römer später übernahmen und dazu benutzten, ihre Gefangenen der Lächerlichkeit preiszugeben. Später wurden dann allgemein Verbrecher aus den unteren Volksschichten und Nicht-Römer auf diese Weise hingerichtet. Christus wurde als König der Juden durch die Dornenkrone und die Kreuzesinschrift INRI verspottet. In seiner Behandlung durch die Römer kommt die gewollte Erniedrigung eines gestürzten Königs zum Ausdruck. Der Vorgang ereignete sich lediglich eine Generation bevor Lovernios starb.

Könnten sie mit Lovernios auf ähnliche Weise verfahren sein? Die römischen Soldaten waren Experten im Töten und Meister im Kopieren der Methoden ihrer Feinde, wenn es darum ging, Terror unter den Besiegten zu verbreiten. Könnten sie einem überlebenden Druiden diesen bizarren Tod als schändlichste Entweihung aufgezwungen haben, gleichsam, um den tiefsten Glauben des Ordens an das menschliche Opfer zu parodieren?

Zweierlei sprach dagegen. Einmal deutete alles auf ein Beltain-Fest und ein Opfer hin, bei dem Lovernios das geschwärzte Stück Brot wählte. Wir halten es für unwahrscheinlich, daß die Römer bei der Verhöhnung der Druiden so weit gegangen wären. Und zum anderen hätte eine Verspottung der Beltain-Feier kaum in der Verborgenheit der Sümpfe des Niemandslandes stattfinden brauchen. Falls sie Lovernios mit diesem Tod verhöhnen und schänden wollten, dann hätten sie ihn, nach allem, was über römische Hinrichtungen bekannt ist, in aller Öffentlichkeit getötet. Das Zusammentreffen so vieler keltischer Merkmale machte deutlich, daß es ein Schrei der Verzweiflung war über den Ruin Britanniens unter der Herrschaft der Römer.

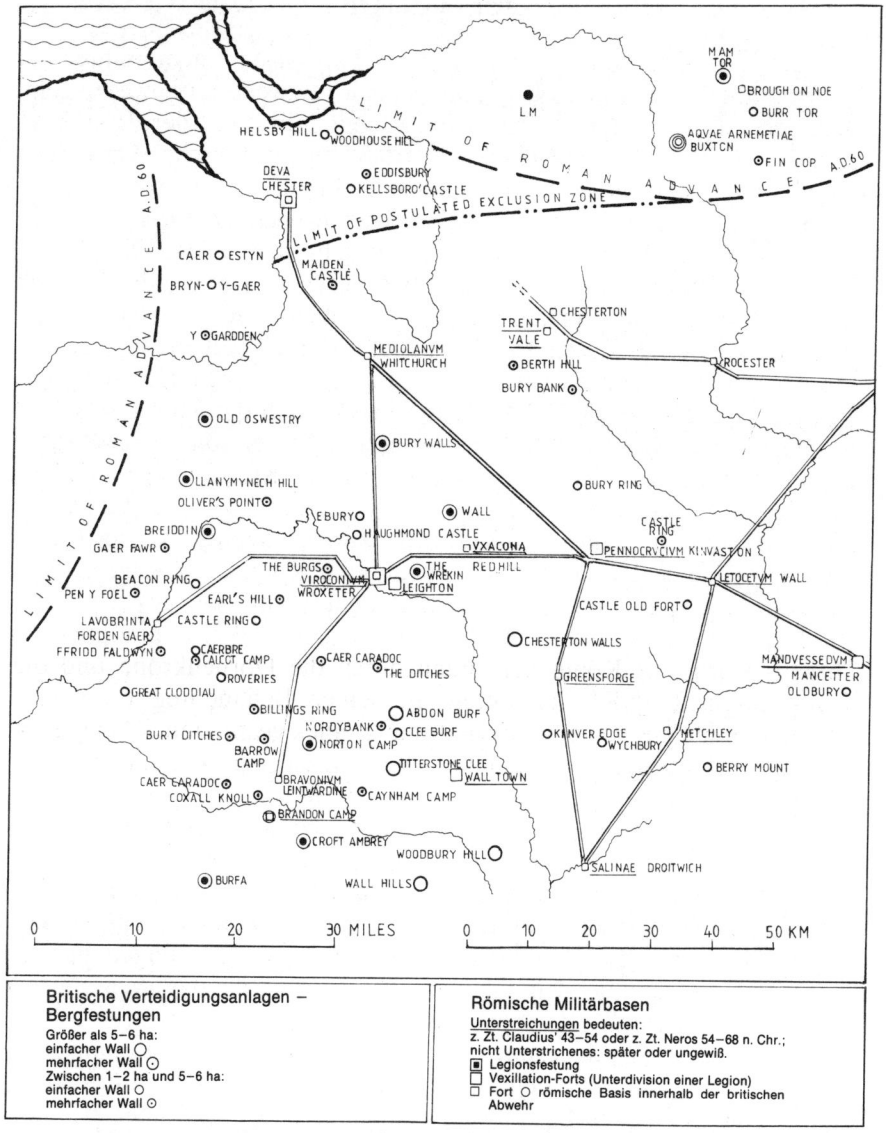

Die Karte zeigt eisenzeitliche und römische Plätze in und um Cornovia einschließlich
der Römerstraßen sowie die Grenze des römischen Vormarsches im Jahr 60 n. Chr.
und die Sperrzone zwischen dem Gebiet um Chester und der nördlichen Begrenzung
des Vormarsches

Wie starb Lovernios und wie wurde er ausgewählt? Wie wurde das Opfer durchgeführt? Die Hypothese, die wir nun aufstellen werden, erklärt, wenngleich zwangsläufig spekulativ, alle maßgeblichen Punkte um das Sterben des Lindow-Mannes, die wir bisher zusammengetragen haben.

Das Opfer

Wenn die Zeremonie geheim war, so müssen wir annehmen, daß sie nachts stattfand. Die Kelten rechneten nach Nächten, nicht nach Tagen, und wir meinen, daß der Abend des Beltain-Festes gekennzeichnet war durch den Aufgang des Mondes über dem Niemandsland der Sümpfe.

Hatte die Feier am Ufer des Black Lake oder des düsteren Tümpels stattgefunden? Wir halten beides für unwahrscheinlich. Es gibt keinerlei Anzeichen dafür, daß Lindow ein besonderer oder heiliger Ort war, bevor ihm dieser Status durch die Ereignisse des schwarzen Jahres aufoktroyiert wurde. Bei aller Heimlichkeit ist jedoch nicht anzunehmen, daß die Teilnehmer ein solches Opfer an einem ungeweihten Ort vollzogen hätten. Nach unserem Besuch in Lindow hatten wir das Gefühl, daß der heilige Opferplatz mit größter Wahrscheinlichkeit in Alderley Edge lag, vielleicht in der Nähe einer Quelle oder auf seinem höchsten Gipfel. Freudenfeuer auf den Berggipfeln waren für das traditionelle Beltain-Fest an sich typisch, aber in diesem unheilvollen Jahr hätten sie die Aufmerksamkeit der Römer geweckt. Eine Lichtung auf einem dicht bewaldeten Hügel scheint deshalb die wahrscheinlichste Lösung. In Frage kämen das nahegelegene Mobberley, aber auch Wilmslow. Der Name des einen deutet auf eine Waldlichtung, der des anderen auf einen frühgeschichtlichen Grabhügel hin. Darüber hinaus hat man in der Nähe der Wilmslower Kirche bronzezeitliche Überreste gefunden, und die Archäologie von Alderley Edge reichte bis in die jüngere Steinzeit zurück.

Wo immer das Opfer stattfand, die Kriterien bleiben dieselben: ein heiliger Ort, also ein Hain oder eine Quelle (oder beides), mit Sicherheit nicht weiter als eine Meile von der letzten Ruhestätte des Opfers entfernt, vielleicht mit dieser auf dem letzten Stück durch einen hölzernen Damm verbunden, wo der Waldweg sich scheinbar in den Sümpfen verlor. Der Pollennachweis deutet auf einen durchweichten Boden, wo ein Damm möglicherweise unter die Oberfläche versinken würde, ein Platz, den schwer beladene römische Truppen nicht gern betreten hätten. Der Hain muß wegen der Erikablätter im heiligen Bannock in der Nähe der Heide gewesen sein. Seine Bäume werden den Rauch des Feuers verdeckt haben, an dem der Bannock bereitet wurde.

Der keltische Gott Cernunnos, mit
Hirschgeweih und in Hockstellung, auf
einer der inneren Platten des Silberkessels von Gundestrup, Jütland/Däne-
mark

darunter: Cernunnos, der in jeder
Hand einen Hirsch hält. Eine Abbildung an der Außenseite des Kessels.

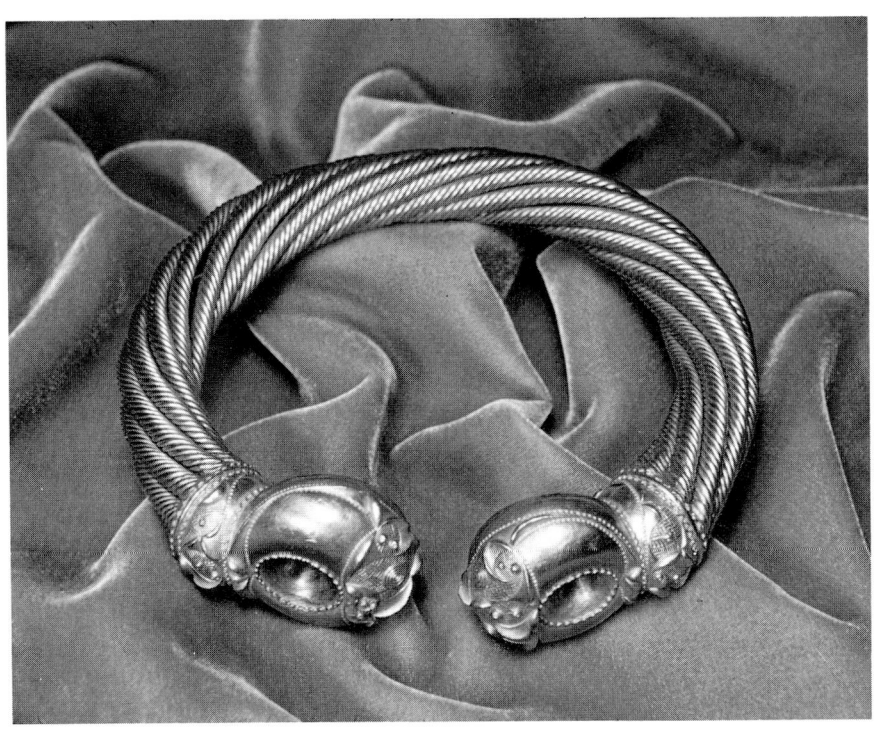

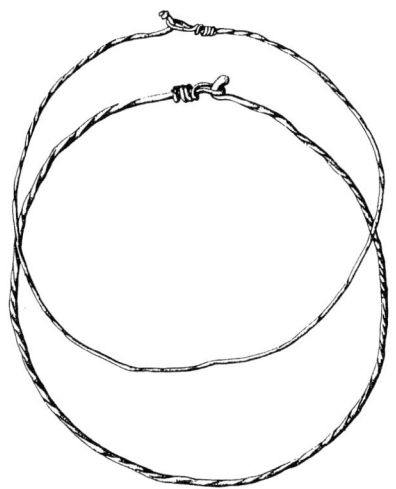

oben: Der Gold-Torque von Snettisham, Norfolk

links: Bronze-Torques, die in einem
keltischen Heiligtum bei Libenice/
Tschechoslowakei gefunden wurden

rechts oben: Ein hölzerner Drillings-
kopf aus der Kirche in Llandinam,
Monmouthshire (Gwent)

darunter: Ein dreiköpfiger Torso, von
denen der mittlere einen Torque trägt
und Geweihlöcher aufweist. Gefunden
in Condat, Dordogne/Frankreich.

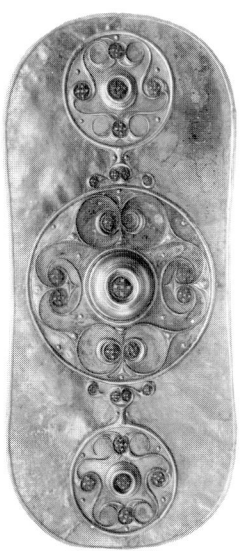

Steinerner Kopf eines einäugigen Gottes, wahrscheinlich des irischen Gottes
Balor

Keltischer Bronzeschild, geborgen aus
der Themse bei Battersea, London

Keltischer Steinkopf aus Chester,
Cheshire

Einer von mehreren keltischen Stein-
köpfen, die in Glossop, Derbyshire,
gefunden wurden

links: Keltischer Steinkopf aus
Wilmington, East Sussex

darunter: Sandsteinstatue eines keltischen Gottes mit Torque und Eber,
Euffigneix, Haute-Marne/Frankreich.

links oben: Bronzemodell eines Kultwagens mit Göttin, Speer- und Axt-
kämpfern, Frauen sowie einem Hirsch
zwischen zwei Männern. 7. Jahr. v.
Chr., gefunden in Österreich.

darunter: Der ‚Geweih-Tanz‘, Abbots
Bromley, Staffordshire

Geschmückte Quelle, Saddleworth,
Lancashire

links: Tanzender Mann aus einer Gruppe von Bronzefiguren, die wahrscheinlich einen Wagen der Druiden geschmückt haben, aus Neuvy-en-Sullias, Loiret/Frankreich

unten: Das bronzene gallo-romanische Pferd Rudiobus, das zusammen mit weiteren Bronzen in Neuvy-en-Sullias, Loiret/Frankreich, gefunden wurde

An diesem verzweifelten und düsteren Beltain, an dem die Felder brachlagen und das Vieh von den Römern beschlagnahmt war, wird es keine großen Freudenfeuer gegeben haben. Aber man benötigte auch nur ein kleines Feuer, um aus dem Getreide der vorjährigen Ernte den Bannock zu bereiten. Wurden die Stücke in einen ledernen Beutel getan, und hat jeder Teilnehmer eins herausgenommen, wobei das geschwärzte Stück das Opfer bestimmte? Oder hat sich Lovernios freiwillig geopfert? War er bereits vorher ausgewählt worden?

Hier stoßen wir auf das zentrale Geheimnis des Opfers im Lindow-Moor. Falls die Zeremonie nach dem schwarzen Frühjahr stattfand, die Druiden also bereits samt ihrer Festung auf Mona vernichtet worden waren, wer waren dann die Zelebranten? Selbst wenn Lovernios kein Druide gewesen wäre, waren die, die ihn töteten, in der Technik der Opferung erfahren und zweifelsfrei Mitglieder des Druidenordens. Unsere Deduktion hat jedoch gezeigt, daß Lovernios ein Druide *war,* und sein Körper weist keinerlei Anzeichen dafür auf, daß er an den verzweifelten Kämpfen auf Mona teilgenommen hat. Wir erinnern noch einmal an die ungewöhnlich makellose Erscheinung seines Körpers, fast als habe er sein Leben auf den Augenblick seiner Opferung hin gelebt. Wenn wir dies in den Kontext des schwarzen Frühlings stellen, der gekennzeichnet war von Aufruhr und Zerstörung, erhalten wir die Antwort auf die Frage nach der Identität Lovernios'.

Wäre er aus Gallien gekommen, bevor er dem römischen Vormarsch ausweichend nach Wales ging, hätte ihn sein Weg wahrscheinlich nach Anglesey geführt, wo er dem Holocaust kann unversehrt entkommen wäre. Naheliegender erscheint, daß Lovernios in Britanniens dunkelster Stunde aus Irland kam. Auf die Rolle Irlands als der insula sacra, der heiligen Insel, für das Schicksal und Überleben des Druidentums gehen wir noch kurz in Appendix I ein. Wenn sich Lovernios' irische Herkunft auch nicht mit Sicherheit feststellen läßt, so sprechen doch seine makellose Erscheinung und sein königlicher Rang dafür, daß er bei dem Gemetzel auf Mona nicht anwesend war und folglich erst dort angekommen ist, als alles vorbei war.

Falls er aus Irland kam und den Grenzfluß Mersey hinauf in den Bollin fuhr, kann er Lindow durchaus unversehrt erreicht haben. Vielleicht wurde er ursprünglich als Verstärkung gegen den römischen Angriff nach Mona geschickt, erreichte aber die Waliser Küste zu spät, um das Geschehen noch beeinflussen zu können. Seine Begleiter, unter denen sich wahrscheinlich auch geflohene Druiden aus den Waliser Bergen befanden, zogen daraufhin mit ihm ins Niemandsland des Lindow-Moores, um das schreckliche Opfer zu vollziehen. Falls diese Vermutung auch nur in etwa der Wahrheit nahekommt, würde uns dies der Beantwortung einer unserer drängendsten Fragen ein gutes Stück näherbringen. Wurde er durch das Los des Bannock zum Opfer bestimmt oder war sein Tod bereits verfügt?

Lovernios konnte, nachdem er Zeuge der Vernichtung der britischen

Druiden geworden war, nicht einfach wieder in das nun ungeschützte Irland zurückkehren. Sein hoher Rang prädestinierte ihn für das höchste Opfer. Vielleicht waren ihm der Tag und die Art und Weise seines Todes, möglicherweise sogar der Grund dafür, prophezeit worden. Unsere früheren Vermutungen bestätigten sich: Lovernios wußte, daß er sterben würde und hatte sich auf das feierliche und düstere Geschehen vorbereitet. Als der Bannock fertig war, nahm er das geschwärzte Stück.

Wenn diese Erklärung richtig ist, beantwortet sie eine durch die wissenschaftliche Analyse aufgeworfene Frage. Die schwarze Markierung war sehr klein, viel kleiner, als man annehmen sollte. Vielleicht war sie gerade groß genug, um sie im flackernden Feuerschein oder dem über den Bäumen schimmernden Licht des Mondes erkennen zu können. Reichte dies aus, um zugleich das *gewählte* und das *göttliche* Opfer auszumachen?

Der Ritt des Fürsten

Die Enträtselung der Geschichte Lovernios', seines Lebens und seines Sterbens, rundete sich ab. Wir hatten mit der Analyse seines Todes begonnen. Aus dem Ergebnis hatten wir sein Leben und den Grund für seinen Tod abgeleitet. Nun betrachteten wir abermals die Umstände seiner Opferung und sahen die Zeremonie plötzlich mit neuen Augen.

Wir haben bereits ausgeführt, daß Lovernios unserer Meinung nach nicht in Lindow, sondern eher in einem heiligen Hain innerhalb der Militärzone starb, und zwar entweder in Mobberley oder Alderley Edge. Der Beweis, daß er gekniet hat, als der Axthieb auf seinen Kopf krachte, ist zwingend und zeigt seine gelassene Ergebung in den rituellen Tod. Daß der dritte Hieb gegen seinen Kopf ihn auf dem Rücken liegend traf, scheint ebenso selbstverständlich. Taranis' Anteil am Opfer war schnell vollbracht.

Das Garrottieren und das Öffnen der Schlagader verlangten dagegen eine neuerliche Bewertung. Wir wußten, daß das Garrottieren Lovernios fast augenblicklich getötet hatte und daß die Schlagader im selben Moment durchgetrennt worden war. Es schien wahrscheinlich, daß der, der ihn tötete – dies könnte ein Druide niederen Ranges, ein Vates, gewesen sein –, ihm die Garrotte anlegte, nachdem man den bewußtlosen Lovernios in eine sitzende oder kniende Stellung gebracht hatte. Das Garrottieren erfordert eine erhebliche Kraft, um die tödliche Drehung von Hebel und Schnur durchzuführen. Wahrscheinlich hatte der Opferpriester diese Kraftanstrengung unterstützt, indem er sein Knie in den Rücken des Lovernios stemmte und gegen das Rückgrat preßte, während der Körper von Helfern festgehalten wurde. Diese brutale Aktion könnte für die gebrochenen Rippen verantwortlich sein; sie warf zugleich die interessante Frage auf, in welcher Stellung Lovernios gestorben war.

Betrachtet man den Toten so, wie er im Torf gefunden wurde, dann fällt seine halb hockende Körperhaltung auf, wobei die Überreste seiner Arme angewinkelt waren. Zunächst meinten wir – wie auch andere Kollegen –, diese Stellung deute darauf hin, daß seine Opferung am Ufer des Tümpels erfolgt und der Körper anschließend ins Wasser gestoßen worden sei. Unsere Theorie, daß Schauplatz der Zeremonie ein in der Umgebung zu suchender heiliger Ort war, ließ dies unwahrscheinlich erscheinen. Hinzu kam die praktische Überlegung, daß diese sorgfältig koordinierte und Kraft erfordernde Folge von Aktionen schwer durchzuführen gewesen wäre, wenn die Ausführenden dabei im Torfmoor gestanden hätten.

Wir vermuten, daß der bewußtlose Lovernios nach dem dritten Axthieb aufgehoben und von je einem Priester an den Armen gehalten wurde. Er könnte auf einen Hocker oder einen entsprechenden Sitz ohne Rückenlehne gesetzt worden sein, während ihm der Vates die Garrotte um den Hals legte. Da das Ausbluten der Schlagader unmittelbar vor der Garrottierung erfolgt sein muß, wird Lovernios auch für diese grausige Prozedur vorbereitet worden sein.

Das heilige Blutopfer, so meinen wir, gab im keltischen Kontext nur dann einen Sinn, wenn sein Blut in einem *Opferkessel* aufgefangen wurde, dem Inbegriff des keltischen Sagen- und Zaubergefäßes. Lovernios saß also wohl aufrecht, sein Kopf hing über dem Kessel und seine schlaffen Arme ruhten auf seinen Knien, während der Vates die Garrotte anlegte. Im richtigen Moment stieß ihm ein Helfer den Dolch in die Kehle, und das Blut schoß in den Kessel. Damit war nun auch Esus, der Herr und Meister, besänftigt.

Man wird Lovernios in dieser Stellung gehalten haben, bis der Blutstrom verebbte und ihm der Kopf auf die rechte Schulter sank. Das Einsetzen der Totenstarre ließ seinen Körper in dieser Haltung erstarren, bevor der Opferkessel mit dem heiligen Blut entfernt wurde und er seine letzte schreckliche Reise antreten konnte.

Dies erinnert uns wieder an die Volksbräuche ‚Ritt des Fürsten‘ und ‚Reiten des schwarzen Burschen‘. Hob man den toten Lovernios vielleicht auf einen Schimmel oder setzte man ihn in einen von einem Schimmel gezogenen Wagen? Wie auch immer, seine sitzende Haltung wäre für die Reise genau richtig gewesen.

Dieses packende Bild des geopferten Lovernios, der in einem Wagen durch die dichten Wälder des heiligen Berges den Pfad hinunter zum Moor geleitet wird, erinnert sehr stark an ein anderes keltisches Ritual. In Zeiten der Not fuhren die Kelten wie auch die Germanen das

Standbild ihrer höchsten Göttin Anu – bei den Germanen heißt sie Nerthus – in einem Prunkwagen, dem Anoniredi, um ihre Felder herum. Sie war von ihrem Gemahl begleitet, und das Volk umringte sie und erflehte ihren Segen. Während seiner Wagenfahrt vom heiligen Hain zum Tümpel, wo Teutates Anspruch auf ihn erhob, könnte Lovernios durchaus von einem Standbild der Göttin Anu begleitet gewesen sein. In diesem Abschnitt der heiligen Opferhandlung wäre hierdurch das *göttliche* Opfer zum Gemahl der großen Erdmutter erhoben worden.

Vielleicht folgten die Opferpriester und die erschrockenen und entsetzten Zuschauer dem langsam dahinrollenden Wagen zum Tümpel, wobei sie die Göttin um Gnade und die Götter um Vergebung anflehten. Jedem einzelnen der Götter war Lovernios geopfert worden. Auf seiner letzten Reise neben der Göttin in ihrem Wagen sitzend war Lovernios das göttliche Opfer, das von seinem eigenen ‚Eichenhain – Golgatha‘ herabkam.

Vielleicht verwünschte die Menge ihn aber auch als den Beltain-Sündenbock, was dann als überlieferte Erzählung in den Zeremonien des ‚Ritt des Fürsten‘ erhalten geblieben ist. Aber dort im Mondlicht, in der gespenstischen Moorlandschaft mögen sie von der Erhabenheit des Augenblicks und der Angst vor der Zukunft durchdrungen gewesen und ihre Verwünschungen mögen stumm gewesen sein. Am Rande des ausgewählten Tümpels mag das *erwählte Opfer* vom Wagen gehoben und ehrfurchtsvoll der Obhut des Gottes aller Menschen, Teutates, übergeben worden sein. Sie mögen zugesehen haben, wie der Körper unter der Oberfläche des dunklen Wassers versank und darin verschwand. Der König war in sein Erdreich eingekehrt; mit der Zeit würde sich die Erde über ihm, dem Bewahrer des Glaubens, schließen.

Die Herrschaft des Terrors ging vorüber; die Römer bauten ihre Städte und Straßen. Jahrhunderte später ging ihre Macht unter; dann kamen die Engländer. Aber dieser Teil Englands blieb starrsinnig keltisch. Eine Mauer des Schweigens, unterschiedliche Bräuche und fremdartiges Denken hielten die Erinnerung an Lovernios lebendig.

Als wir bei unserer Suche an diesem dunklen Punkt angekommen waren, legten wir zunächst eine Pause ein. Wir fragten uns, ob noch irgendein Teil des Puzzles fehlte. Eine Frage ließ uns keine Ruhe: Warum verfolgten die Römer die Druiden so unerbittlich, obgleich die Priesterschaft ihrer politischen Macht und diplomatischen Geschicklichkeit eindeutig nichts Ebenbürtiges entgegenzusetzen hatte? Besaßen die Druiden irgendeinen realen Besitz, hinter dem die Römer her waren, einen Druidenschatz, dessen sie sich bemächtigen wollten? Was aber konnten die Druiden besessen haben, das die Römer ihnen unter allen Umständen abzujagen versuchten?

Falls das schwarze Jahr den Römern gab, was sie gewollt hatten, falls sie den Druiden in diesem Jahr etwas äußerst Wertvolles raubten und sie gleichzeitig vernichteten, könnte Lovernios' Tod noch eine weitere symbolische Bedeutung bekommen. Den vagen Hinweis auf den letzten Schauplatz unserer Recherchen fanden wir in der Alderley-Legende.

6. Kapitel

Der goldene Knoten

Der Tod des Lovernios im Jahr 60 n. Chr. wurde, wie wir glauben, durch die drei großen Katastrophen eben jenes Jahres ausgelöst. Sein Opfer am Beltain war der Höhepunkt des britischen Druidentums, die Kulmination der erbarmungslosen römischen Kampagne gegen den Orden und der Beginn einer langen und bitteren Nacht unter der Knute der Römer. Suetonius' Schreckensherrschaft nach seinem Sieg über Boudica war jedoch nicht von langer Dauer. Sie wurde schon bald durch ein milderes Regime abgelöst, das nach und nach den britischen Wohlstand wiederherstellte und die ungehinderte Ausübung der keltischen Religion gestattete, allerdings unter Ausschaltung der Druiden. Aber waren die drei großen Katastrophen tatsächlich so verheerend gewesen, daß die Druiden ihre frühere religiöse Bedeutung nicht wenigstens zum Teil hätten wiedergewinnen können? War ihr Schicksal vielleicht nur das äußere Zeichen einer weit größeren Katastrophe, die das unmittelbare Grauen noch in den Schatten stellte?

Als wir den vagen Hinweisen folgten, begannen wir plötzlich Boudicas Rebellion unter einem ganz neuen und unerwarteten Aspekt zu sehen. Lovernios' Tod schien nicht nur ihr bitteres Ende zu markieren, sondern auch zu ihrem Anfang in Beziehung zu stehen. Man hat seit langem vermutet, daß die Druiden die eigentlichen Drahtzieher hinter Boudicas Revolte waren. Unsere Überlegungen konzentrierten sich jetzt auf zwei Aspekte der Rebellion, die uns schließlich den Zugang zu dem entscheidenden Geheimnis des schwarzen Jahres und dem eigentlichen Grund für Lovernios' Tod eröffneten.

Unsere Fragen konzentrierten sich auf Boudica im besonderen und die Iceni im allgemeinen. Es ging um zwei Bemerkungen in den nur spärlichen römischen Schilderungen, die stets wiederholt, aber kaum je hinterfragt wurden. Wieso, überlegten wir, war ihr Gatte so reich? Sein enormer Wohlstand hatte immerhin Catus' Habgier erregt, und Boudicas Kränkung hatte die Revolte ausgelöst. Warum war Catus mit solcher Brutalität und Gier über die Iceni hergefallen?

Fragen über Fragen: Warum war Boudicas Armee in der Entscheidungsschlacht so schnell und vernichtend geschlagen worden? Lag dies ausschließlich an der militärisch klugen Auswahl des Schlachtfeldes und Suetonius' intelligenter Taktik? Oder war die Entscheidung schon durch andere, subtilere Gründe bestimmt worden, Gründe, die dazu führten, daß Boudicas Armee den Zusammenhalt verlor und eine leichte Beute für die Speere und Kurzschwerter der Legionäre wurde? Oder war der römische Feldherr rein zufällig auf den Schlüssel für die Vernichtung der Rebellen gestoßen? Die Kernfrage des Ganzen schien uns immer mehr, warum Suetonius ausgerechnet Mancetter als Schlachtfeld wählte.

Der Platz der Streitwagen

Die Informationen über Boudicas letzte Schlacht sind, wie wir gesehen haben, äußerst spärlich. Die vorliegenden Berichte sind überdies nicht objektiv, da sie das Ganze nur vom römischen Standpunkt aus betrachten. Daß Mancetter nahe Nuneaton der Schauplatz der Entscheidungsschlacht war, ist nirgends bekundet. Dennoch hielten wir die Argumente, die dafür sprachen, für absolut überzeugend. Aber beruhte Suetonius' Wahl allein auf militärischer Logik? Könnte Mancetter ein heiliger Ort der Kelten gewesen sein, und hatte Suetonius gerade ihn gewählt, um sie in Verzweiflung und blinde Wut zu stürzen? Falls der Ort so heilig war, dürfen wir eine Beziehung zu den Druiden annehmen, also möglicherweise eine direkte Verbindung zu Lovernios.

Unser einziger Gewährsmann für die Rebellion ist Tacitus und dessen Interesse ist rein militärisch. Dennoch gibt er uns ein paar Hinweise, die darüber hinausgehen. So erzählt er, daß Boudica vor dem Beginn der Schlacht einen heiligen Hasen zwischen den Heeren freiließ: Sie ist eine Priesterin, die das Orakel befragt. Er beschreibt weiter, daß Boudicas Soldaten während der Zerstörung Londons die Toten grauenhaft verstümmelt hätten, besonders die römischen Frauen. Diese römischen Matronen wurden nicht einfach abgeschlachtet, vielmehr wurden sie der blutgierigen keltischen Göttin Andraste geopfert; Boudica wird als deren Priesterin bezeichnet.

War Boudica beides, Königin und Priesterin? Wir haben gesehen, daß sowohl weibliche wie männliche Druiden am Strand von Mona lautstark ihre Flüche gegen die Römer schleuderten. Bei den Kelten gab es noch andere regierende Königinnen wie Cartimandua von Brigantia, die Caratacus in Ketten an die Römer auslieferte. Sie war ihnen eine machtvolle Verbündete. Boudica erbte den Königsmantel von ihrem

103

Ehemann. Vielleicht *mußte* eine so mächtige Königin zugleich Druidin sein. Das könnte die Heftigkeit und Grausamkeit ihrer Rebellion erklären und ihre sorgfältige Strategie und Truppenführung, die sogar die Römer zähneknirschend anerkannten. Es kann sein, daß der druidische Einfluß hinter der Revolte von Boudica selbst kam.

Diese Annahme könnte auch erklären, wieso sie als Frau eine so eiserne Kontrolle über ihre gewaltige Armee ausüben konnte. Wir dürfen daran erinnern, daß sie sich nach der Plünderung von Colchester zunächst von dem völlig ungeschützten London abwandte und statt dessen die Neunte Legion angriff und sie vernichtete. Und später, als sie Suetonius auf seiner Flucht die Watling Street hinauf nach Norden verfolgte, zerstörte Boudicas Armee zunächst St. Albans, bevor sie selbstsicher die Römer angriff. Diese Selbstsicherheit zeigt sich auch an dem gewaltigen Troß, der ihre Armee begleitete. Von Anfang bis Ende führte Boudica ihren Feldzug mit der Geschicklichkeit eines kühlen und kompetenten Strategen, eine durchaus ebenbürtige Gegnerin für den Römer Suetonius. Aber als es zur letzten, alles entscheidenden Schlacht kommt, erweisen sich die Kelten als ein desorganisierter Haufen, den die Römer ohne große Anstrengung besiegen.

Die herkömmliche Erklärung für diesen Zusammenbruch und das anschließende Gemetzel ist, daß Boudica die Kontrolle über ihre aus verschiedenen Stammesverbänden zusammengesetzte Armee verloren hatte. Doch hier war der entscheidende Punkt erreicht, wo ein weiterer Sieg die Römer praktisch aus Britannien vertrieben hätte. War es wirklich die Plünderung der beiden Städte, die ihre Armee zu einem Haufen untereinander zerstrittener Stammesgruppen werden ließ, was Suetonius erhofft und beabsichtigt hatte? Oder hatte er noch ein weiteres As im Ärmel, als er den Platz für die Entscheidungsschlacht auswählte? Wir fuhren nach Mancetter, um an Ort und Stelle nach weiteren Hinweisen zu suchen.

Wenn man von Süden kommt, taucht am Horizont, sobald man High Cross passiert hat, die dichtbewaldete, markante Hügelkette auf. Heute erinnert kaum noch etwas an die frühere Bedeutung von High Cross; damals jedoch kreuzten sich hier Watling Street und Fosse Way und bildeten den militärischen Drehpunkt des frühen römischen Britanniens. Der Fosse Way, der sich von Cirencester nach Lincoln und darüber hinaus erstreckte, bildete fast bis in die Zeit Suetonius' die römische Grenze und spiegelt sich noch heute in langen, schnurgeraden Abschnitten der A 46. Die Watling Street, die fast genau westlich durch die Midland Plain bis Wroxeter verläuft, das wiederum mit Chester und Holyhead verbunden ist, wird durch die heutige A 5 markiert.

Zu Suetonius' Zeiten war der Fosse Way bereits eine wichtige Verbindungsstraße zwischen den Grenzposten, aus denen sich später Städte wie Cirencester und Lincoln entwickelten. Seine diagonale

Trasse vom Severn zum Wash bestimmte die Grenze zwischen dem eroberten Südwesten und den unbesiegten Midlands sowie dem Nordwesten. Beide Straßen waren militärische Verbindungswege, die rasche Truppenbewegungen entlang der Grenzen erlaubten. Die westliche Verlängerung der Watling Street ist eng mit Suetonius' Vorstoß nach Nordwales und seinem Angriff auf die Festung der Druiden auf Anglesey verknüpft.

Bei Mancetter verläuft die Watling Street in der Nähe des Flusses Anker unterhalb eines dichtbewaldeten Hügels. Die Eisenbahnlinie London–Manchester kreuzt hier die alte Hauptstraße, die als lange, gerade Landstraße an der Bergflanke hinauf durch Atherstone führt. Höchstwahrscheinlich fand an dieser Stelle die Entscheidungsschlacht statt, wobei die Römer auf der rechten Seite durch den Berg und auf der linken durch den Fluß flankiert wurden. Die am Fuß des Berges gelegene Mancetter Kirche soll auf dem Gelände eines ehemaligen römisches Forts aus der Zeit des Kaisers Claudius stehen (43–54 n. Chr.).

Gab es auf den Bergen von Mancetter ein wichtiges keltisches Heiligtum, das die Römer zerstörten, als sie ihre Verteidigungsposition aufbauten? Ein dichtbewaldeter Hügel könnte sehr gut einen heiligen Hain oder eine Quelle beherbergt haben, aber bisher hat man keinerlei konkrete Hinweise hierauf gefunden. War der Fluß heilig? Der Name Anker ist ein keltischer Name und bedeutet ‚sich windender Fluß‘. Im vorliegenden Fall jedoch mußten wir nach etwas Außergewöhnlichem suchen; ein heiliger Hain, Fluß oder eine heilige Quelle allein genügten nicht. Wir brauchten nicht lange zu fahnden: Ein paar Meilen nördlich des Schlachtfeldes lag eines der größten Heiligtümer des keltischen Britanniens überhaupt.

Vernemeton

Mancetter ist einer der Namen auf der Landkarte des heutigen Englands, der an das keltische Erbe erinnert, das unter einer römischen, sächsischen, wikingischen, normannischen und englischen Schicht begraben liegt. Der Name des ursprünglich hier gelegenen römischen Forts war Manduessedum. Nachfolgende Eroberer haben lediglich die ihnen ungewohnten Silben zusammengezogen. Im Gegensatz zu den Flußbezeichnungen sind kaum keltische Ortsnamen bis in unsere Zeit erhalten geblieben. Wir kennen sie nur aus zufällig erhalten gebliebenen römischen Dokumentationen.

Durch einen solchen Zufall erfuhr man von dem großen keltischen Heiligtum Vernemeton, ein paar Meilen nördlich von Mancetter.

Erwähnt wird es im Antonius-Itinerar, einem römischen Reisebericht aus dem frühen 3. Jahrhundert n. Chr. Die als Vernemeton bezeichnete Stelle liegt am Fosse Way. Der Name bedeutet ‚Großer Hain'.

Vernemeton ist auf der Generalstabskarte (Nr. 129) nicht verzeichnet. Es ist dort zwar über Jahre hinweg oberflächlich gegraben worden, aber selbst Archäologen ist der Ort weitgehend unbekannt. Von Mancetter aus erreicht man Vernemeton, wenn man der geraden Linie des Fosse Way genau nach Nordosten folgt. Heute verläuft hier weitgehend auf der alten Trasse die A 46, die auch durch Leicester führt, das ehemalige römisch-britische Ratae. 14 Meilen hinter Leicester weicht der Fosse Way leicht von der Fahrstraße ab und führt über die Kuppe eines kleinen Hügels. Dort verlief früher die Grenze zwischen den Grafschaften Leicestershire und Nottinghamshire. Heute zweigt hier eine Nebenstraße ab zu der Ortschaft Willoughby-on-the-Wolds. Und hier, auf dem westlichen Abhang dieses Hügels, liegt Vernemeton.

Seit dem 18. Jahrhundert hat man auf diesem Abhang, der als das Black Field bekannt ist, immer wieder Teile von Mosaikfußböden, Grundmauern und Münzen gefunden. Ein großer Teil der schwarzen Verfärbungen wird riesigen frühgeschichtlichen Feuern zugeschrieben. Diese wenigen verstreuten Funde sind alles, was bisher von dem Heiligtum von Vernemeton ans Licht gekommen ist. Seine unmittelbare Nähe zum Fosse Way läßt vermuten, daß die Römer ihre Straße mit voller Absicht mitten durch das Heiligtum gebaut haben, wie sie es auch weiter südlich zwischen den heiligen Quellen und Schreinen in Bath getan haben.

Hat Suetonius diesen heiligen Platz entweiht und niedergebrannt, um die Priester-Königin nach Norden auf ‚sein' Schlachtfeld zu locken, den ‚Platz der Streitwagen'? Die Nähe der beiden Plätze, Schlachtfeld und Hain, und ihre Verbindung durch den Fosse Way weisen auf eine gemeinsame Bedeutung hin. Der Fosse Way war schließlich mehr als nur eine römische Straße: Er markierte die geographische Teilung Britanniens in das südöstliche Tiefland und das nordwestliche Hochland, die jahrhundertelang die Entwicklung Britanniens bestimmt hat. Die scharfe Linienführung der Straße verstärkte noch den Eindruck einer Grenze. Dieses Gefühl hat man selbst heute noch, wenn man von der A 46 aus nach Westen über die Midland Plain auf die entfernten Berge blickt.

Vernemeton ist nicht das einzige am Fosse Way gelegene keltische Heiligtum in der Nähe des Schlachtfeldes. Zwischen ihm und Mancetter führt die Straße durch Dane Hills. Heute ist Dane Hills ein eingemeindeter Vorort von Leicester, aber über einen langen Zeitraum wurde an dieser Stelle die keltische Göttin Anu verehrt. Im Volksglauben wurde sie zu der gräßlichen Black Annis, der Kinder verschlingenden Hexe mit den eisernen Klauen, die dort im Berg hauste.

Wenn man der Route des Fosse Way im Südosten von Mancetter folgt, kommt man in Baginton, einem Außenbezirk Coventrys, an den geheimnisvollen Ort ‚Lunt'. Heute ist dieser Ort wegen der imposanten Rekonstruktion eines ehemaligen römischen Forts mit massiven Holztoren, Wachtürmen und Wällen berühmt. Aber Lunt ist nicht allein deshalb bemerkenswert. Nahe der östlichen Begrenzung des Forts grub man die Reste einer runden Einfriedung von ca. 32,5 m Durchmesser aus. Man hat dieses Rund in Form eines großen Korrals oder Kreises aus massivem Holz rekonstruiert. Angeblich soll der Platz dem Zureiten der Pferde gedient haben, aber er erinnert sehr viel mehr an eine Arena für Gladiatorenkämpfe als an alles andere.

Das Rund blieb bis heute ein Rätsel. Es wurde zwischen 64 und 68 n. Chr. gebaut. Eine der Theorien besagt, es sei errichtet worden, um die in der Schlacht von Mancetter erbeuteten Pferde aufzunehmen. Der Kreis ist jedoch älter als das Fort und gehörte wahrscheinlich nie dazu. Es sieht eher so aus, als habe sich hier ein keltischer Kultplatz befunden wie Vernemeton, der zu Beginn der Rebellion von den Römern zerstört wurde. Dieses Datum, das kürzlich ermittelt wurde, lieferte ein sehr überzeugendes Beweisstück für unseren geschichtlichen Kontext.

Wenn der Kreis keltisch war, war eine Beziehung zum Pferd durchaus denkbar, denn die Kelten beteten das Pferd an und verehrten es. Dem entsprach jedoch nicht die Rekonstruktion des Runds als ein einfacher Korral. Es war sehr viel wahrscheinlicher, daß Lunt ein Kultzentrum war. Vielleicht wurden hier heilige Rennen oder sportliche Übungen ausgetragen oder Riten zelebriert, an denen Pferde beteiligt waren.

Nach und nach stellte sich heraus, daß heilige und außergewöhnliche Plätze wie Perlen zu beiden Seiten des Schlachtfeldes am Fosse Way entlang aufgereiht lagen. Wir hatten zunehmend das Gefühl, daß Mancetter, der „Platz der Streitwagen", ein Brennpunkt in der heiligen keltischen Landschaft Britanniens war, daß es das Zentrum eines Netzes bildete, dessen Fäden wir gerade eben zu erahnen begannen. Suetonius stolperte in dieses Zentrum hinein und zwang Boudica und ihre Armee ungestüm, blind vor Wut und desorganisiert gegen die wartenden Schwerter und Speere der Legionen anzurennen.

Die Heiligkeit dieser Orte war die eine Seite; die andere war, daß sie durch römische Militärstraßen miteinander verbunden waren, die sich in der Nähe von Mancetter kreuzten. Vielleicht würde uns die Bedeutung von Mancetter klarer werden, wenn wir die Orte betrachteten, die an der Watling Street lagen, und zwar dort, wo diese in High Cross auf den Fosse Way stieß. Die Watling Street verlief von High Cross und Mancetter in westlicher Richtung, schwenkte dann nach Norden und durchquerte das Gebiet der Cornovii. Sie führte durch Chester in der Nähe des Lindow-Moores und endete auf Anglesey, der heiligen Insel der Druiden. Dahinter lag Irland, die insula sacra der Kelten. Falls Lovernios aus Irland gekommen war, um sich, wie wir glauben, zu opfern, hätte er einen Teil seines Weges ins Lindow-Moor auf dieser Straße zurückgelegt. Und falls wir seine Absicht richtig erraten haben, dann muß dies bereits ein geweihter und heiliger Weg gewesen sein.

Lindow, Mancetter, Lunt, Vernemeton, Mona, Dane Hills – was sonst verband dieses keltische Netz mit der letzten Schlacht und der zukünftigen römischen Herrschaft? Bei der Betrachtung der Römerstraßen waren wir auf eine Schnur gestoßen, die alle diese Orte mit der Katastrophe des schwarzen Jahres verbindet. Die Schnur war golden und aus vielen Fäden geknüpft. Sie war aus dem Gold Irlands hergestellt, der *insula sacra*. Und sie markierte eine keltische Straße, die mit Tempeln übersät war.

Die goldende Schnur

Westlich von Mancetter und Vernemeton führt die Watling Street durch die Severn-Trent-Passage. Der Abstand zwischen den beiden Flüssen, dem Severn im Süden und dem Trent im Norden, beträgt hier etwa 25 Meilen. Zwischen Mancetter und Chester, dem späteren großen römischen Fort Deva, liegen zwei römische Befestigungen aus der Anfangszeit des römischen Vormarsches unter Suetonius nach Norden. Beide markieren ehemals wichtige britische Plätze, die an einer alten Straße lagen, die von den Midlands kommend durch die Trent-Severn-Passage zum Heiligtum auf Anglesey und weiter nach Irland führte.

Anders als der Fosse Way, der eine geographische Trennlinie zog, verband die Watling Street eine Reihe solcher britischen Niederlassungen miteinander. Zwei der interessantesten liegen unmittelbar nördlich von Mancetter – und damit südlich von Lindow – bei Penkridge und Wall. Wie Mancetter stammen auch diese Festungen aus der Zeit der Eroberungen unter Nero, also nach 54 n. Chr.

Beide, Penkridge wie Wall, waren bedeutende keltische Kultstätten, heilige Haine inmitten dichter Wälder. In Wall, dem späteren römischen Letocetum, dem ‚grauen Wald‘, stand ein großer heidnischer Tempel der Minerva, der romanisierten keltischen Göttin Brigit, die auch im heutigen Britannien noch eine besondere Stellung hat. In Wall fand man mehrere keltische, gehörnte Steinköpfe und behauene Platten. Ihre charakteristischen Merkmale verbinden sie mit den Kelten im Gebiet des heutigen Derbyshire, dessen Grafschaftssymbol noch immer der Widder ist. Abbots Bromley, wo bis heute die berühmten Geweih-Tänzer auftreten, liegt nur elf Meilen nördlich von Wall.

Penkridge, 12 Meilen westlich von Wall, ist heute ein kleines Dorf. Der Name bedeutet ‚Kuppe des Hügels‘ oder ‚Haupthügel‘. Die römische Ortsbezeichnung Pennocrucium ist lediglich eine Lateinisierung des keltischen Namens. Nun gibt es aber in der Nähe keinen Berg. Wir sahen daher in dem Namen den Hinweis auf einen Versammlungsplatz auf einem Grabhügel. Die frühgeschichtliche Bedeutung, die sich hinter dem heutigen Namen Penkridge verbirgt, war die erste vorläufige Verbindung, die wir zwischen dem Schlachtfeld von Mancetter und der Opferung Lovernios' im Lindow-Moor fanden.

Der Name Pennocrucion ist das britische Äquivalent für das gälische Cenn Croich; dies wiederum entspricht dem Namen des irischen Erntegottes, auch bekannt als Crom Dubh, der ‚dunkle Gebeugte‘. Dieser finstere, zerstörerische Gott war der Gegenspieler des jungen, strahlenden Erntegottes Lugh. Der Name Pennocrucion mag mit Penkridge verknüpft sein und wahrscheinlich mit dem nahegelegenen ‚grauen Wald‘ von Letocetum, wo diese fürchterliche Gottheit verehrt wurde. Für uns gewann er allerdings noch eine andere Bedeutung. Die schwache, aber greifbare Verbindung mit Irland, die Vorstellung eines zerstörerischen Gottes sowie Penkridges Nähe zu Derbyshire und Cheshire, wo wir eine fortdauernde keltische Präsenz festgestellt hatten, alles dies deutete darauf hin, daß die Watling Street einen Korridor druidischen Einflusses markierte.

Die Watling Street durchquert, wie wir gesehen haben, die Trent-Severn-Passage nach Wroxeter, wendet sich dann nach Norden in Richtung Chester und verläuft danach an der Küste von Nordwales entlang bis Anglesey. Da sie Orte wie Mancetter, Penkridge und Wall verbindet und zwischen Vernemeton und dem Kreis von Lunt hindurch verläuft, offenbart sie sich als römische Überlagerung eines frühgeschichtlichen keltischen Weges, der von heiligen Plätzen markiert war. Er führte durch die Trent-Severn-Passage zum Vale of Clwyd und dann über die Menai Straits nach Anglesey.

Die Straße scheint von den Druiden kontrolliert oder von ihnen für irgendwelche anderen Zwecke benutzt worden zu sein; vielleicht ist sie auch ausschließlich eine heilige Verbindungsstraße zwischen den einzelnen Kultstätten gewesen. Die Idee einer heiligen keltischen Straße ist nicht neu. Es gibt mehrere bekannte Parallelen, Königswege wie heilige Straßen, z. B. Sarn Helen, die große und heilige Straße der Waliser Legende.

Falls der Weg allein von den Druiden benutzt bzw. von ihnen aus einem bestimmten Grund kontrolliert wurde, wohin führte er dann von Anglesey aus weiter? Dazu mußten wir uns etwas näher mit Anglesey beschäftigen. Unsere Aufmerksamkeit hatte bisher der Menai Straits gegolten, wo die Druiden den Römern mit ihren blutrünstigen Verwünschungen entgegengetreten waren. Die römische Straße überquert diese

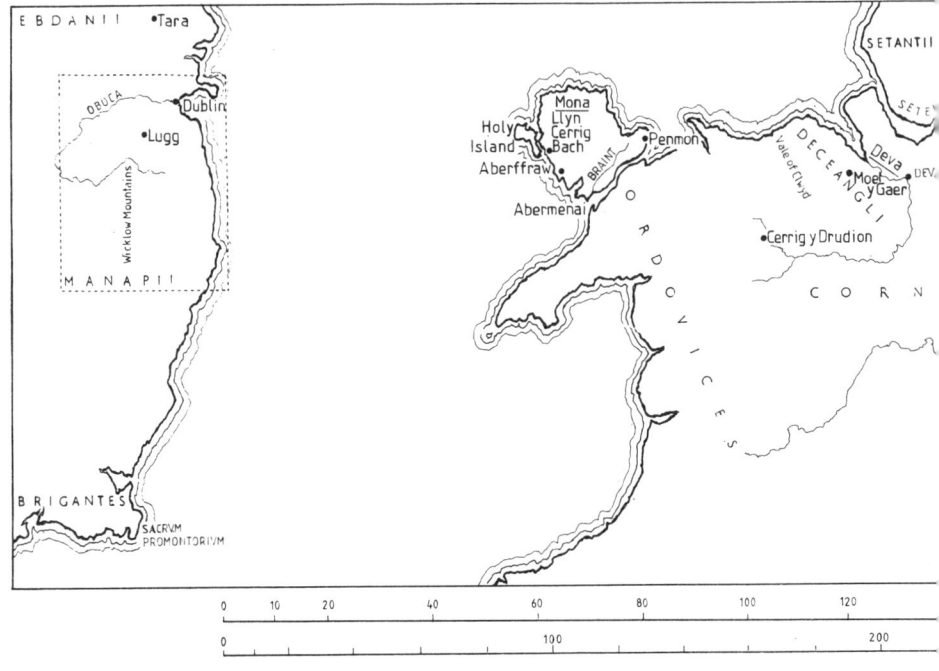

Die Goldroute, mit Irland im Westen und Dänemark im Osten

Meerenge, führt über die Insel bis nach Valley, überbrückt einen schmalen, den Gezeiten unterworfenen Wasserarm und erreicht schließlich die äußerste Ecke von Anglesey, eine kleine zweite Insel, die heute den Namen Holy Island trägt. Holyhead, das Ende der Watling Street, beherbergt ein römisches Fort aus dem 3. Jahrhundert, das heutige Caer Gybi. Dahinter liegt Irland, das die Römer niemals angegriffen haben.

Ginge ein Reisender in Holyhead an Bord eines Schiffes, so landete er in Dublin. Hier stießen wir auf eine merkwürdige Übereinstimmung: Die Namen ‚Dublin‘ und ‚Lindow‘ gehen auf die gleiche keltische Wurzel zurück; beide bedeuten ‚schwarzer See‘. Was sonst mochte die beiden Orte verbinden, immer mit der Idee im Hinterkopf, der Lindow-Mann sei möglicherweise aus Irland gekommen?

Kurz hinter Dublin liegen die Wicklow Hills. Hier war die Hauptquelle des hellen irischen Goldes, von dem die alten Geschichten erzählen. Aber es war nicht nur ein legendäres Metall. Die irischen Goldarbeiten waren der krönende Glanzpunkt keltischer Handwerksarbeit und Kunst, eins der großen Wunder der frühgeschichtlichen Welt. Irland war eine Quelle des Druidentums und des Goldes, die beide über

110

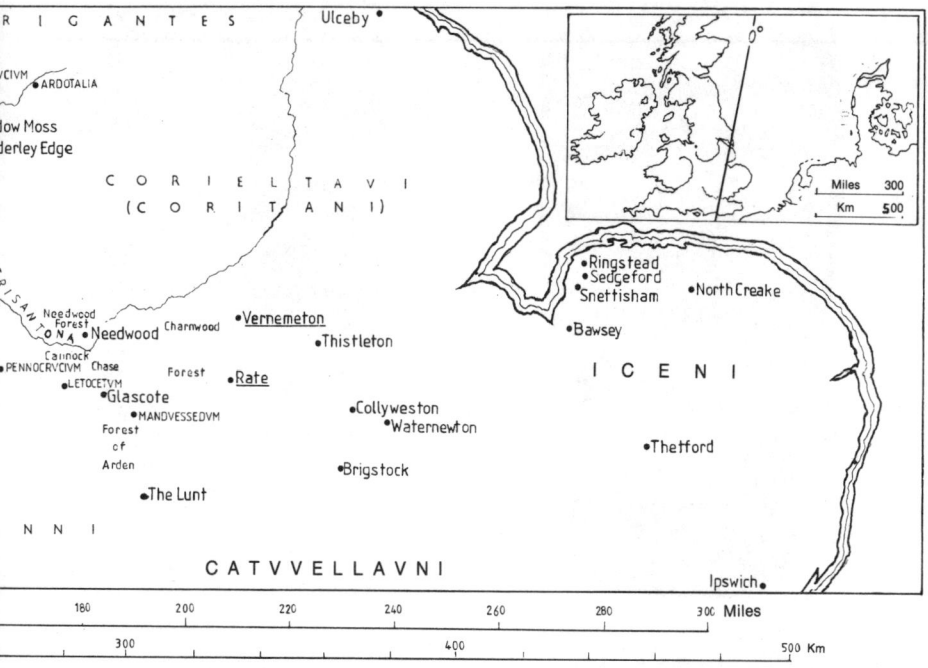

Britannien nach Europa exportiert wurden. Die Watling Street, die durch die Trent-Severn-Passage führte, sich dicht an der Küste von Nordwales hielt und weiter bis zur Spitze Angleseys verlief, erschien plötzlich in einem strahlenden und ungewöhnlichen Glanz. Sie markierte nicht nur keltische Kultstätten und Heiligtümer, so bedeutend diese zweifellos waren, und sie war nicht nur ein Überbleibsel von Suetonius' Feldzug und dessen Nachwirkungen.

Die Watling Street war vor allem *Handelsweg:* ein keltischer Handelsweg, auf dem der Goldstrom aus Irland nach Britannien, Kontinental-Europa und darüber hinaus floß. Der Handel wurde von den Druiden organisiert und kontrolliert, deren Heiligtümer die Route säumten. Wenn die Identifizierung der Goldstraße annähernd der keltischen Wirklichkeit entsprach, erschien der römische Angriff auf Anglesey plötzlich in einem ganz neuen Licht. Außer der römischen Behauptung, Anglesey sei die Hauptnachschubbasis für den Widerstand der Ordovices und Silures gewesen und habe unter allen Umständen ausgeschaltet werden müssen, entdeckten wir nun noch einen weiteren Grund, den die Römer nie erwähnt haben: Anglesey war die Quelle des

111

(s. Seite 112) Diese beiden Altäre von Alpraham bei Chester sind aus Sandstein gefertigt, der wahrscheinlich aus den Keuperschichten von Zentralcheshire stammt. Wie seine Oberfläche erkennen läßt, ist dieser Stein nicht sehr wetterbeständig. Dies zeigt sich auch an dem schlechten Zustand der Köpfe sowie den auf der Vorder- und Rückseite reliefartig dargestellten Wesen. Jeder Altar ist ungefähr 25,5 cm breit und 40,5 cm hoch und hat obenauf einen klar umgrenzten Mittelpunkt.

Die Furchen auf Stirn, Wangen und Kinn deuten auf eine Tätowierung oder Bemalung hin. Die Augen haben durch Erosion gelitten. Trotzdem erkennt man zwischen Augen und Nasenwurzel je eine flache, runde Vertiefung. Auf beiden Gesichtern sind die Lippen leicht geöffnet, so daß die Zähne zu sehen sind.

Das Wesen auf der Rückseite des oberen Altars, das seitlich mit nach vorn gewandtem Kopf abgebildet ist, stellt wahrscheinlich einen Stier dar: Die Reste der Hörner und ein Büschel Locken auf dem Kopf sind noch zu erkennen. Das Wesen auf dem anderen Altar, das unglücklicherweise schwer beschädigt ist, kriecht, alle viere nach vorn gestreckt, auf dem Bauch den Stein hinauf. Man erkennt noch die Reste seiner Augen und ein Stück von der linken Seite seines Maules, aber die Spitze ist abgebrochen, ebenso wie ein großes Stück des linken Vorderbeines und die vorderen Teile der Hinterbeine. Auf dem Rücken sind noch ein paar schwache Streifen zu erkennen.

Während die Darstellung solcher Wesen auf Altären bisher einmalig ist, ist ihre Ähnlichkeit mit den Hauptfiguren am Boden des Gundestrup-Kessels verblüffend. Der hingestreckte Stier auf dem Kessel bietet einem Wesen die Stirn, das die gleiche Haltung einnimmt wie das Tier von Alpraham. Der einzige Unterschied besteht darin, daß bei letzterem der Schwanz fehlt.

druidischen Reichtums, und der beruhte auf Gold. Mit dem Überfall auf Anglesey erreichten sie viel mehr als die Zerstörung des druidischen Heiligtums; sie vernichteten die wirtschaftliche Macht der Druiden. Aber waren sich die Römer dessen tatsächlich bewußt?

In erster Linie hatte der fabelhafte Reichtum Britanniens die Römer zur Invasion veranlaßt. Sie hatten vier Legionen, die sie von gefährdeten Grenzen abgezogen hatten, auf einen Eroberungszug hinter die Grenzen der zur damaligen Zeit bekannten Welt ausgeschickt, und sie erwarteten, daß sich diese Investition entsprechend auszahlte. Der Reichtum der südbritannischen Königreiche und ihr Export an Vieh, Korn, Jagdhunden und Sklaven war in der römischen Welt ebenso berühmt wie die Kunstfertigkeit der keltischen Handwerker. Diese waren auf die Aufträge einer reichen Aristokratie angewiesen, deren Wohlstand – in Gold repräsentiert – sehr groß war.

Die kostbarsten Objekte wurden jedoch nicht für den täglichen Gebrauch hergestellt, sondern zur Schaustellung und für rituelle Zwecke, was dasselbe gewesen sein mag. Das Wertvollste scheint speziell geschaffen worden zu sein, um es in Seen, Flüssen und Strömen den Göttern und Göttinnen zum Opfer zu bringen. So verdankt die La-Tène-Zeit, eine zweite Blütezeit der keltischen Kultur, ihre Bedeutung einem riesigen Fund an wundervollen und kostbaren Gegenständen in einem flachen Schweizer See.

Die Hauptquelle des keltischen Reichtums, die von klassischen Autoren und irischen Texten dokumentiert und durch archäologische Funde bestätigt wird, war das irische Gold. Die Druiden werden seinen Vertrieb über die Goldstraße von Irland aus streng kontrolliert haben. Plötzlich wurde uns auch klar, *warum* das Gold vorwiegend für Weihgeschenke verwandt wurde: Sein Gebrauch war für die Kelten *ausschließlich* eine heilige Angelegenheit. Vielleicht unterlagen jene Wunder keltischer Metallarbeit sogar druidischen Regeln, vielleicht waren Entwurf, Ausführung und Gebrauch in der Tat ausschließlich religiös bestimmt. Falls wir damit recht hatten, wurde begreiflich, daß die Begehrlichkeit der Römer, die Gold nur vom wirtschaftlichen Standpunkt her ohne seine außerordentlich sakrale Dimension betrachteten, die religiösen Gefühle der Kelten über das erträgliche Maß hinaus verletzen mußte.

Diese Überlegung führte uns zu Boudica und dem Grund ihrer Rebellion zurück: dem unermeßlichen Reichtum ihres Gatten, König Prasutagus. Ohne ihn hätte Catus den Aufstand nicht heraufbeschworen. Seine brutale Behandlung Boudicas und ihrer Töchter bewiesen, daß dieser Reichtum so enorm war, daß er ein Desaster riskierte, nur um seinen Anteil einstreichen zu können, sobald er ihn im Ganzen für das Reich gesichert hatte.

Das Gold kam auf einem Weg aus Irland, der später zur Watling Street ausgebaut wurde; der Reichtum der Iceni, wenn er wirklich so groß war, muß auf Gold beruht haben. Aber die Watling Street führt nach London und Dover, während die Iceni nordöstlich davon im heutigen Norfolk und nördlichen Suffolk lebten. London war eine Gründung der Römer, die Boudica verwüstete, und wir hatten keinen Beweis, daß es über die Goldroute mit Kontinentaleuropa verbunden gewesen war. Von wo an also deckte sich die Watling Street nicht mehr mit der Goldroute?

Um diese Frage zu beantworten, wandten wir uns wieder High Cross zu, wo der Fosse Way auf die Watling Street stößt. Von hier nach Osten blickend sahen wir, daß noch eine weitere Trasse durch die Midland Plain führte. Sie wurde nicht durch eine römische Straße gekennzeichnet, sondern durch eine Reihe großer Tempelbezirke. Alle diese Kultstätten tragen das Zeichen des Handels. Dahinter, in East Anglia, hat man eine stattliche Menge goldener Objekte gefunden. Hier verlief die Goldroute, und ihr Ziel war das Land der Iceni, das Reich Prasutagus' und seiner Gemahlin Boudica.

Die gleitende Schlinge (Nr. 4) – beschrieben als Garrotte –, die um den Hals des Lindow-Mannes gefunden wurde, war ebenso gearbeitet wie dieses allgemein übliche, hier nur lose verschlungene Exemplar. Die anderen Objekte sind goldene Torques. Der oberste ist ein aus mehreren Strängen tordierter Halsring aus Needwood, Staffordshire. Der zweite, ein enger Reif, ähnlich einer Kordel, stammt aus Tara, Grafschaft Meath. Der dritte, ein Bandreif mit Eichel-Verschluß, aus Clonmacnoise, Grafschaft Offaly. Unterhalb der Garrotte ist ein aus mehreren Strängen gearbeiteter Torque aus Glascote, Staffordshire, abgebildet und als unterstes ein Relief aus Ipswich, Suffolk.

Goldene Tempel und Torques

Die Handelsroute verlief von Irland aus auf der Trasse der Watling Street, und zwar von der äußersten Spitze Angleseys bis Mancetter. Dann schwenkte sie nach Osten auf Ratae zu, das heutige Leicester und damalige Stammeszentrum der Corieltavi. Und von hier ging es dann weiter durch die Midlands nach East Anglia, dem Königreich der Iceni.

Dieser Weg ist durch eine Reihe wichtiger keltischer Tempelbezirke markiert, die inmitten namhafter Handelszentren erbaut wurden: Thistleton in Leicestershire, dem ehemaligen Rutland, Collyweston und Brigstock in Northamptonshire, Water Newton in Cambridgeshire und Thetford in Norfolk. Diese Trasse führt knapp südlich des großen Hains von Vernemeton vorbei; einige der spektakulärsten Funde keltischer Goldarbeit sind an seinem östlichen Ende gefunden worden. Der herrliche Halsring, der bei Snettisham nahe King's Lynn entdeckt wurde, ist nur einer der vielen keltischen Schätze, die in East Anglia gefunden wurden. Ein kleiner Hinweis auf den Reichtum der Iceni und, wie wir sehen werden, ein Symbol für Lovernios' Tod.

Werfen wir zunächst einen Blick auf die Heiligtümer. Thistleton liegt in der Nähe von Vernemeton und Mancetter. Im Gegensatz zu Vernemeton ist es vollständig ausgegraben worden. Zahlreiche keltische Funde – Spangen, Keramik, Münzen, Feuerstellen, Back- und Brennöfen sowie Brunnen – legen ein beredtes Zeugnis ab von einem dicht besiedelten Kult- und Handelszentrum aus der Zeit der römischen Invasion. Es lag an der Grenze zwischen den Corieltavi und den Catuvelauni, die im Kampf gegen die Römer stets in der vordersten Reihe standen, und diente mit Sicherheit der Region als geschäftiger landwirtschaftlicher Markt, Handelsdepot und religiöses Zentrum.

Der Tempel selbst wurde erst bei archäologischen Luftaufnahmen entdeckt, da er von einem breiten Graben überlagert war. Man fand eine ganze Reihe von Gebäuden, eins über dem anderen, darunter auch die Reste eines großen Holztempels aus dem 1. Jahrhundert. Dieser war später durch einen imposanten, mit Kalkstein verkleideten Sakralbau mit Steinfußboden ersetzt worden, den man über eine Schotterstraße erreichte. Im 3. Jahrhundert wurde dann an Stelle dieses Tempels ein basilikaähnliches Gebäude errichtet, worin die ständig wachsende Bedeutung des Ortes zum Ausdruck kommt, der seit vorrömischer Zeit ohne Unterbrechung bewohnt war.

Die Tempelbezirke von Collyweston und Brigstock in Northhamptonshire sind ähnlich ausgedehnt. Auch hier wurden die ursprünglich hölzernen Tempel durch Steinbauten ersetzt. Nur in Thetford wurde der Haupttempelbezirk nicht überbaut: Hier findet sich einer der wenigen original keltischen Holztempel, dessen Überreste offen liegen. Brigstock ist berühmt wegen der zahlreichen Münzen und Bronzearbeiten, die bei den Ausgrabungen gefunden wurden. Water Newton dagegen, an der Grenze des Iceni-Reiches in Cambridgeshire gelegen, war ein bedeutendes Zentrum für Töpferarbeiten. Bei den Ausgrabungsarbeiten fand man zahlreiche Keramikscherben mit Darstellungen des Gottes Merkur, den die klassische Welt überall mit dem Handel verbindet. Diese Funde stützen die Berichte mehrerer klassischer Autoren, die sich mit der keltischen Religion befaßt haben: Als sie die keltischen Gottheiten mit ihren eigenen Göttern und Göttinnen verglichen, hatten sie festgestellt, daß der oberste Gott der Kelten Merkur war.

Die heidnische Assoziation Merkurs mit Handel und Kaufleuten ist tief verwurzelt. Unsere Analyse der Goldroute und ihrer Bedeutung für Lovernios' Tod ließ uns diese Gemeinsamkeit mit den Kelten besser verstehen. Wenn die Druiden den Handel mit Hilfe einer ganzen Reihe bedeutender religiös-kommerzieller Zentren regulierten, mußten die römischen Beobachter selbstverständlich annehmen, daß einer ihrer Hauptgötter der Gott des Handels war. Hier ergibt sich eine Parallele zu den Kreuzrittern. Die Verzahnung religiöser und kommerzieller Motive bei der Plünderung der Levante hatte es den religiösen Orden, wie z. B. den Tempelrittern, erlaubt, Handels- und Bankhäuser einzurichten, direkte Vorgänger unserer heutigen Institutionen.

Das sich abzeichnende Bild dieses Handelsweges von Anglesey nach East Anglesia machte die lebenswichtige Bedeutung der Midland-Region deutlich, die sich zwischen dem südlichen Rand der Derbyshire Hills und den sumpfigen Gebieten südlich des Wash erstreckt. Für uns war Mancetter der Ort, wo sich die römische Straße in der Nähe von Vernemeton mit der Goldroute vereinte. Für Boudica und ihre Armee waren die Römer die Zerstörer der beiden Endpunkte ihrer Handelsroute. Falls Suetonius sein Heerlager in der Nähe des Hauptheiligtums und Handelszentrums im mittleren Abschnitt aufschlug, mußten die Briten zu Recht befürchten, daß die Römer ihren wirtschaftlichen Reichtum vollständig ruinieren würden.

Das traditionelle Bild von den eingeborenen Briten als einer unorganisierten, primitiven Gemeinschaft blaubemalter Wilder, die in Hütten und ‚Löchern' wohnten und sich kraftlos dem römischen Vormarsch unterwarfen, wird durch die Aufdeckung dieser Handelsroute und ihrer druidischen Herren widerlegt. Wir erkannten jetzt, warum die Römer keinen Grund sahen, die Religion der Kelten zu verfolgen, so blutrünstig sie auch war; die eigentliche Zielscheibe ihres Angriffs war der elitäre Kreis der Druiden, die die Schlüssel zu Verwaltung, Politik, Justiz und zum *wirtschaftlichen* Wohlstand der Kelten in ihren Händen hielten.

Der Reiz der römischen Lebensart hatte dazu geführt, daß die Vasallenkönige im Südosten des Landes beim Einmarsch der Römer kaum Widerstand leisteten. Die Königreiche, die die Goldroute abschirmten und schützten, zeigten dagegen keine Neigung, dem Reich einverleibt zu werden. Die Midland-Region war eine dichtbesiedelte Gegend voll intensiver einheimischer Aktivität und verfügte über florierende Handelsbeziehungen zu Irland und Kontinentaleuropa. Anders als die Stämme im Südosten waren die Kelten im Landesinneren den Umgang mit den Römern und den Gedanken an eine römische Oberheit nicht gewöhnt. Sie hätten jede kaiserliche Aktion, die ihre traditionellen Handelswege störte, mit allen Mitteln bekämpft. Sie waren die Herren eines gewinnbringenden, reichen Gebietes, das, obwohl in Stammes- und Königreiche geteilt, durch ihren Glauben und den Einfluß der Druiden zusammengehalten wurde. Die Römer stellten für sie eine enorme Bedrohung dar, nicht nur für ihre freie Selbstbestimmung und ihren Handel, sondern auch für den geheiligten Vertrieb und die Bearbeitung des Goldes, die höchste aller Künste.

Wir haben bereits den Goldhandel auf dieser Route als religiöse Aktivität definiert. Seine wichtigste Funktion war es, die Herstellung von Kunstwerken zu ermöglichen, die dann nach druidischem Ritual den Göttern geopfert wurden. Es lag auf der Hand, daß die Druiden sich als die primären Opfer der römischen Eroberung sahen, die sie ihrer wirtschaftlichen Macht zu berauben drohte. Andererseits hatten sie aus der Geschichte Galliens gelernt, daß ihr Schicksal unabwendbar war. Wir erkannten, daß für die Kelten Handel, Handwerk, Kriegsführung und Religion untrennbar zu einem dichten und unauflöslichen Ganzen verknüpft waren. Die Welt der Götter war ihnen ebenso vertraut und gleichermaßen Teil ihres täglichen Lebens wie Tauschhandel und Kampf. Der schillernde, allmächtige keltische Merkur − Schutzpatron des Handels, Beschützer der Herden und Wegweiser der Seelen in die ‚andere Welt‘ − überstrahlte mit seinem goldenen Glanz ihre gesamte Welt.

Nirgends aber erstrahlte er heller als im Land der Iceni. Anhand der umfangreichen und unschätzbaren keltischen Goldfunde in East Anglia können wir einen Eindruck von Prasutagus' unermeßlichem Reichtum gewinnen. An erster Stelle stehen hier die Torques.

Der Torque ist für die Kelten Schmuck und Symbol *par excellence*. In der Regel ist er ein enganliegender, massiver Halsring, häufig kunstvoll aus Gold oder einem anderen wertvollen Material gearbeitet oder entsprechend verziert. Der unserer Meinung nach schönste keltische Torque wurde 1948 in Snettisham entdeckt. Er gehört zu einem Hort, den man auf einer Hügelkuppe fand. Das Feld, das diesen Schatz barg, gab in den nächsten zwei Jahren nach intensiven Grabungen noch fünf weitere Horte frei. Später wurden noch mehr entdeckt. Insgesamt waren es 61 Torques, bei weitem die größte Anzahl, die je an einem einzigen Ort in Britannien gefunden wurde. Fast alle waren entweder aus Gold oder Elektron, also Gold mit einem hohen Prozentsatz an Silber. Weitere Exemplare entdeckte man an verschiedenen Stellen in Suffolk und Lincolnshire. Der berühmte Needwood-Torque kam ein paar Meilen von

Mancetter entfernt ans Tageslicht. Ein weiterer goldener Torque wurde bei Glascotte ausgegraben. Auch in Somerset und an den schottischen Grenzen sind Funde gemacht worden. Die eindrucksvollsten waren jedoch die von Snettisham.

Der Snettisham-Hort datiert aus der 2. Hälfte des 1. Jahrhunderts n. Chr. Es deutet alles darauf hin, daß auch die übrigen Torques zur selben Zeit deponiert wurden. Wir können nur vermuten, daß der Hort in Zeiten großer Not und einer plötzlichen Katastrophe vergraben wurde und daß der Platz, an dem dies geschah, ein aus irgendwelchen Gründen heiliger Ort war. Dieses bedrohliche Ereignis konnte unserer Meinung nach nur Catus' Raubzug gewesen sein, der Beginn des ‚schwarzen Jahres'.

Der Snettisham-Torque ist in seiner Art einmalig und wird zu Recht als die schönste britische Antiquität bezeichnet. Der Hauptreif besteht aus acht tordierten Strängen, wobei jeder Strang wiederum aus acht Drähten gebildet wird, die an den beiden Enden des Torque zu massiven Ringen zusammenlaufen; jeder einzelne dieser Ringe ist im Detail außerordentlich schön gearbeitet.

Nur wenige goldene Torques wurden in Gräbern gefunden. Die meisten scheinen den Göttern geopfert worden zu sein, obwohl es auch vereinzelt Berichte über früher gefundene Torques gibt, die wegen ihres Metallwertes wieder eingeschmolzen worden sind. Wir wissen, daß die Kelten das wertvolle Metall wiederverwandten, um neue Torques herzustellen. So ist z. B. gut zu erkennen, daß auch der großartige Snettisham-Torque aus dem Gold eingeschmolzener Gegenstände gearbeitet wurde.

Viele der keltischen Gottheiten sind mit Torques dargestellt, und auch Skulpturen wie der ‚Sterbende Gallier' aus Pergamon, Türkei, tragen ihn als Schmuck. Dio Cassius sagt von Boudica, Königin und Druidin, sie habe, wenn sie in die Schlacht ritt, „einen schweren geflochtenen goldenen Halsreifen" getragen. Sicherlich war dieser Reifen ein Symbol ihrer Macht, aber er hatte zugleich große totemistische und religiöse Bedeutung. Man sagt, sie habe ihn angelegt, um die schreckliche Göttin Andraste anzurufen, nachdem sie vor der Entscheidungsschlacht den heiligen Hasen freigelassen hatte. Einige Torques, wie beispielsweise das massive, aus Silber und Eisen gedrehte Exemplar aus Trichtingen, das heute im Stuttgarter Museum liegt, waren viel zu schwer, als daß man sie als Schmuck hätte tragen können – auch nicht während einer kultischen Zeremonie. Sie waren eindeutig bestimmt, entweder hölzerne Statuen zu schmücken oder als Votivgabe in einem See oder Tümpel geopfert zu werden.

Die Torques waren Embleme des Adels, der Götter und der Göttinnen, und ihre Magie spiegelt sich in den Handlungen der Gottheiten, die sie tragen. Der von ihnen ausgehende Zauber war nicht immer gutartig. Häufig war er mit Hexerei und Todesopfern verbunden. Dies bringt uns

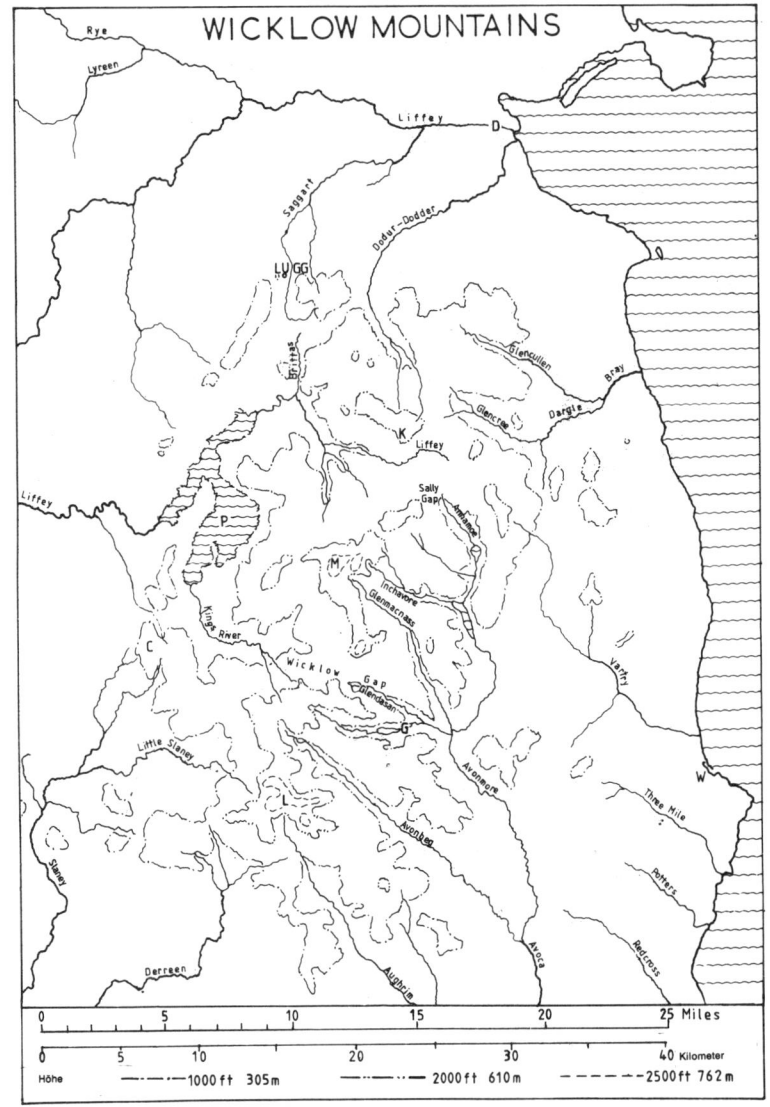

Die Wicklow Mountains. Die Karte entspricht dem gestrichelten Ausschnitt der Karte auf Seite 110. Die Buchstaben bezeichnen folgendes:

C – *Church Mountain, Sliabh Guth*
D – *Dublin, Dubh Linne*
G – *Glendalough*
K – *Kippure, 2.473 ft / 714 m über NN*
L – *Lugnaquilla Mountain, 3.089 ft. / 942 m*
M – *Mullachcleevaun, 2.783 ft / 848 m*
P – *Pollaphuca Reservoir, das einen Teil des Flusses Liffey aufnimmt*
W – *Hafen von Wicklow*

unversehens vom östlichen Ende der Goldroute auf Lovernios' Tod. Als wir die Torques vor dem Hintergrund seiner Opferung untersuchten, fanden wir ein seltsames und beunruhigendes Verbindungsglied.

Viele der Torques waren aus mehreren Strängen gedreht, und je eingehender wir diese betrachteten, desto mehr verblüffte uns ihre Ähnlichkeit mit den Schnüren einer *Schlinge*. Lovernios war wie der Tollund-Mann stranguliert worden. Seine Schlinge war sorgfältig aus Tiersehnen gedreht worden. Das Material könnte Hühnerdarm gewesen sein, obgleich wir meinen, daß es vom Fuchs stammte. Wie auch immer, es kam von einem heiligen Tier. Die Schlinge war doppelt gedreht und dreifach geknotet mit ungewöhnlich kurzen Enden, die sauber abgeschnitten waren. Die Ähnlichkeit zwischen Garrotte und Torque warf die Frage auf, ob der Torque möglicherweise ein sakrales Tötungsinstrument war, das Opfer also entweder daran aufgehängt oder das weiche Metall um seinen Hals zusammengedreht wurde, um ihm das Genick zu brechen. Die beiden Torques, die man im Heiligtum von Tara gefunden hatte, erhärteten unseren Verdacht, denn ihre offenen Enden zeigten eine ausgeprägte und vielleicht gewollte Ähnlichkeit mit den Enden einer Schnur.

Wenn Lovernios an einer zusammengedrehten Garrotte starb und er ein Fürst oder König war, wo war dann sein Torque? Sicher hätte er ihn im Augenblick seines Todes getragen oder wäre damit beigesetzt worden. Sein Körper war jedoch, als er entdeckt wurde, bis auf das Fuchsarmband nackt gewesen. Kein Kunstgegenstand – außer einem bisher nicht identifizierten, kleinen eisernen Gegenstand – wurde in seiner Nähe gefunden.

In der Umgebung von Lindow sind niemals Torques gefunden worden. Wenn wir das westliche Ende der Goldroute betrachteten, bot sich nur ein einziger Platz als wahrscheinlicher Ort für Votivopfer an. Er lag auf Anglesey in der Nähe von Holy Island und Caer Gybi. Falls Lovernios aus Irland kam, wie wir meinen, wäre er dort in der Nähe gelandet. Hier, dessen waren wir sicher, war der Ort, wo Lovernios' *via dolorosa* nach Lindow begann. Es war der ‚Platz der kleinen Steine', Llyn Cerrig Bach.

Der See der kleinen Steine

In den meisten Berichten über Suetonius' Feldzug und Boudicas Rebellion erscheint Anglesey lediglich als eine abgelegene Festung der Druiden, eine isolierte, wenn auch lästige Basis hinter den Bergen, die in erster Linie damit beschäftigt war, während der Romanisierung Britanniens für Unruhe zu sorgen. Wie konnte von einer so kleinen Insel wie Anglesey ein solcher Einfluß ausgehen?

Wir glauben, daß wir das Rätsel um Anglesey gelöst haben. Seine scheinbare Abgelegenheit ist eine Illusion. Die Insel war das lebenswichtige Verbindungsglied auf der Goldroute zwischen den Wicklow Mountains und dem östlichen Britannien. Unsere Überzeugung, daß Anglesey sehr viel mehr als eine isolierte Insel geweihter Haine war, gab den Ausschlag dafür, daß wir uns auf Lindow als heiligen Ort für die Opferung Lovernios' festlegten und auf Mancetter als Schauplatz der letzten, vernichtenden Entscheidungsschlacht.

Wenn Anglesey, das Mona der Druiden, den Schlüssel zum Verständnis der Ereignisse des schwarzen Jahres liefert, dann ist Llyn Cerrig Bach, der See der kleinen Steine, der Schlüssel zum Verständnis von Anglesey. Im vorigen Kapitel haben wir gesehen, daß Lovernios nur aus Irland gekommen sein und nur im Lindow-Moor gestorben sein kann. In Llyn Cerrig Bach verbinden sich diese beiden entscheidenden Komponenten des schwarzen Jahres.

Llyn Cerrig Bach, der See der kleinen Steine, ist selbst unter Archäologen kaum bekannt. Bücher über die Kelten erwähnen den Ort normalerweise nur im Rahmen einer Anekdote. Diese ist zwar eindrucksvoll genug, liefert aber lediglich einen schwachen Hinweis auf die Bedeutung des Ortes, soweit es um die Existenz der Goldroute und die führende Rolle Angleseys geht. Folgendes hatte sich zugetragen:

1942 begann die Royal Air Force (RAF) in Valley in der Nähe der Meeresenge, die Anglesey von Holy Island trennt, mit dem Bau eines Flugplatzes. Während der Erdarbeiten, zu denen auch die Trockenlegung eines Sumpfes gehörte, fand man ein paar massive Eisenketten. Man überließ sie den Traktorfahrern, die die festsitzenden Lastwagen aus dem Morast ziehen mußten. Durch puren Zufall wurde eine von ihnen als keltische Arbeit identifiziert. Es handelte sich um eine schwere Sklavenkette mit sechs Halsringen, die noch nach 2000 Jahren robust genug war, um bei dieser schweren Arbeit eingesetzt zu werden.

Trotz verzweifelter Bemühungen, in dieser Zeit des Zweiten Weltkrieges archäologische Fachleute zu finden, wurde nur ein Teil des Moores nach weiteren Spuren keltischer Handwerkskunst abgesucht. Insgesamt wurden dabei 138 Objekte gefunden, teilweise vollständig, teilweise als Fragment erhalten. Außerdem fand man große Mengen von Knochen, von denen aber nur wenige für archäologische Untersuchungen ausgesondert wurden. Die hastigen Ausgrabungsarbeiten wurden von Sir Cyril Fox beaufsichtigt, der den Versand der Fundstücke organisierte, die schließlich 1944 dem National Museum of Wales geschenkt wurden. Der Fundort wurde danach hermetisch abgeriegelt; weiter Ausgrabungen waren damit unmöglich.

Wahre Wunder keltischer Schmiedekunst, vor allem militärische Gegenstände, wurden bei Llyn Cerrig Bach entdeckt. Fox rekonstruierte aus den Überresten eines zweirädrigen Wagens, von denen etwa 40

identifiziert werden konnten, einen kompletten eisenrädrigen, korbge-
flochtenen keltischen Streitwagen. Seine Rekonstruktion ist zu Recht
berühmt, vermittelt aber nur einen ganz schwachen Eindruck von den
reichen Funden bei Llyn Cerrig Bach, zu denen Schwerter, Speere,
Dolche, Schilde, Wagengeschirre und -räder zählen.

Diese Horte deuten auf ein wichtiges Heiligtum, wo Kaufleute und
Gläubige nach der Landung ihre Gaben in Form von kostbaren Waffen,
vielleicht auch von Sklaven, den Göttern darbrachten. Fragmente von
Bronzekesseln sprechen für ein religiöses Zentrum, das erwiesenermaßen
stets zugleich dem keltischen Handel diente. Die bisher entdeckten
Stücke lassen den Schluß zu, daß der Reichtum von Llyn Cerrig Bach
insgesamt den von La Tène noch übertrifft. Das soll die Bedeutung des
schweizerischen Fundortes nicht herabsetzen. Viel wichtiger ist: Beide
Opferplätze liegen am Ufer eines Sees und gleichzeitig an einer wichtigen
Handelsstraße der keltischen Welt.

In Llyn Cerrig Bach wurde nichts gefunden, das einen römischen
Einfluß erkennen läßt. Alles deutet auf eine fortlaufende kulturelle
Entwicklung während der gesamten späten Eisenzeit, die mit der Plünderung von Mona und der bald darauf erfolgten Errichtung eines Römerla-
gers nahe Aberffraw jäh abbrach. Aber die Verbindungen zur übrigen
keltischen Welt sind ebenso stark wie die Glieder der berühmten Sklavenkette.

Die Sklavenkette schafft Verbindungen zum östlichen Ende der
Goldroute, wo weitere, wenn auch nicht ganz so schöne Exemplare
gefunden wurden. Die langen, todbringenden Speere, die man im Moor
gefunden hat, weisen große Ähnlichkeit mit den Waffen der Kelten von
Leinster in Irland auf. Der Name der Halbinsel Lleyn südlich von
Anglesey geht auf eine lange Tradition der Besiedlung durch Leute aus
Leinster zurück. So wird die Verbindung mit Irland vielfach bestätigt.
Viele der Wagengeschirre verknüpfen Llyn Cerrig Bach mit dem heuti-
gen Devon und Somerset; andere lassen den Einfluß von Yorkshire
erkennen, dem damaligen Reich der Parisi im Osten der Brigantian
Confederacy.

Sir Cyril Fox hat als erster das Bestehen der Handels- und Goldstraße von Irland bis nach Ost- und Südwest-Britannien anhand der in
Llyn Cerrig Bach entdeckten Funde nachgewiesen. Daß es sich bei
diesem Ort um ein reges Handelszentrum handelte, unterliegt keinem
Zweifel. So reich Anglesey auch gewesen sein mag, so ist es dennoch
undenkbar, daß diese winzige Insel eine adlige Bevölkerung besaß, die
so wohlhabend war, daß sie alle diese Opfer hätte allein aufbringen
können.

Die römischen Belege bezeugen, daß Anglesey mit Sicherheit eine
druidische Festung war; Suetonius' Meinung, daß die Insel nur die
Kornkammer des Widerstandes gewesen sei, darf man allerdings getrost

als eine gewaltige Unterschätzung ihres wahren Wohlstandes betrachten. Sie war ein bedeutendes Handelszentrum, das von den Druiden kontrolliert wurde.

Unsere Identifikation des schwarzen Jahres als Zeitpunkt für Lovernios' Tod brachte ihn zwangsläufig mit Anglesey in Verbindung. Sein makelloser Zustand sprach jedoch gegen die Annahme, er sei einer der Überlebenden des römischen Massakers gewesen oder habe der druidischen Nachhut angehört, die mit Caratacus in die Waliser Berge flüchtete.

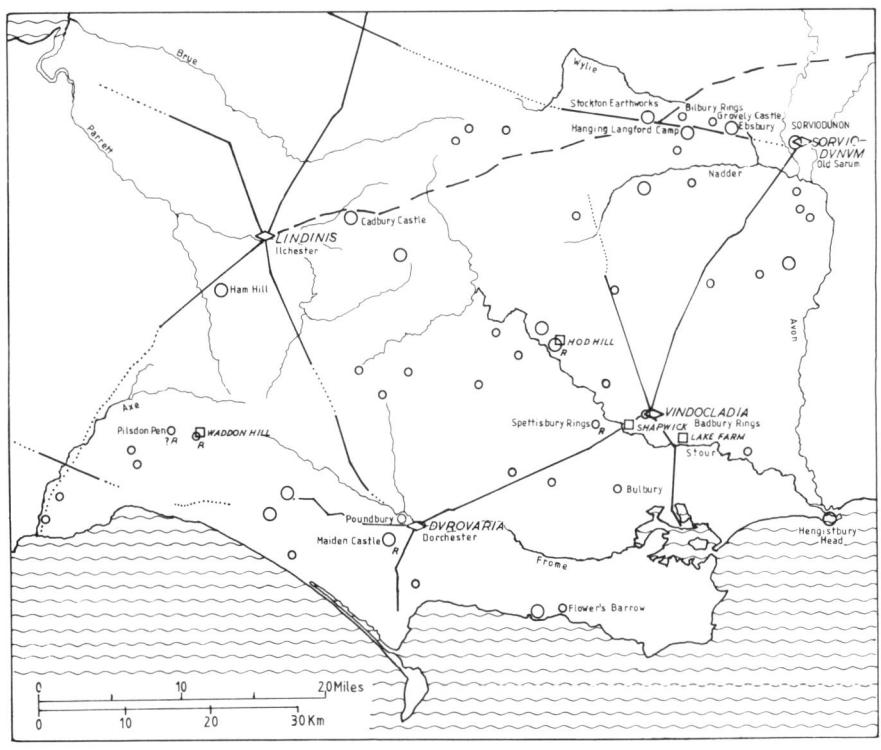

Das Gebiet der Durotriges

Deshalb waren wir von Anfang an der Meinung, daß er erst während der sich anbahnenden Katastrophe aus Irland herüberkam, aber wegen der römischen Seeblockade Anglesey nicht rechtzeitig erreichte, um an der rituellen Verfluchung der Römer an der Küste der Menai Straits teilnehmen zu können. Erst unmittelbar nach Suetonius' überstürztem Abzug landete Lovernios auf der Insel und sah die verbrannten Haine. Dann hörte er von dem Unheil, das Boudica bei Mancetter überwältigt hatte. So erfuhr er vom Untergang des Druidentums.

Wie dunkel würde die keltische Nacht werden? Und wie konnte das äußerste Unheil abgewendet werden? Lovernios Ankunft brachte die Lösung.

Der römische Vormarsch wird gestoppt

Versuchen wir einmal einen Augenblick lang, jenes finstere und alptraumartige Bild einer zusammenbrechenden Welt mit Lovernios' Augen zu sehen. Das südlich vom Dee gelegene Britannien war in römischer Hand. Nördlich des Mersey lag das abhängige Königreich Brigantia, schicksalhaft in das Netz römischer Intrigen verstrickt. Die Goldroute war nach Osten hin völlig verloren und der Reichtum der Iceni für immer in den römischen Schatzkammern verschwunden. Jenseits der Nordsee hatten die Römer ihre Grenze südlich des Rheins stabilisiert. In Dänemark gab es ein anderes ‚Gold‘ – Bernstein –, ein hochbezahlter Edelstein, auf den der klassische Süden ganz versessen war. Nur der Rhein lag noch zwischen den Römern und dieser reichen Beute. Was sollte die Legionen daran hindern, erneut gegen Germanien vorzustoßen, sobald Britannien unterworfen war?

Die keltische Welt in Mittel- und Südeuropa war von dem unaufhaltsamen Vormarsch des römischen Molochs überwältigt worden. Es hatte einmal eine Zeit gegeben, wo ein Kelte *auf der Handelsroute* von Stamm zu Stamm vom Schwarzen Meer nach Irland und von der Ostsee bis zum Mittelmeer reisen konnte, ohne ein einziges Mal keltisches Gebiet zu verlassen. Nun war fast alles vom aufsteigenden römischen Reich geschluckt worden. Im Osten war der Reichtum, den La Tène repräsentiert hatte, schon lange eine Beute der Römer geworden. Das berühmte Grab jenes reich gekleideten und ausgerüsteten Häuptlings bei Hochdorf, den man in chinesische Seide gewickelt hatte, zeugte von einem östlichen Gegenstück der Goldroute. Heute wissen wir, daß es die Seidenstraße war. Auch das alles war bereits vor dem römischen Angriff verlorengegangen und dem Reich einverleibt worden.

Alles, was übrigblieb und bleiben würde, ja, bleiben *mußte*, war Irland, die insula sacra. Aber die Gegenwart der Römer, die unwiderstehliche Macht ihrer Waffen, machte die schmale Meerenge zwischen Mona und der irischen Küste in dieser schwarzen Stunde zu einer weit schwächeren Barriere als den Rhein.

Was konnte die Römer daran hindern, Irland anzugreifen? Die Flüche der Druiden hatten sie an der Menai Straits nicht aufgehalten. Boudica war bei Mancetter vernichtend geschlagen worden; die wirtschaftliche Macht der Druiden war gebrochen.

Nun erkennen wir, warum Lovernios sich opfern wollte und geopfert

125

werden sollte. Sein Opfer sollte nicht allein die Götter besänftigen, sondern auch die Römer von Irland fernhalten. Er starb nackt, nur bekleidet mit dem seinen Rang anzeigenden Fuchsarmband, ebenso subtil gekennzeichnet wie Christus, der eine Generation zuvor unter Qualen am Kreuz gestorben war. Aber ein Symbol fehlte: Lovernios' ‚Dornenkrone'. Wo war sein Torque, das höchste Symbol für das Eins-sein von König und Druide?

Wir vermuten, daß Lovernios an der Küste von Mona landete, in der Nähe des Sees der kleinen Steine, wo den Göttern des Handels unter Anleitung der Druiden reiche Gaben dargebracht wurden. Als Lovernios mit seinem aus Druiden bestehenden Gefolge die Insel betrat, dürfte es für irgendeinen Zauber gegen die Römer bereits zu spät gewesen sein. Die gewöhnlichen Opfer waren nutzlos geworden. Die Haine waren gefällt, die Druiden niedergemetzelt worden. Ohne Zweifel bewachten Legionärseinheiten die Insel wie die Watling Street, während das Hauptheer die Entscheidungsschlacht mit Boudica suchte. Auch das Meer war in den Händen der Römer. Vor der Küste kreuzte Suetonius' Flotte.

Nichts hielt Lovernios auf Anglesey. Seine Heiligtümer waren zerstört; für das höchste Opfer war kein Platz mehr. Allein das Wasser von Llyn Cerrig Bach konnte noch die Symbole seiner Königswürde aufnehmen. Dort irgendwo, vielleicht in der Nähe des Landeplatzes der Römer, könnte sein schwerer Torque liegen, tordiert aus goldenen Strängen in Form einer heiligen Schlinge. Es war ein Symbol, nicht mehr, ähnlich einem Hufeisen über der Tür, das das Unheil fernhalten soll. Llyn Cerrig Bach, der See der kleinen Steine, war der Platz für das Symbol, nicht für das Opfer.

Lovernios verließ den heiligen See gramgebeugt und in aller Heimlichkeit wahrscheinlich bei Nacht und, wie wir meinen, auf dem Seeweg. Die Anwesenheit der Römer bestimmte Lindow, jene ungewöhnliche, vergessene Ecke von Cornovia, zu seiner letzten Ruhestätte. Erst Lovernios' Tod machte Lindow zu einem heiligen Ort und diese obskure Ecke Britanniens – und später Englands – zu einer fanatischen und bleibenden keltischen Enklave. Jetzt begreifen wir auch, warum sich hier die Legenden vom König im Erdreich, dem Druiden in der Höhle und dem unbezahlbaren Schimmel bewahrt haben: als ein Merkzeichen in der Erwartung des Tages seiner Entdeckung und der Entwirrung der goldenen Fäden seiner düsteren Geschichte.

Trotz ihrer Flotte und der Festigung ihrer Herrschaft über Britannien in den auf Lovernios' Tod folgenden Jahrzehnten betraten die Römer niemals irischen Boden und überschritten nie mehr den Rhein.

Die Folgen des gewaltsamen Todes

Was war nun das Ergebnis des gewaltsamen Todes des Lindow-Mannes? Was wurde aus seinem leidenschaftlichen Glauben an einen glücklichen Ausgang, ein Überleben und ein Wiedererstarken zur rechten Zeit?

Wir glauben, daß sein Opfer größere Folgen hatte, als er selbst sich dies in einer Zeit der Terrorherrschaft, Verzweiflung und des drohenden Untergangs erhofft hat. Sein Tod und sein plötzliches Wiedererscheinen nach etwa 2000 Jahren haben Augen und Phantasie der Welt auf sein Leben und seine Zeit gelenkt. Die Kelten und die europäische Eisenzeit sind in den Vordergrund des akademischen Interesses und der Forschung gerückt. Darüber hinaus sind die Druiden, die lange Zeit ein in Verruf geratenes Thema waren, heute zum Teil aufgrund unserer Ausführungen über Leben und Tod des Lindow-Mannes Gegenstand ernsthafter Untersuchungen und Diskussionen. Hier erweist sich ein überraschender Triumph des Lindow-Mannes.

Im gesamten Gebiet um das Lindow-Moor, allgemein in ganz Mittelengland, feiert man, wie wir gesehen haben, noch heute die alten Feste und bekennt sich nach wie vor zu den in der Erinnerung des Volkes bewahrten frühgeschichtlichen Mächten. Hier, im Herzen Englands, erlebt der Mensch noch am Ende des 20. Jahrhunderts trotz unseres gesamten technischen Fortschritts die tiefe, unbewußte Notwendigkeit, *Vorsorge zu treffen, zu bekennen* und *zu opfern*.

So seltsam anmutende Traditionen wie das Kappenspiel von Haxey, der Schwerttanz mit ritueller ‚Enthauptung' und das Schmücken von Quellen sind nichts anderes als die Reste frühgeschichtlichen Druidentums, die einem unterschwelligen Bedürfnis nach Reinigung und Versöhnung sowie der Hoffnung auf Erneuerung und Wiedergeburt durch die Hingabe des Blutes entgegenkommen.

Rätsel um die Priesterin im Moor

Das Lindow-Moor mag lange Zeit ein Ort abergläubischer Furcht gewesen sein, vielleicht sogar, bis ihm das besondere Opfer im schwarzen Jahr eine geheimnisvolle, düstere Heiligkeit verlieh.

Gibt es irgendwelche Hinweise auf weitere sakrale Opferungen im Moor? Ja, es gibt sie. Der Kopf der Lindow-Frau, der im Mai 1983 etwa 230 m von der Stelle entfernt gefunden wurde, wo der Druidenfürst − noch unentdeckt − im Torf ruhte, ist kürzlich mit Hilfe der Radiokarbonanalyse auf die letzten Jahre des 2. Jahrhunderts, etwa die Jahre 197−198 n. Chr., datiert worden. Warum könnte der Kopf einer Frau ausgerechnet hier im Torfmoor und gerade an dieser Stelle ‚geopfert' worden sein?

Wenig mehr als 20 Jahre nach Lovernios' Tod waren Britannien und Wales fest in römischer Hand, und Agricola rückte auf die Forth-Clyde-Linie vor. 84 n. Chr. besiegte er die schottischen Stämme am Mons Graupius. Aber Schottland kam nie wirklich zur Ruhe. 118 n. Chr. mußte ein Aufstand niedergeschlagen werden. 122 n. Chr. ließ Hadrian den Tyne-Solway-Wall errichten. Aber die nördlichen Stämme sorgten weiterhin für Schwierigkeiten. In den Jahren 139–142 n. Chr. rückten die Römer daher wieder nach Norden vor und errichteten zwischen Forth und Clyde entlang der von Agricola zuvor befestigten Linie den Antoninus-Wall. Zwischen 161 und 165 n. Chr. wurde der Wall jedoch geräumt. 30 Jahre später stand der Norden wieder in Flammen.

Der Hadrianswall wurde von den Maeatae angegriffen, die von den Picten, Scotti und anderen Stämmen unterstützt wurden. Nachdem sie die Forts praktisch verlassen vorfanden, zerstörten die Angreifer Tore und Wälle und schlugen bezeichnenderweise sämtlichen Statuen die Köpfe ab, bevor sie weiter nach Süden vorrückten. Plündernd und Brände legend drangen sie bis York und Chester vor.

Die heiligen Stätten der Kelten waren nie in Vergessenheit geraten. Die Erinnerung an jenes höchste Opfer wird in der Gegend um das Lindow-Moor noch frisch gewesen sein. Es war an einem düsteren Ort in dunkler Zeit dargebracht worden, aber dennoch zu einer Zeit, als die Befreiung von der Unterdrückung noch im Bereich des Möglichen lag. Jetzt, gut ein Jahrhundert später, näherten sich britische Stämme – vom Wunsch nach Freiheit erfüllt – auf ihrem Weg nach Chester (Deva) dem Legions-Fort an der Mündung des Dee am Rande des Lindow-Moores. Unterbrachen sie ihren Marsch, und brachten sie den Mächten des Lindow-Moores ein weiteres Opfer in Form eines Frauenkopfes dar, vielleicht den einer Priesterin oder Prophetin aus ihrer Mitte? Wer war diese Frau von etwas über dreißig Jahren, ein bezeichnendes Alter für einen Druiden: eine Druidin, eine Fürstin, eine Gefangene? Wurde sie im fahlen Licht des Vollmondes von den Druiden der schottischen Armee geopfert? Wo wurde ihr Körper beigesetzt? Noch immer bewahrt das Lindow-Moor seine Geheimnisse.

Epilog

Das dreifache Echo

Lindow Moss ist ein geheimnisvoller Ort. Noch heute sind die zerklüfteten Felsen und steinigen Heideflächen, die das Ödland umgeben, von seltsamen Mächten und bösen Geistern bewohnt. Erinnerungen an die alten Götter beunruhigen noch immer die Gemüter derjenigen, die ihr Weg in das Innere dieser einsamen Landschaft führt. Jene, die am Rand von Lindow leben, warnen nach wie vor ihre Kinder vor Wassergeistern, trügerischen Tümpeln und moorigen Löchern. War dies immer so? Wurden bereits in frühester Zeit menschliche Opfer im Lindow-Moor zur letzten Ruhe gebettet, bevor der Lindow-Mann hier seinen Tod fand?

Im Winter 1987 wurde aus demselben Teil des Cheshire-Torfmoores ein zweiter unbekleideter Körper geborgen. Er war nur in Bruchstücken erhalten, aber der gepflegte Zustand seiner Hand deutete wiederum auf einen gehobenen sozialen Status. Die Umstände sprechen auch hier für einen sakralen Tod. Wissenschaftler und forensische Experten haben die gesammelten Überreste seither eingehend untersucht und, wenn das Bild heute auch noch nicht vollständig ist, doch bereits einige Einzelheiten festgestellt. Der Körper ist der eines jungen Mannes von etwa 25 Jahren. Seinen Kopf hat man nicht gefunden. Der Kopf des Lindow-Mannes II mag in der Nähe seines Körpers beigesetzt worden sein. Möglicherweise wurde er aber auch einer mächtigen Gottheit in einem anderen Teil des Moores geopfert. Wie in Lovernios' Fall zeigte auch seine Wirbelsäule Anzeichen einer leichten Osteo-Arthritis. Von speziellem Interesse ist das Vorhandensein eines zusätzlichen, unentwickelten Fingers unmittelbar unterhalb des Daumens. Schon dies allein könnte zu abergläubischen Mutmaßungen Anlaß gegeben und dem Mann von Geburt an innerhalb seines Stammes eine Sonderstellung eingeräumt haben. Auf gallisch-römischen Altären dargestellte Gottheiten haben gelegentlich einen zusätzlichen Finger an ihrer gespreizten Hand. Keltische Bräuche und Glaubensvorstellungen in Verbindung mit Händen sind Legende. Hat die einzigartige Form seiner Hand den jungen Mann zum Druiden bestimmt?

Ein großer Teil seiner Eingeweide wurde aus dem Torf geborgen. Sie enthielten sehr viel mehr Nahrungsreste als die Lovernios'. Sie werden derzeit noch analysiert. Das Ergebnis wird mit Spannung erwartet. Wird man wiederum Spuren von geschwärztem Bannock finden? Manchmal fanden zu Beltain bis zu drei Opfer gleichzeitig statt. Wird es einen Hinweis geben, daß auch in diesem Fall die Mistel eine Rolle bei der Zeremonie gespielt hat? Vielleicht wird man Spuren eines alkoholischen Getränkes entdecken, das mit dem letzten Mahl konsumiert wurde.

Aber Lovernios' Geschichte ist noch nicht zu Ende: Am 14. Juni 1988 wurden im Moor ein linkes Knie und ein großes Stück Haut gefunden, von denen man annimmt, daß sie ebenfalls zu seinem Körper gehören. Bei der Haut handelt es sich um die Hälfte der rechten und die gesamte linke Hinterbacke sowie den After mit möglicherweise ein paar Schamhaaren. Von den Genitalien ist nichts erhalten. Im September 1988 wurde ein Teil eines Oberschenkels gefunden. Nach diesen Funden scheint es wahrscheinlich, daß Lovernios' Körper vollständig war, als er dem Moor übergeben wurde, vielleicht bis auf seine Genitalien. Diese mögen zu irgendeinem Zeitpunkt des sakralen Aktes entfernt worden sein, möglicherweise, nachdem er den ‚Gnadenstoß' empfangen hatte. Aber das werden wir kaum jemals mit Sicherheit wissen. Jedoch scheinen die Kelten zu keinem Zeitpunkt ihrer Geschichte ein besonderes erotisches Interesse entwickelt zu haben. Die keltische Kunst ist ebenso wie die volkstümliche Überlieferung völlig unerotisch. Die Genitalien beider Geschlechter waren unzweifelhaft Symbole der Fruchtbarkeit. Aber es sieht so aus, als beruhe ihre große Bedeutung für die keltische Kunst, den Gottesdienst und das Brauchtum auf ihrer Verbindung zum Übernatürlichen und ihrer allseits verehrten Macht, Böses abzuwehren. Wenn man daher annimmt, daß Lovernios zu irgendeinem Zeitpunkt der dramatischen Zelebrierung seines Todes tatsächlich entmannt wurde, könnte man sehr wohl daraus folgern, daß seine Geschlechtsorgane der Erdgöttin geopfert wurden: Anu, Brigantia oder Arnemetia, einer Wassergöttin.

Das Lindow-Moor bewacht seine Geheimnisse sehr sorgfältig. Aber jene, die wir enträtseln konnten, sprechen für die Wahrheit vieler alter Überlieferungen.

Wir haben einen Blick auf Avalon getan und einen kleinen Eindruck vom dunklen Inneren der heidnischen keltischen ‚anderen Welt' gewonnen.

Anhang I

Die Druiden

Die keltische Welt stellt sich – damals wie heute – als eine Vielzahl von Stämmen dar, die alle die gleiche Sprache sprechen und die gleiche kulturelle Tradition haben, aber augenscheinlich keinen gemeinsamen ethnischen Ursprung. Als die klassischen Kommentatoren etwa um das Jahr 600 v. Chr. das erste Mal von ihnen Notiz nahmen, hatten die Kelten bereits ihre charakteristische Eigenart entwickelt und siedelten fast überall in Europa. Sie betrachteten sich als Nation oder Nationen und bildeten trotz geographisch und klimatisch bedingter Unterschiede und trotz endloser gegenseitiger Streitigkeiten eine Einheit.

Worauf beruhte diese Einheit? Gab es irgendeine höchste Zentralgewalt, die die Politik bestimmte und die verschiedenartigen Stammeshierarchien kontrollierte? Diese Frage muß verneint werden: Jeder Stamm hatte seinen eigenen König oder Häuptling bzw. gegen Ende der keltischen Freiheitsperiode einen oder zwei Magistrate, aber es gab keinen keltischen Herrscher und kein keltisches Reich. Wie konnte eine so bemerkenswerte Homogenität dann erreicht werden? Wer überwachte sie, und wie wurde ihr Fortbestand gesichert?

Die dreifache Ordnung

Die Antwort auf diese Fragen liefert uns den Schlüssel zum Verständnis der frühen keltischen Welt. Die Einheit der keltischen Gemeinschaft und die oberste Kontrolle lag in den Händen der ‚Männer der Weisheit‘, einem Triumvirat erfahrener Männer, an deren Spitze überall die Druiden standen, die weit mehr waren als nur Priester. Sie waren Staatsmänner, die über die Krieger geboten und über diese die Stämme beherrschten. Sie wußten um die Geheimnisse der keltischen Seele, ihr Schicksal in

131

Vergangenheit und Zukunft, in diesem Leben wie im nächsten. Innerhalb der Priesterschaft gab es drei Ränge, deren Namen uns von den klassischen Autoren, aber auch von den Kelten selbst überliefert worden sind. In Gallien hießen sie *Druids, Vates* und *Bards,* in Irland und Britannien *Druidh, Filidh* und *Baird.*

Die keltische Vorliebe für die Zahl Drei ist durch zahllose Gegenstände und literarische Zeugnisse belegt. Nirgends kommt dies schöner zum Ausdruck als in diesem Triquetrum, einem durchbrochenen Bronzeornament, das mit drei Löchern versehen ist, um es auf einer Radfelge befestigen zu können. Es stammt aus CARNUNTUM, PANNONIA, einer römischen Militärbasis und Gouverneursresidenz, 32 Kilometer östlich von Wien am rechten Ufer der Donau.

Die Druiden besaßen eine die Stammesgrenzen überschreitende, ja, alle Stämme umfassende Macht und Autorität, aber sie waren nicht allmächtig. Barden und Vates hatten ebenfalls religiöse Aufgaben zu erfüllen. Es scheint so, als hätten die Vates die Opfer ausgeführt, bei denen die Druiden jedoch anwesend sein mußten, denn kein Opfer konnte ohne die Sanktion und Autorität eines Oberpriesters vorgenommen werden.

Die klassischen Kommentare über die Druiden sind oft abgetan worden; als Grund hierfür wird angeführt, daß sie aus zweiter Hand stammten, auf Vorurteilen beruhten oder als politische Propaganda einzustufen seien, die den Feind herabsetzt, um die eigene, d. h. römische Überlegenheit herauszustreichen. Wir meinen jedoch, daß diese frühen Berichte es verdienen, im Hinblick auf die jüngsten archäologischen Funde und unsere Analyse des Lindow-Mannes einer erneuten Prüfung unterzogen zu werden.

An erster Stelle steht hier das Zeugnis Julius Cäsars, denn Cäsar war nicht nur Soldat und Staatsmann, sondern auch Priester des römischen Staatskultes und somit intensiv mit religiösen Angelegenheiten befaßt. Das Druidentum und seine Bedeutung für die keltische Gesellschaft hat ihn daher interessiert. Mehr noch, er war mit dem pro-römischen Druiden Diviciacus befreundet und kannte sich in der Glaubenswelt der Druiden gut aus, insbesondere was ihre Götter und ihre Vorstellungen vom Leben nach dem Tode betraf. Cäsar berichtete in seinem Gallischen Krieg, daß die Gallier ihre niederen Bevölkerungsschichten fast wie Sklaven behandelt hätten. Die beiden Klassen, die gezählt hätten, seien die Druiden und die Krieger gewesen. Aufgabe der Druiden sei es gewesen, den Gottesdienst abzuhalten, die angemessenen privaten und öffentlichen Opfer darzubringen, über rituelle Fragen zu entscheiden, Streitigkeiten zu schlichten und jene zu bestrafen, die sich ihren Entscheidungen widersetzten. Cäsar behauptet, daß die Herrschaft der Druiden sich von Britannien aus entwickelt habe und daß Britannien noch immer das Zentrum des Druidentums sei.

Die Druiden gaben ihr geheimes Wissen mündlich an ihre Gehilfen weiter. Sie sangen ihren Schülern die Lektionen vor, die diese so lange wiederholten, bis sie sie auswendig konnten. In ihrer Funktion als Friedensstifter bestimmten die Druiden die Höhe des an den Geschädigten zu leistenden Schadensersatzes. In Fragen der Nachfolge gab ihre Stimme den Ausschlag, wie frühe mundartliche Überlieferungen in Irland zeigen. Ständige Grenzstreitereien machten ein Eingreifen der Druiden erforderlich. In Gallien wurden diejenigen, die sich ihrer Entscheidung widersetzten, aus dem Stamm oder der weiteren Gemeinschaft ausgeschlossen. Bei Cäsar finden sich Hinweise, daß sie sogar Gefahr liefen, geopfert zu werden – als brennende Fackeln zu Beltain.

Die Ordnung der Druiden

Irland wurde niemals von den Römern erobert. Es ist deshalb der ideale Boden, um Nachforschungen über die Druiden anzustellen. Die vorhandenen Zeugnisse deuten darauf hin, daß Religion und Organisation der Druiden in Irland, Britannien und Gallien, ja wahrscheinlich in der gesamten keltischen Welt gleich waren. Ihre stammesübergreifenden Versammlungen hielten sie an mehreren Orten ab, wobei die wichtigsten ‚geheiligt' waren. Hier versammelten sich die Kelten aus allen Teilen der Insel. Wir können sicher sein, daß es in Britannien nicht anders war. Diese Versammlungen kümmerten sich nicht um Stammesgrenzen; sie betrafen das ganze Land. Irland war in fünf Distrikte oder Gemeinden aufgeteilt, die untereinander selbständig, aber durch die großen nationalen Feste und Versammlungen geeint waren. Hier spielten die Druiden ihre entscheidende Rolle. Das Druidentum verband die verschiedenartigen keltischen Stämme zu dem für sie charakteristischen und dauerhaften Ganzen; ethnische oder historische Faktoren spielten dabei kaum eine Rolle.

Die großen Versammlungszentren in Irland waren in Carman, in der Ebene Curragh of Kildare, in Uisnech, dem heutigen Westmeath, von dem man annimmt, daß es das Zentrum des Landes war, sowie in Tailtin, Tlachtga und Tara, die alle dicht beieinander in der Grafschaft Meath liegen. Die Zusammenkünfte fanden an für das bäuerliche Jahr wichtigen Tagen statt: *Beltain,* 1. Mai, Beginn des Sommers, *Lughnasa,* 1. August, Beginn des Herbstes, und *Samain,* 1. November, Beginn des Winters. Beltain feierte man in Uisnech, Lughnasa in Tailtin und Carman, und in Tlachtga und Tara traf man sich zu Samain. Manche Versammlungen wurden jährlich, andere alle drei Jahre abgehalten. Es ist anzunehmen, daß die nur alle drei Jahre stattfindenden Feste besonders prunkvoll waren.

Kontinentale wie irische Druiden beanspruchten den Vorrang vor den Königen, sofern sie nicht ohnehin beide Ämter innehatten. Sie bezeichneten sich als ‚Schöpfer des Universums', ein Titel, in dem ihr ausgeprägtes Selbstwertgefühl zum Ausdruck kommt. Offensichtlich betrachteten sie sich als Inkarnation der Götter. In Irland unternahm ein König nichts ohne seine Druiden. Hier wie in Britannien muß es heilige Plätze gegeben haben, an denen regelmäßig nationale Versammlungen stattfanden. Mona (Anglesey), das 60 n. Chr. von den Römern zerstört wurde, könnte ein solcher Ort gewesen sein, wo irische und britische Druiden ihre gemeinsamen Treffen abhielten.

Es gibt zahlreiche Zeugnisse, die Cäsars Behauptung stützen, daß das Druidentum seinen Ausgang von den Britischen Inseln genommen hat. Irland war den klassischen Autoren als *insula sacra,* heilige Insel, bekannt. Hier wurde das Druidentum praktiziert, bis das aufkommende

Christentum dieser frühgeschichtlichen heidnischen Religion ein Ende bereitete. Auch in Britannien haben wahrscheinlich einheimische Priester einen Druidenkult – zumindest in einer für Rom akzeptablen Form – aufrechterhalten. In abgelegenen Gegenden wie den Midland Glades, den Bergen von Wales und Cumberland, im schottischen Hochland und auf den von Dämonen heimgesuchten Hebriden wird sich das Druidentum in seiner ursprünglichen Form ebenfalls gehalten haben.

Heilige Haine und Inseln

Für die Kelten scheinen Inseln heilige Orte gewesen zu sein. Ohne Zweifel galt ihnen Mona als ganz besonders heilig. Die Insel Man, die dem Meeresgott Manannan geweiht war, muß eine ähnliche Bedeutung gehabt haben. Eine Steinplatte, die dort im letzten Jahrhundert gefunden wurde, trägt eine Inschrift in keltischer Ogam-Schrift, die in der Übersetzung lautet: „Der Stein des Dovaidona, Sohn des Druiden". Damit ist bewiesen, daß es bis ins 5./6. Jahrhundert hinein auf der Insel Man Druiden gegeben hat. Wahrscheinlich haben viele der kleinen Inseln, die in heidnischer Zeit als heilig galten, diesen Status auch während der Christianisierung behalten. Die Tatsache, daß die drei Söhne des im 5. Jahrhundert in Nordirland regierenden Königs Eric auf Iona beigesetzt wurden, scheint zu belegen, daß es hier vor der Ankunft Kolumbans einen heidnischen königlichen Begräbnisplatz gab. Oran, ein Mitbruder Kolumbans, scheint geopfert worden zu sein, als man die Fundamente für das dortige Kloster legte. Vielleicht geschah dies, um die heidnischen Geister günstig zu stimmen, die noch immer die Insel bewohnten.

Eine walisische Legende erzählt, daß die Druiden ein ähnliches Opfer während des Baues von Vortigerns Castle empfahlen. Der Bau kam nicht voran, weil die Steine, kaum daß sie gelegt waren, wieder verschwanden. Die Druiden ordneten an, daß ein Kind, das ohne Vater sei, geopfert werden und sein Blut auf den Bauplatz gesprengt werden solle, um ihn zu entsühnen. Plinius berichtet, daß das Töten eines Menschen bei den Briten ein hochreligiöser Akt war und das Verzehren seines Fleisches als ‚heilsame Medizin' galt. Der römische Historiker Diodorus Siculus stellt fest, daß die Iren ihre Feinde verzehrten, und der griechische Historiker und Reisende Pausanias erzählte, daß die keltischen Galater das Fleisch von Kindern aßen und ihr Blut tranken. Solinus berichtet von der irischen Tradition, sich mit dem Blut der Erschlagenen das Gesicht zu waschen und es zu trinken. Auch das Blut verstorbener Verwandter wurde von den Iren getrunken, ein Brauch, der bis ins 16. Jahrhundert praktiziert wurde. Blutsbrüderschaft war auf den Hebriden noch bis in die jüngste Zeit üblich. Dies alles waren zweifellos rituale

Akte, die druidischen Einfluß erkennen lassen. Cäsars Meinung, daß die Wurzeln des Druidentums in Britannien lagen, läßt uns unmittelbar an die eindrucksvollen prähistorischen Monumente denken, die ganz eindeutig zeremonieller und ritueller Natur sind und die eher *nationale* als *Stammes*bedeutung hatten. Die Möglichkeit, daß hier eine Verbindung zu den Druiden besteht, kann nicht leichthin abgetan werden, obgleich sich seit vielen Jahren kein ernst zu nehmender Wissenschaftler mehr mit dieser Frage beschäftigt hat. Das Thema war durch die starke Voreingenommenheit der Altertumsforscher gegenüber Stonehenge und durch pseudo-druidische Aktivitäten in Verruf geraten. Wir wollen uns nicht der Meinung derer anschließen, die behaupten, daß die Druiden Stonehenge *gebaut* hätten; wir meinen lediglich, daß sie es *benutzt* haben könnten. Es gibt reichlich Beweise, daß die Druiden ihre Zeremonien in steinzeitlichen Grabkammern und Steinzirkeln abhielten.

Es ist wahrscheinlich, daß Plätze wie Pilsdon Pen in Dorset, Navan Fort (Emain Macha) in der Grafschaft Armagh und die zahlreichen ‚Herbergen‘ (*bruiden*), die in der frühen irischen Literatur erwähnt werden, vielen Schülern der Druiden in keltischen Gebieten als Unterkunft dienten. Möglicherweise sind sie die Vorläufer jener zahlreichen und mehrfach bezeugten Schulen des mittelalterlichen Irlands, die den Scholaren freie Kost, Unterkunft und Lehrbücher zur Verfügung stellten, die – nach der Plünderung Roms durch den Westgoten Alarich im Jahre 410 n. Chr. – aus Kontinentaleuropa und Britannien flohen.

Die Druiden leisteten keinen Militärdienst und zahlten keine Kriegssteuern. Diese Privilegien veranlaßten laut Cäsar viele junge Männer, in die Druidenschulen einzutreten, wo sie bis zu 20 Jahre lang Verse auswendig lernten. Die Schrift benutzten die Druiden nur für private und öffentliche Abrechnungen und im Handelsverkehr. Sie taten dies, so Cäsar, um ihre Verse geheimzuhalten und das Gedächtnis zu schulen.

Der druidische Glaube

Wichtigste Doktrin ihres Glaubens war, so erzählt Cäsar, daß sie annahmen, ihre Seele gehe nach dem Tod auf einen anderen über; daher rührte auch ihre Unerschrockenheit im Kampf. Es gibt in der Tat überzeugende Beweise dafür, daß die Kelten nicht nur an ein Weiterleben nach dem Tode glaubten, sondern auch an eine Wiedergeburt als Mensch oder Tier. Verworrene und phantastische Geschichten über solche Reinkarnationen sind für die keltische Mythologie charakteristisch. Die Zauberstiere in der irischen Prosadichtung *Táin Bó Cúalnge*, ‚Der Rinderraub von Cooley‘, besaßen einen menschlichen Verstand, da sie von zwei Schweinehirten des Lords ‚der anderen Welt‘ abstammten. Sie durchliefen zahlreiche Metamorphosen, wurden zu Raben, Hirschen, Kriegern, Seeungeheuern, Dämonen und Meereswürmern. Es besteht kaum ein Zweifel, daß die Legende vom ‚braunen Stier‘ (oder ‚edlen Stier‘) von Cúalnge nahe verwandt oder vielleicht identisch ist mit dem Tarvos Trigaranus der gallischen Überlieferung. Ohne Frage stellt auch das Töten des Zauberstieres, wie es auf dem Boden des Silberkessels von Gundestrup abgebildet ist, auf dessen druidische Bedeutung wir bereits ausführlich in Kapitel 5 eingegangen sind, eine weitere Reflexion der keltischen Jagd auf die göttlichen Stiere dar.

Alle Quellen – die Archäologie, die Berichte der Klassiker und die Überlieferungen – untermauern Cäsars Behauptung. Die verschwenderischen Grabbeigaben, die Ausstattung für die Reise und für das Festmahl in der anderen Welt, das den Reisenden jenseits des Grabes erwartete, die auserlesenen Festspeisen einschließlich Schweinekeulen und großen Kesseln mit berauschendem Met und Bier, übermitteln eine eindeutige Botschaft.

Die Kelten fürchteten den Tod nicht. Diese Haltung war jedoch weder Ausdruck von Lebensverachtung noch von verwegener Tollkühnheit; sie entsprang vielmehr einem tiefen und von alters her ererbten Glauben, den die Druiden seit zahllosen Generationen gelehrt hatten. Das Rezitieren der Ahnenreihe, der Gräberkult (viele der jährlichen Versammlungen wurden an Begräbnisstätten abgehalten, einschließlich der rätselhaften Ganggräber, die man überall in Irland findet) und der Glaube an das nahezu untrennbare Verwobensein der geistigen und irdischen Welten, dies alles spiegelt eine sehr alte, ja urkeltische Einstellung wider und deutet ganz klar auf die archaische Natur des Druidentums hin.

Das Leben nach dem Tod wurde als eine Verlängerung der irdischen Existenz betrachtet mit denselben Annehmlichkeiten wie in dieser Welt, nur intensivierter. Sogar der Kampf war erlaubt – obgleich die Krieger nach druidischem Glauben meist am Leben blieben, um erneut ins Gefecht zu ziehen –, und das für das Festmahl geschlachtete Schwein wurde wieder lebendig und konnte am folgenden Tag erneut verzehrt werden. Es war ein Ort, wohin die Sterblichen gehen, und von dem die Unsterblichen in das Reich der Lebenden zurückkehren konnten.

Irische und walisische Überlieferungen beziehen sich ständig auf die druidische Vorstellung von einer glücklichen ‚anderen Welt‘, einem Land oder einer Insel andauernder Jugend und Freude. Alle diese Vergnügungen galten aber wahrscheinlich nur für die privilegierte Oberschicht; das Volk wird in den Überlieferungen kaum erwähnt. Die Helden stammten von Göttern ab. Von König Conchobar von Ulster erzählt die Legende, daß er als Reinkarnation eines Flußgottes geboren wurde, nachdem seine Mutter mit einem Schluck Flußwasser zwei Würmer hinuntergeschluckt hatte. Und die Mutter des Helden Conall Cernach war unfruchtbar, bis

ein Druide über einer Quelle, in der sie badete, die richtigen Zauber-
worte sang.

Die Beschwörungen der Druiden bringen mit Hilfe gleichzeitig ins
Wasser gestreuter Mistelzweige Leben hervor. Dieser Glaube kommt
auch im Opfer des jungen Druiden im Lindow-Moor zum Ausdruck: die
lebensspendende Kraft des Tümpels, die Zaubermistel mit ihren frucht-

ESUS *fällt einen Baum. Abbildung auf einem von zwei Quadern — ursprünglich wahrscheinlich Teil eines Altars —, den man 1711 bei Ausgrabungsarbeiten im Chor der Kathedrale Nôtre-Dame in Paris/Frankreich fand.*

TARVOS TRIGARANUS, *der Stier mit den drei Kranichen, der auf einer anderen Tafel zu sehen ist. Die übrigen Seiten zeigen Abbildungen von JOVIS und VOLCANUS.*

baren Pollen und die Zaubersprüche und Gesänge der amtierenden Druiden, alles dies bietet dem Sterbenden die Gewähr für ein ewiges Leben zu noch größerem Ruhm seines Stammes.

Wissen und Macht der Druiden

Cäsar berichtet, die Druiden hätten Kenntnisse in Astronomie und Astrologie besessen. Der Coligny-Kalender läßt mit Sicherheit astronomisches Wissen erkennen, und neben anderen Quellen beweist er, daß Cäsars Bemerkung wohlbegründet ist. Die Druiden nahmen für sich in Anspruch, das Universum geschaffen zu haben, und lehrten, daß die Welt unzerstörbar sei, daß aber sowohl Feuer wie Wasser irgendwann die Oberhand gewinnen würden. Ebenso wie die Welt wurden auch die Seelen der Menschen für unvergänglich gehalten. Und auch in der ‚anderen Welt‘ waren die Seelen von einem Körper umgeben. Die Lehre der Druiden war ein streng gehütetes Geheimnis. Für Griechen und Römer war es deshalb schwierig, das wenige, das sie von dieser Lehre erfuhren, voll zu begreifen, und noch schwieriger, es objektiv zu werten. Es ist deshalb um so bemerkenswerter, daß sich die klassischen Berichte weitgehend mit den Erkenntnissen der Archäologie decken.

Alle Quellen bezeugen Cäsars Feststellung, daß die Gallier und Kelten sehr religiös waren, und sie bestätigen, was er über ihre Vorliebe für Menschenopfer berichtet. Die Kelten kannten sowohl das private wie das vor einer großen Menge zelebrierte Opfer. Sie kannten die Todesstrafe, funktionierten sie aber in eine religiöse Handlung um und machten aus der Hinrichtung eine Opferung. Aber auch Unschuldige wurden geopfert, und nach einer verlorenen Schlacht brachte sich ein großer Heerführer eigenhändig den Göttern dar. Gelegentlich haben die Kelten ihre Waffen gegen sich selbst gerichtet, um durch das eigene Opfer ihre Genossen aus einer Gefahr zu retten. Opfer wurden ferner dargebracht, um den Sieg in der Schlacht zu erflehen; sobald der Kampf gewonnen war, erhielten die Götter ihre Dankopfer. Die Gefangenen wurden den Göttern bereits vor der Schlacht versprochen und konnten aus diesem Grund später weder verkauft noch freigelassen werden. Sie mußten geopfert werden. Darüber hinaus verlangte auch der Gott des Mehltaus und der Mißernte sein Menschenopfer.

Jedes Verbrechen, besonders wenn es ein König beging, konnte Krankheiten auslösen und die Vegetation beeinträchtigen. In einem irischen Märchen verkündeten die Druiden, das einzige Heilmittel hiergegen sei, den Sohn eines unschuldigen Ehepaares zu opfern und Türpfo-

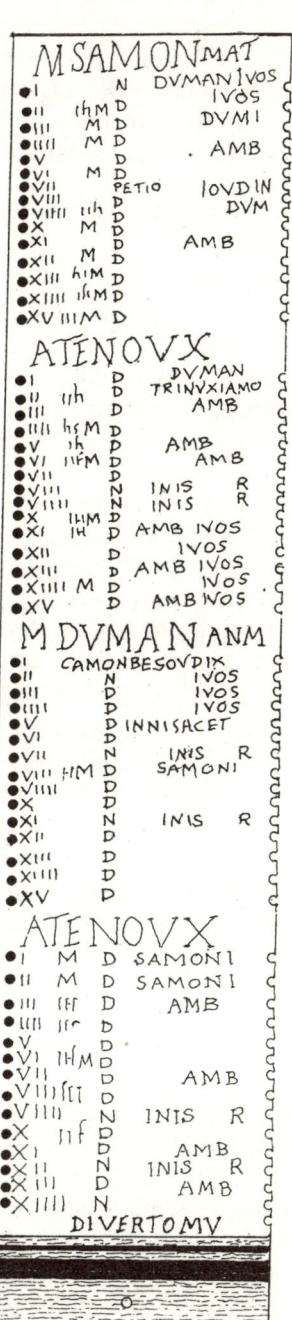

Zwei Monate aus dem Coligny-Kalender

sten und Erde mit seinem Blut zu besprengen. In den ‚*Dindshenchas*‘, den ‚Geschichten über berühmte Plätze‘, die uns in einer Handschrift aus dem 12. Jahrhundert überliefert sind, wird von Menschenopfern für Crom Gruaich berichtet. Auch bei Grundsteinlegungen war das Opfer Unschuldiger erforderlich. So wurde bei der Gründung eines großen heiligen Bauwerkes oder Heiligtums in Emain Macha ein Mensch geopfert.

Die Männer der Wissenschaft

Ahnenverehrung und Totenkult der Kelten sind durch zahlreiche Beispiele belegt. Selbst in jüngster Zeit sind Archäologen in keltischen Gegenden aus abergläubischer Abneigung gegen die Störung der Totenruhe ernsthaft behindert worden, in einigen Fällen auf ziemlich handgreifliche Art. Dies hat sich gelegentlich als Segen erwiesen, weil dadurch wertvolle Fundorte vor Ausgrabungen durch Amateure geschützt wurden. Irische Könige wurden häufig an den Begräbnisplätzen ihrer Vorfahren in ihr Amt eingesetzt, und die irischen Ganggräber wurden in enge Verbindung mit den Göttern gebracht.

In Irland wurden die großen Feste zu Ehren eines verstorbenen Vorfahren oder einer Gottheit gefeiert; sie fanden auf dem Begräbnisplatz statt. So war der Vorabend der Samain-Feier allein der Erinnerung an die Toten geweiht; aber auch zu Lughnasa, dem Fest der Fruchtbarkeit, wurde ihrer gedacht.

Bestimmte menschliche Opfer verkörperten die Geister der Fruchtbarkeit, worauf auch die Beimischung von Mistel unter die letzte Mahlzeit oder den letzten Trank des Lindow-Mannes hinweist, wobei hier Fruchtbarkeit mit dem Wohlergehen des Volkes gleichgesetzt wird. Am Vorabend des Samain-Festes war es überall in der keltischen Welt üblich, den Toten, die in dieser Nacht umgingen, in die Häuser kamen und sich mit an die Feuerstelle setzten, Nahrung hinzustellen. Dieser Brauch hat sich bis in unser Jahrhundert erhalten. Die Toten galten allerdings keineswegs als freundlich, sondern wurden oft für Gauner und böse Mächte der Finsternis gehalten, ähnlich den Feen, von denen man umgekehrt glaubte, sie seien die Seelen von Verstorbenen.

Die Götter Donn, Sucellos und Cernunnos stellten neben anderen das keltische Äquivalent zu Dis, dem Vater, dar; die weite Verbreitung dieses Kultes bestätigt die Wahrheit von Cäsars Aussage, daß die Kelten an eine göttliche Abstammung glaubten, ein *Credo*, das von den Druiden selbst gelehrt und von Generation zu Generation weitergegeben wurde.

Das Druidentum muß bereits im 4. Jahrhundert v. Chr. oder sogar

Bronze-Figurine eines bartlosen Sucellos, bei der der Hammer fehlt. Sie wurde im 18. Jahrhundert auf der Insel Fünen/Dänemark gefunden.

noch früher bestanden haben, da die Druiden schon von Aristoteles erwähnt werden. Woher sie kamen, ist unbekannt; dagegen gibt es auf die Komplexität und philosophische Natur ihrer Lehre zahlreiche Hinweise. Der Hang zum Grübeln und die Tendenz, geistiges Streben höher zu bewerten als weltliches, ist bis heute charakteristisch für die Lebenseinstellung der Kelten. Diogenes Laertius, der im 3. Jahrhundert v. Chr. lebte und ein Werk über das Leben der Philosophen schrieb, stellt fest, daß die Philosophie von vielen für eine Erfindung der Barbaren gehalten wurde. Die indischen Digambaras (Jainas) und die Druiden „äußern sich in Rätseln und geheimnisvollen Reden und lehren, daß man die Götter verehren, nichts Böses tun und sich mannhaft zeigen muß".

Diese Werte – die Beachtung des ordnungsgemäßen Gottesdienstes, Gerechtigkeit und Tapferkeit – entsprechen dem Ritterkodex des christlichen Mittelalters. Und die frühe mundartliche Überlieferung unterstützt dies in überraschenden Einzelheiten. Da die heilige Lehre mündlich weitergegeben wurde, spielten Gedächtnishilfen eine wichtige Rolle, um den Studenten beim Memorieren des gewaltigen Materials zu helfen und sie zu befähigen, es zur gegebenen Zeit an die nächste Generation weiterzugeben. Versmaß und komplizierte Reime, die für die frühe Dichtung der Barden so charakteristisch sind, waren ebenso wichtig wie die Einteilung des historischen und wahrscheinlich religiösen Textes in Triaden. Diese Dreierformeln blieben natürlich leichter im Gedächtnis haften. Die Schrift – zunächst die griechische und später die römische – benutzten die Druiden nur in weltlichen Angelegenheiten. Die geheimnisvolle Ogam-Schrift wurde hauptsächlich für Gedenkinschriften in Holz und Stein verwandt.

Das Fundament der keltischen Gesellschaft ruhte nachweislich auf einer sehr alten und heiligen Tradition, und es besteht kein Zweifel, daß diese von den Lehren der Druiden durchwoben war. Die Frage des ‚mannhaften Verhaltens' taucht in den frühesten irischen Überlieferungen immer wieder auf. Die Sitte des Einzelkampfes ist nur eines von vielen Beispielen.

Die Quellen belegen, daß ‚Männer mit besonderen Fähigkeiten' wie Druiden, Seher, Barden und jene halbreligiöse Klasse intellektueller Dichter, die *Fili,* die in der frühchristlichen Periode teilweise die Rolle der Druiden übernahmen, ursprünglich das Recht hatten, ohne Behinderung jede Stammesgrenze zu überschreiten. Auch dies spiegelt den eher nationalen als regionalen Charakter der gebildeten Oberschicht wider. Die Ehrfurcht vor Studium und akademischen Titeln wie vor der geistlichen Amtstracht ist in der modernen keltischen Gesellschaft noch immer sehr verbreitet.

Aus den Kommentaren des Druiden Diviciacus, einem Freund Cäsars, geht hervor, daß die Aufgaben, die der Orden im Verwaltungsgeschehen der Gallier übernahm, auch Weissagung und Wahrsagerei umfaßten. Nach dem Einfall der Römer in Gallien jedoch konnte die Nationalversammlung

Die 20 Buchstaben des Ogam-Alphabets findet man gewöhnlich in Form von Einker-
bungen in Holz oder Stein, wobei sie entweder entlang einer natürlichen Kante oder
einer gezogenen Linie, der Stammlinie, angebracht sind. Der Name Ogam leitet sich
vom keltischen Gott Ogma (Irland) oder Ogmios (Gallien) ab, dem Gott der Bered-
samkeit. Wahrscheinlich wurde das Alphabet unmittelbar vor der Christianisierung
(5. Jahrhundert n. Chr.) zuerst für die irische Sprache entwickelt und beruhte auf dem
lateinischen Alphabet. Die Ogam-Buchstaben tragen jeder den Namen eines Baumes
− B: betha = Birke, C: coll = Stechpalme, D: daur = Eiche, usw. Die Vokale sind in
fast allen in Irland, Wales und Südengland gefundenen Ogam-Inschriften durch Punkte
dargestellt − ein Punkt für A, zwei für O, drei für U, vier für E und fünf für I. Bei
Inschriften von der Insel Man und einem Teil Schottlands werden die Vokale statt durch
einen Punkt oft durch eine kurze Kerbe ausgedrückt. Wie auch immer, der Vokal wird
stets auf die Kante oder Stammlinie gesetzt ebenso wie die schiefwinkligen Einkerbun-
gen für die fünf Konsonanten M, G, NG, Z und R. Die beiden anderen, jeweils aus
fünf Konsonanten bestehenden Gruppen: B, L, V, S und N sowie H, D, T, C und
Q werden zu beiden Seiten der Kante eingekerbt. Eine Ogam-Inschrift ist an der Kante
entlang von unten nach oben, über den Kopf des Steines hinweg und auf der anderen
Seite von oben nach unten zu lesen.
Auf dem Bild zeigt der linke Stein die Ogam-Buchstaben in alphabetischer Reihen-
folge; die Buchstaben auf dem anderen Stein sind nach Gruppen geordnet, beginnend
mit den Punkten für die Vokale.

oder auch die Versammlungen nicht mehr zusammenkommen. Dies
führte zu einer Zerschlagung des korporativen Druidentums und been-
dete die *politische* Bedeutung des Ordens. Als Priester der keltischen
Götter blieben die Druiden jedoch in dem von Rom gesteckten Rahmen
im Amt.

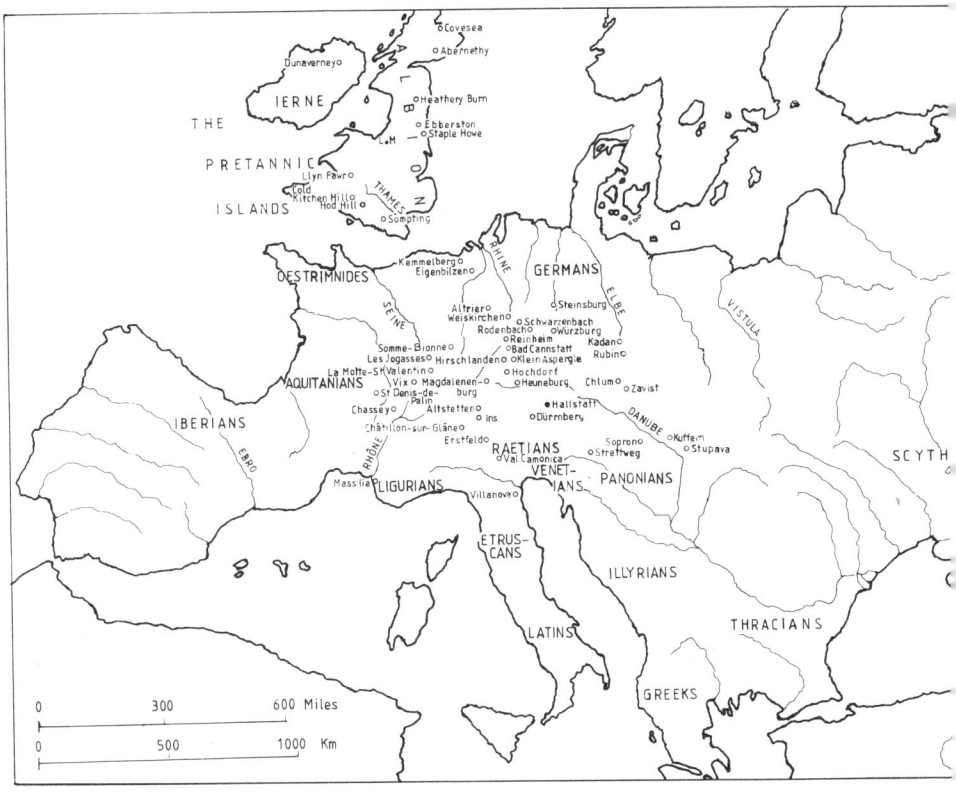

Die keltische Welt im 6. und 5. Jahrhundert v. Chr., die sogenannte Hallstatt-Welt, anhand einer Auswahl von Fundorten

Um das Jahr 8 v. Chr., lange nachdem Gallien romanisiert war, schrieb Diodorus Siculus, daß die gallischen Wahrsager die Zukunft voraussagten, indem sie einem Mann ein Messer oberhalb des Zwerchfells in den Leib stießen und das Zucken seiner Glieder und den Strom seines Blutes beobachteten. Jedes Opfer fand unter Anleitung eines Priesters statt, da man davon ausging, daß die Gaben für die Götter nur durch Vermittlung eines mit der göttlichen Natur vertrauten Mannes dargebracht werden sollten. Nach Diodorus besaßen die Seher nicht nur in Friedens-, sondern auch in Kriegszeiten große Autorität. „Oft, wenn sich die Kämpfer bereits Angesicht zu Angesicht gegenüberstehen. . ., treten diese Männer zwischen die Reihen und halten die Heere zurück, genauso wie man wilde Tiere manchmal mit einem Blick im Zaum hält." Die Wahrheit seiner Beobachtung wird durch irische Quellen bestätigt. Die Druiden nahmen normalerweise nicht direkt am Kampf teil, waren aber trotzdem in das Kampfgeschehen intensiv verwickelt: als Zauberer, Propheten, Ratgeber und Fürsprecher bei den Göttern.

Mit komplizierten Zaubersprüchen und Gebeten beeinflußten die Druiden häufig den Ausgang einer Schlacht. Die Riten mußten jedoch korrekt ausgeführt werden; man glaubte, daß ein falscher Gesang oder eine falsche Zauberformel ein katastrophales Ereignis herbeiführte. Auch der Tanz wurde zur Beschwörung eingesetzt. Die Druiden gingen zu Fuß um die gesamte irische Armee herum, „wobei sie nur einen Arm bewegten und ein Auge öffneten" (eine rituelle Geste) und dazu sangen, um die Kraft des Gegners zu schwächen. Diese Exerzitien müssen eine erhebliche Strapaze für die Rückenmuskulatur gewesen sein, ebenso wie das ständige Beten mit erhobenen Armen, was vielleicht die beginnende Osteo-Arthritis an der Wirbelsäule des Lindow-Mannes erklärt.

Der obere Teil einer Figur, wahrscheinlich eines Druiden, dargestellt auf einem Relief als Teil eines Altars oder Grabsteins. Gefunden in OROLANUM, heute Arlon/ Luxemburg.

Man glaubte, daß die Druiden große Macht über die Elemente besitzen; auch scheinen sie sich der Hypnose bedient zu haben. Derartige Kräfte spielten selbst im christlichen Leben der Heiligen eine Rolle, die ein reicher Quell druidischer Überlieferung sind. Die Druiden konnten danach Feuerregen gegen den angreifenden Feind aussenden und die Menge in einen Zauberschlaf versetzen, was auch die Harfenspieler

Bär mit einem Ziegenkopf zwischen seinen Vordertatzen, eingeschnitzt in ein Stück indischen Sardonyx, gefunden im römisch-britischen Verwaltungszentrum ARBEIA, Süd Shields, Grafschaft Durham (Tyne and Wear), England

konnten. Der Druide Mathgen (‚Geboren von einer Bärin') behauptete von sich, er könne Berge auf den Feind schleudern. Außerdem, so hieß es, konnten die Druiden Bäume und Steine in bewaffnete Krieger verwandeln, um den Feind zu verwirren und einzuschüchtern.

Die Macht, die die Druiden ausübten, ging weit über ihr Priesteramt hinaus; dies zeigt schon ihre Verfolgung durch die Römer. Denn die Römer ächteten die *Priesterschaft,* nicht die Religion, die weiter ausgeübt werden durfte und während der römischen Regierungszeit in Britannien sogar beträchtlich romanisiert wurde. Zahlreiche Schreine und Widmungen beweisen dies. Denn noch verhielten sich die Römer gegenüber den Religionen der ‚Barbaren' im allgemeinen tolerant. Nur wenn deren Lehre die vorgeschriebene Verehrung des römischen Kaisers verbot, schritt man offiziell ein. Mit polytheistischen Religionen konnte es daher kaum zu Konflikten kommen, da diese jederzeit ohne große Schwierigkeiten einen weiteren Gott akzeptieren konnten.

Monotheistische Religionen dagegen, wie der mosaische und der christliche Glaube, gerieten schnell mit Rom auf Kollisionskurs, wenn ihre Anhänger ins Reich kamen. Wer die Göttlichkeit des Kaisers leugnete, beging Hochverrat. Aus diesem Grund wurde auch die Religion der britischen Kelten nicht verfolgt, sondern institutionalisiert und aus den Hainen der Druiden in die im römischen Stil errichteten Tempel verpflanzt. Für die Anbetung der wichtigen keltischen Götter sowie die Verehrung des Kaisers wurde eine Priesterschaft bestellt, aber ihr waren die Flügel gestutzt. Die politische Macht der Druiden war zerschlagen.

Eine Priesterschaft, die neben ihrer religiösen Aufgabe zeitweilig auch weltliche Macht ausübt, ist nichts Neues. Die Geschichte des christlichen Europas kennt viele Beispiele dafür, daß religiöse Führer einen machtvollen Einfluß auf die Politik ausgeübt haben. Ähnliche politische Rollen spielen heute die religiösen Führer in den theokratischen Staaten, die auf dem islamischen Fundamentalismus beruhen. Dennoch unterschied sich das Druidentum in einem Punkt ganz wesentlich von diesen Beispielen: Es übte eine eher kulturelle als nationale Macht aus, und es erstreckte sich auf alle keltischen Königreiche, ob sie nun innerhalb oder außerhalb des Römischen Reiches lagen. Das Druidentum war ein grundlegender Bestandteil der keltischen Identität. Um zu verstehen, wie es entstand, müssen wir es bis auf seine tiefsten keltischen Wurzeln zurückverfolgen.

Irland und die Druiden

Der druidische Brauch, Menschen zu opfern, wurde im 1. Jahrhundert n. Chr. in Gallien von der römischen Besatzung verboten, während symbolische Menschenopfer und Tieropfer zulässig blieben. Obgleich die druidischen Schulen abgeschafft waren, stellten die Druiden naturgemäß weiterhin die Lehrer für die römischen Schulen, die an ihre Stelle getreten waren. In Irland bestanden die druidischen Schulen bis zur Ankunft des Christentums weiter, und es besteht kein Zweifel, daß das hohe akademische Wissen der heidnischen Priester-Philosophen auch in die neuen Schulen der keltischen Kirche Eingang fand. Es lohnt sich, einmal über die Art und Weise nachzudenken, in der sich das Druidentum in Irland manifestierte, und darüber, wie die Kelten selbst ihr druidisches Erbteil betrachteten.

Gälisch scheint eng verwoben mit der alt-keltischen Sprache gewesen zu sein. Falls die Druiden aber bereits ein integrierter Bestandteil der archaischen keltischen Gesellschaft waren, müßte sich dies in den gälischen Dialekten niedergeschlagen haben. Und so ist es auch. Irgendwann in ihrer Geschichte muß die keltische Gesellschaft eine lange Periode der Stabilität erlebt haben, lang genug, um eine Sprache zu entwickeln, die auf Ideen und Vorstellungen beruhte statt nur auf Aktionen und Dingen. Die Komplexität und die Feinheiten der gälischen Sprache sind so auffallend, daß sie sich zweifellos aus den Bedürfnissen einer gebildeten

Elite entfaltet hat und nicht nur auf eine Bevölkerung zugeschnitten war, deren Leben sich auf körperliche Arbeit und die Dinge des täglichen Lebens beschränkte. Das Gälische ist eine der schwersten Sprachen der Welt. In seiner sprachlichen Komplexität und Subtilität – eher als in seinen materiellen Relikten – verbergen sich die Geheimnisse von Irlands druidischer Vergangenheit, jenes verlorengegangene System der Philosophie und des Glaubens, das von den klassischen Beobachtern mehr als einmal mit dem des Pythagoras verglichen worden ist. Selbst heute noch genießen Wissenschaftler, Priester und Dichter in der irischen Gesellschaft hohen Respekt. Man nimmt allgemein an, daß das in Irland, Schottland und bis vor kurzem auf der Insel Man gesprochene Gälisch (Goidelisch oder Q-Keltisch) der Originalsprache, die sich irgendwann in zwei Dialekte spaltete, näherkommt als die P-Form (Brythonisch), die in Gallien und Britannien benutzt wurde. Die britischen Druiden werden im täglichen Umgang eine Form des P-Keltischen gesprochen haben, in ihrer priesterlichen Funktion jedoch die archaische Q-Form, die von den Laien nicht verstanden wurde.

Die Tatsache, daß man Verse benutzte, um das geheime Wissen weiterzugeben – die irischen und walisischen triadischen Reime dienten als Gedächtnisstütze –, erklärt, warum die Dichtkunst in der keltischen Welt noch heute von einem Nimbus umgeben ist. Die metrische Kompliziertheit der alt-irischen Dichtung und das spätere bardische Versmaß gehen auf die mündlichen Überlieferungen der Druiden zurück. Mathematische Berechnungen, Kosmologie und Astronomie bedurften keiner schriftlichen Form, um übermittelt und gelernt zu werden. Vieles, was an der frühen irischen Sprache unverständlich erscheint, bekommt einen Sinn, wenn man es vor dem intellektuellen Hintergrund der philosophischen und wissenschaftlichen Disziplin betrachtet. Obgleich es sich nicht endgültig beweisen läßt, deutet sehr vieles darauf hin, daß die keltischen Q-Dialekte außerordentlich alt sind. Wir können ferner feststellen, daß viele Reste des Q-Keltischen in Europa in Götternamen anzutreffen sind, z. B. in U*cu*etis, Se*q*uana, Sin*q*uatis und *Q*uariatis.

Die gallischen Druiden kamen nach Britannien, um ihr Wissen zu vervollständigen, und es kann durchaus sein, daß Wales mit seiner druidischen Feste auf Mona (Anglesey) das Zentrum für diese druidische Weiterbildung war, wo möglicherweise bei der Einweihung in die Mysterien eine spezielle Priestersprache benutzt wurde. Die zentrale Rolle Monas zeigte sich besonders bei unserer letzten Analyse des Todes des Lindow-Mannes.

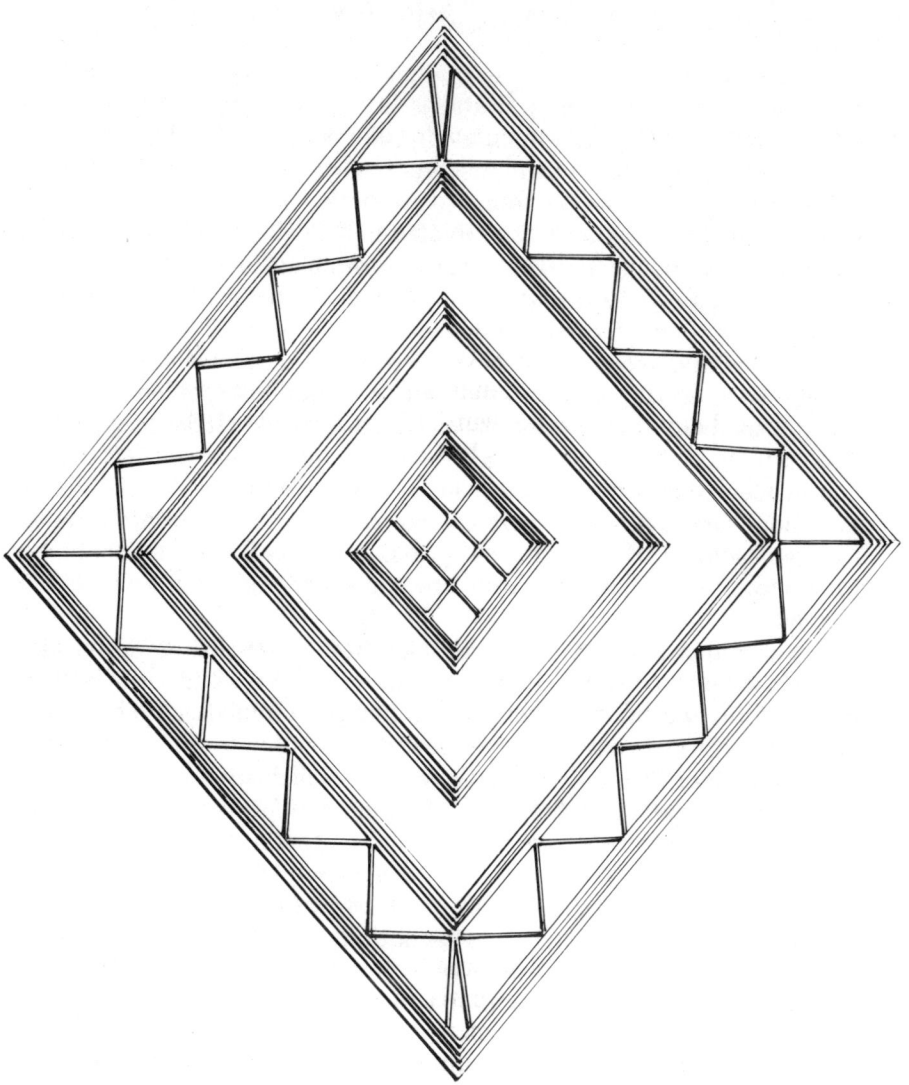

Goldene, rautenförmige Schmuckplatte, die man zusammen mit anderen goldenen Gegenständen in der Grabkammer des Bush Barrow in Normanton Down bei Amesbury, Wiltshire/England, gefunden hat

Die goldene Raute aus dem Bush Barrow

Das technische Können und die mathematische Genauigkeit, die in der Konstruktion der großen prähistorischen Monumente auf den Britischen Inseln und in Kontinentaleuropa ihren Niederschlag gefunden haben, lösen immer wieder Erstaunen aus. Viele dieser Denkmäler – Stonehenge, Avebury, Callanish und der Ring von Brodgar, die man allgemein für rituelle Schauplätze hält – sind zweifellos Arbeiten von Architekten, die von einer reichen, etablierten Aristokratie überwacht wurden, die wiederum von Priester-Astronomen vom Typ der späteren Druiden beherrscht wurde.

Normanton Down, Wiltshire, eine halbe Meile südlich von Stonehenge, ist eine der großartigsten Hügelgräber-Nekropolen in Britannien. Das bemerkenswerte Bush Barrow wurde 1808 ausgegraben. 3,35 m hoch bedeckte der Hügel das Grab eines für seine Zeit erstaunlich großen Mannes, zweifellos eines Häuptlings oder Königs. Er war in vollem Ornat bestattet worden, auf das eine wunderschöne rautenförmige, goldene Brustplatte mit gravierter Oberfläche aufgenäht war. Man nimmt an, daß das Grab etwa aus der Zeit um 1900 v. Chr. stammt.

Vermutlich handelt es sich bei der Raute, die sich heute im Devizes Museum, Wiltshire, befindet, um einen Kalender, obgleich sie wegen ihrer Zerbrechlichkeit kaum für den regulären Gebrauch im Heiligtum (Stonehenge) geeignet gewesen sein dürfte. Falls sie wirklich einen Kalender darstellt, so ist sie wahrscheinlich speziell für ein Ritual oder als Votivgabe angefertigt worden, ein Schmuckstück zu Ehren der Götter. Das entsprechende Gegenstück für den täglichen Gebrauch könnte aus Leder oder vielleicht Holz gewesen sein. Die Raute scheint ein Gerät gewesen zu sein, das benutzt wurde, um die Daten des Jahres, des Schaltjahres, der Tagundnachtgleiche, der Sonnenwende sowie des Mondauf- und -unterganges zu bestimmen. Die Schablone bestand aus einer Anzahl von ‚Sicht‘-Linien und wich nur um acht Stunden pro Jahr von den heutigen Werten ab, was ohne allen Zweifel ein hohes mathematisches und astronomisches Wissen demonstriert.

Der Bush Barrow-Kalender berücksichtigt Sommer- und Winter-Sonnenwende und markiert die ‚Vierteljahres‘-Tage, die im keltischen Jahr eine so große Rolle spielten: Halloween (Samain), Candlemas (Imbolc), May Day (Belenos) und Lammas (Lughnasa).

Ritualschächte, also tiefe Gruben für rituelle und druidische Votivgaben, die man in Britannien gefunden hat, sind in einigen Fällen älter als die auf dem Kontinent. Ganz in der Nähe gibt es in Wilsford, Normanton Down, ein bemerkenswertes Exemplar, das etwa 1200 v. Chr. angelegt wurde und mehr als 30 m tief ist. Ein weiterer Schacht bei Swanwick, Hampshire, etwa aus der gleichen Zeit, ist 3,35 m tief;

als man ihn ausgrub, entdeckte man am Boden einen 1,50 m hohen hölzernen Pfahl, um den herum sich Spuren von Fleisch und Blut fanden.

Der Brauch, Opfergaben in Gruben oder Erdschächte zu werfen, ist ein weiterer Beweis für das hohe Alter des Druidentums in Britannien. Stonehenge inmitten seiner rituellen Landschaft ist einmalig. Vielleicht galt es als der Wohnsitz eines mächtigen Gottes, eines Universalgottes wie Belenos, mit seinem eindeutigen Bezug zur Sonne. Man ist sich heute einig, daß Stonehenge, abgesehen davon, daß es als Tempel für einen Gott diente, als eine Art astronomischer Computer fungierte. Dabei wurde eine Spanne von 19 Jahren zugrunde gelegt, um Sonnen- und Mondjahre in Synchronisation zu bringen. Wir wissen, daß dieses System später auch von den Druiden angewandt wurde.

Eine gewisse Verbindung zwischen den Priester-Astronomen der Bronzezeit und den Druiden der historischen Periode scheint sich über den Coligny-Kalender herstellen zu lassen. Dieses faszinierende Dokument ist in 16 Monatskolumnen eingeteilt, die einen Zeitraum von fünf Jahren abdecken. Jeder Monat wird durch die Einfügung des keltischen Wortes *Atenoux* in 2 Teile geteilt. *Noux,* ‚Nächte‘, entspricht dem gälischen *nocht* oder dem walisischen *nos. Antenoux* bedeutet in etwa die wiederkehrende Nacht (Nächte), die Erneuerung.

Der Coligny-Kalender war nicht nur Mondkalender, bei dem der Monat den Mondphasen entsprechend stets zweigeteilt ist, sondern ein Mond-Sonnen-Kalender. Das bedeutet, daß die Druiden versucht haben, das System der Mondmonate mit dem Sonnenjahr in Übereinstimmung zu bringen. Die Tatsache, daß der Kalender eine Zeitspanne von fünf Jahren umfaßte, stützt Diodorus’ Behauptung, daß die Kontinental-Kelten in fünfjährigem Rhythmus wiederkehrende Opfer abhielten und die Fünf eine wichtige Zahl für sie war.

Die Gallier bezeichneten sich selbst als ‚Söhne des Gottes der Nacht‘ und bestimmten die Zeit nicht nach Tagen, sondern auch nach Nächten. Das Jahr begann mit dem Monat Samon (verwandt mit Samain). Der erste Sommermonat war Giamon. Beide Monate galten als Zeiten intensiver übernatürlicher Kräfte, die sowohl zerstörerisch als auch fruchtbar sein konnten.

Das Geheimnis von Durrington Walls

Die Druiden waren Teil der vielschichtigen Struktur des keltischen Lebens, und ihre Macht und ihr Einfluß erstreckten sich weit über den religiösen Bereich hinaus. Aber wo finden wir heute die Spuren des Druidentums? Wir wissen, daß ihre Kultstätten in Hainen lagen und kaum Spuren von ihnen erhalten geblieben sind. Nach physischen Bewei-

Abb. links: Der Coligny-Kalender bestand aus einer gravierten Bronzeplatte von etwa 1,5 m Breite und 0,9 m Höhe und war ringsum fest mit einem modellierten Rahmen verbunden. Die Abbildung gibt einen Eindruck von seiner ursprünglichen Form. Die 16 Monatskolumnen waren durch eine Reihe kleiner Löcher voneinander getrennt (je ein Loch neben einem Tag), die senkrecht von oben nach unten verliefen. Diese Löcher schwächten das Metall, und irgendwann zerbrach der Kalender in etwa 200 Stücke, von denen ungefähr die Hälfte am Ende des letzten Jahrhunderts gefunden wurden. Der Kalender gehört zu den ältesten Dokumenten in keltischer Sprache, die bisher bekannt geworden sind. Für die Eintragungen hat man römische Zahlen und Buchstaben verwandt, aber die Einteilung des Kalenders und der Text sind keltisch, aller Wahrscheinlichkeit nach eine Arbeit gallischer Druiden aus der Zeit kurz vor oder kurz nach dem Beginn der christlichen Ära. Coligny liegt in einer Waldlandschaft nahe der Quelle des Solnan, einem Nebenfluß der Saône, 25 km nordöstlich von Bourg-en-Bresse, Ain/Frankreich. Der Kalender befindet sich heute im Musée de la Civilisation Gallo-Romaine in Lyon. Die Illustration auf S. 141 zeigt zwei vollständige Monate und ist aus sieben Einzelstücken zusammengesetzt worden, die ursprünglich Teil der vierten Kolumne des Kalenders waren. Es sind Samon mit einer Länge von 30 Tagen, gekennzeichnet als mat = gut, und Duman mit 29 Tagen, gekennzeichnet als anm = nicht gut. Am unteren Teil des Ausschnitts ist zu erkennen, wie Rahmen und Kalender durch Nieten miteinander verbunden waren.

sen muß man daher eher in ihren Schulen suchen. Das bedeutet, eine erneute Interpretation verschiedener recht eigenartiger archäologischer Funde zu versuchen; betroffen ist hiervon vor allem Durrington Walls, Wiltshire.

Heute ist in Durrington Walls sehr wenig zu sehen. Ein großer Teil des 10,1 ha großen Platzes ist umgepflügt worden und nur noch auf Luftaufnahmen als Fundort zu erkennen. Es handelt sich um eine Einfriedung, die von einem breiten, flachbödigen Graben umgeben ist. Die Kreide, die man aus dem Graben herausholte, wurde an seiner *Außen*seite aufgehäuft, war also nicht als Verteidigungswall gedacht. Bei Ausgrabungsarbeiten in diesem Graben in den späten sechziger Jahren kamen große Berge an Hausmüll zutage – Asche, zerbrochene Tierknochen, Tonscherben, Feuerstein –, und zwar konzentriert auf zwei Gruben. Innerhalb des Runds fand man zwei Reihen konzentrischer Pfostenlöcher, die beide tief in den Kalkboden eingegraben waren. Die Archäologen kamen zu dem Schluß, daß es sich um die Überreste sehr großer Rundbauten mit steilen, hölzernen Dachkonstruktionen handele, die wahrscheinlich mit Stroh gedeckt waren und zentrale Rauchabzugslöcher besaßen.

Man hat gemeint, daß in Durrington Walls die Erbauer und Priester des nahelegenen Stonehenge gewohnt haben könnten. Schon allein seine Größe und seine nicht defensive Bauweise deutet jedoch auf eine spezielle Nutzung oder eine Nutzung durch eine spezielle Gruppe von Menschen. Einen weiteren Hinweis ergab die Analyse der vielen Tierknochen, die man im Abfall fand. Es zeigte sich, daß die Tiere wahrscheinlich nicht am Ort geschlachtet worden waren, sondern daß man bereits ausgewählte Teile dorthin gebracht hatte – als Gabe an eine Bevölkerungselite? Schweinefleisch scheint weitaus am häufigsten gegessen worden zu sein. Es ist bekannt, daß die keltische Aristokratie hierfür eine große Vorliebe hatte.

Durrington Walls liegt in der Nähe des Avon und der rätselhaften Anlage von Woodhenge, wo sich nach den Ausgrabungsergebnissen nur ein einzelnes, rundes Gebäude mit einem Grundriß ähnlich dem der Durrington-Häuser befunden zu haben scheint. In Woodhenge wurden die Überreste eines geopferten Kindes gefunden.

Die meisten eisenzeitlichen keltischen Plätze in Britannien sind im Gegensatz zu Durrington Walls Bergfestungen oder Stammeszentren wie beispielsweise das wuchtige Maiden Castle in Dorset oder Danebury Rings in Hampshire. Viele der Bergfesten liegen in Dorset, das in den ersten Jahren der römischen Eroberung von Vespasian überrannt wurde. Die Eroberer griffen hart durch: Die Verteidigungsanlagen der Festungen wurden zerstört und ihre Bewohner vertrieben; das gesamte Gebiet wurde mit römischen Straßen, Forts, Lagern und Städten überzogen. Kaum 32 km von Maiden Castle entfernt scheint jedoch seltsamerweise eine der eindrucksvollsten Bergfestungen der vernichtenden Aufmerksamkeit der Eroberer entgangen zu sein. Es handelt sich um Pilsdon Pen.

Pilsdon Pen, ein Heiligtum der Druiden

Pilsdon Pen, mit 277 m die höchste Erhebung in Dorset, ist ein langer, flacher Sattel auf dem Kulminationspunkt einer steil abfallenden Bergkette, die die saftigen Weiden von Marshwood Vale umrahmt, die sich ihrerseits bis zu dem ein paar Meilen südlich gelegenen Bridport erstrecken. Vor etwa 20 Jahren veranlaßte der ehemalige Eigentümer des Platzes, Michael Pinney, daß Vorkehrungen für eine Ausgrabung getroffen wurden. Obgleich die Arbeiten nie zum Abschluß gebracht wurden, waren bereits die ersten Funde ziemlich verwirrend.

Das Fort verfügt über zwei unvollendete Schutzwälle direkt unterhalb des Gebirgskammes; auf der südwestlichen Seite befindet sich ein breites Tor, durch das die sogenannte ‚heilige Straße‘ führt. Die Wälle umschließen ein ovales Rund von etwa 4 ha, verglichen mit den meisten anderen Bergfesten in Dorset eine bescheidene Größe. Bei Luftaufnahmen trat der Grundriß eines langen, rechteckigen Gebäudes etwa in der Mitte des Forts zutage. Es sollte sich herausstellen, daß es aus Fachwerk erbaut war und eine ungewöhnliche Konstruktion aufweist: Es war nicht nur rechteckig, sondern besaß darüber hinaus ein tiefes Pfostenloch mit einer Rampe für einen ansehnlichen Ritualpfahl oder Baum. Spuren von Rundhäusern, der traditionellen Form der Eisenzeit, wurden in der Nähe von einem der beiden Eingänge gefunden. Außer einem ansehnlichen Müllberg entdeckte man die interessanten Überreste eines Tiegels und Fragmente aus Gold. Außerdem wurde noch ein sehr viel größeres hufeisenförmiges Gebäude entdeckt, das in Konstruktion und Zweckbestimmung dem rechteckigen Bau zu ähneln schien.

Das eisenzeitliche Datum ließ sich anhand der Keramikfunde und einer Goldmünze der Suessiones bestimmen. Zugleich bewies die Entdeckung eines einzigen Bolzens einer Ballista, daß Pilsdon Pen bis in die frühe römische Zeit benutzt worden war. Eine Anzahl Schleudersteine, die man beim Bau der Grundmauern des einen Gebäudes mit verarbeitet hatte, waren das einzige Zeichen einer Verteidigungsvorbereitung; dies ließ darauf schließen, daß die Römer diesen Platz aus irgendeinem Grund nie angegriffen haben.

Welchem Zweck diente Pilsdon Pen? Der Ausgräber, Peter Gelling, meint, daß die beiden zentralen Gebäude zu einer Tempelanlage gehörten. Geht man von einem vorrömischen Datum aus, so muß der Tempel von den Druiden erbaut worden sein. Wie in Durrington Walls spricht das Vorhandensein von Hausmüll für einen Wohnsitz, und es besteht auch insofern eine deutliche Ähnlichkeit, als die Abfallgrube weit vom Zentralbau entfernt war. Die ganze Anlage ist ungewöhnlich, und wer immer dort gelebt hat, fest steht: Pilsdon besaß eine enorme strategische Bedeutung, da es Marshwood Vale und den Zugang zur Lyme Bay beherrschte; dennoch waren seine Befestigungsanlagen nicht vollendet worden. Wenn man diesen strategischen Vorteil also nicht ausgenutzt hatte, was ergibt sich daraus für uns?

Wir besuchten Pilsdon an einem wunderschönen Tag Ende November 1987, um hierauf eine Antwort zu finden. Nachdem wir am frühen Morgen den steilen Abhang hinaufgeklettert waren, standen wir auf den Wallanlagen und blickten über das nebelverhangene Marshwood Vale zur Lyme Bay hinüber. Wir hatten nicht das Gefühl, uns in einem bewaffneten Lager oder einem Stammeszentrum zu befinden; viel eher glaubten wir, daß man diese Anhöhe wegen ihrer Abgelegenheit und ihrer weiten Aussicht gewählt hatte. Wir überlegten, wozu die Druiden diesen Ort benutzt haben könnten. Intuitiv fanden wir die Lösung: Wenn es kein Tempel war, mußte es eine *Schule* gewesen sein.

Pilsdon fasziniert nicht nur durch das Geheimnis um seinen Gipfel. Im Süden, hinter Sliding Hill, steht das aus dem 14. Jahrhundert stammende Bettiscombe Manor. Um dieses Gebäude ranken sich zahlreiche Legenden: Die aufregendste ist die Geschichte vom ‚schreienden Schädel' von Bettiscombe, von dem die Sage erzählt, er beginne zu schreien, sobald man ihn aus dem Herrenhaus hinaustrage. Der Schädel, der aus der Eisenzeit stammt, gehörte wahrscheinlich einer etwa dreißigjährigen Frau. Möglicherweise wurde er von einer Quelle hoch oben auf dem Sliding Hill in das Haus hinuntergebracht. Die glasartige Durchsichtigkeit der Hirnschale deutet auf eine Absorrtion von Mineralien, wie sie beim längeren Liegen in einer Quelle auftritt. Die medizinische Untersuchung ergab eine Beschädigung des Knochens im Zusammenhang mit einer Blutvergiftung, die zu einer tödlichen Verletzung hinzugekommen sein mag. Die Folgerung, daß die Bettiscombe-Frau einen Opfertod erlitt, hat unmißverständliche keltische und druidische Bezüge.

Es ist möglich, daß sich dort, wo heute das Herrenhaus und das Dorf Bettiscombe stehen, ursprünglich ein keltisches Heiligtum befand, tief verborgen im dichten Eichenwald von Marshwood Vale. Kurz nach Domesday (1086 n. Chr.) wird Bettiscombe als Eigentum der Benediktiner-Mönche von St. Stephen in Caen erwähnt. Es gibt Hinweise, daß die Benediktiner auf dem Platz der heutigen Kirche und des Dorfes als Ausgangspunkt ihrer Missiontätigkeit eine Kapelle gründeten, um die eingefleischten heidnischen Kelten im nördlichen Teil von Marshwood Vale im Schatten von Pilsdon Pen zu christianisieren.

Die Nähe der See und die Präsenz von Mönchen aus der Normandie in mittelalterlicher Zeit brachte uns auf den Gedanken, ob sich nicht vielleicht in den stürmischen Jahren der Eroberung Galliens durch Cäsar oder während der Druidenverfolgung unter Claudius Mitglieder des druidischen Ordens von Gallien aus hierher flüchteten und durch den dichten Eichenwald zum Heiligtum oben auf dem Pen stiegen.

Anhang II

Kelten und Germanen

Das Land der Kelten lag an den nördlichen und westlichen Grenzen der klassischen Welt; die Germanen siedelten in der nördlichen Wildnis dahinter. Das dicht bewaldete Land der Germanen hatte keinen direkten Kontakt zur klassischen griechischen Einflußsphäre, die sich im wesentlichen auf die Küstengebiete des Mittelmeeres und das unmittelbare Hinterland in Südosteuropa und dem heutigen Anatolien beschränkte. Römer und Germanen kamen erst miteinander in Kontakt, als das Reich seine Grenzen nach Norden über ganz Gallien ausdehnte und bis an den Rhein vorstieß. Trotz größter Anstrengungen gelang es den Römern jedoch nicht, noch weiter vorzudringen. Der Rhein wurde zur Grenze zwischen Römern und Germanen.

Die Grenzen zwischen Kelten und Germanen waren häufig verschwommen. Cäsar berichtet, daß an der nördlichen Grenze Galliens einige Stämme, die er für Kelten hielt, als Germanen galten, die sich während einer ihrer Wanderungen nach Süden mit den Kelten vermischt hatten. Die klassischen Autoren berichten von gleichermaßen heldenhaften Kriegergemeinschaften. Ihre Aussagen weichen zwar in einigen Punkten voneinander ab, aber es geht dabei eher um Nuancen als um die Sache selbst. Das halbnomadische germanische Stammessystem war weniger weit entwickelt als die bäuerliche Ordnung der seßhaften Kelten, die bereits befestigte Stützpunkte besaßen. Auch die stammesübergreifende Klasse der keltischen Druiden scheint in der heidnischen germanischen Priesterschaft keine Parallele gehabt zu haben, obgleich die Ähnlichkeiten zwischen dem keltischen und dem germanischen Pantheon sowie den religiösen Riten sehr groß waren.

Von Tacitus erfahren wir beispielsweise, daß die gewählten Könige der Germanen zugleich Priester waren und religiöse Macht ausübten. Dieser Kombination von priesterlichem Rang und Königtum begegnet man auch bei den Kelten. Das germanische System scheint jedoch weniger durchstrukturiert gewesen zu sein. Man könnte fast von einer embryonalen Form des keltischen Systems sprechen.

Als Kampfgemeinschaft, die auf einer primitiven Form des Ackerbaus beruhte und folglich gezwungen war, von einer Waldlichtung zur nächsten zu wandern, schufen sich die germanischen Stämme dadurch einen gewissen Wohlstand, daß sie ihre seßhaften Nachbarn überfielen und ausraubten, mochten dies nun Kelten, Römer oder ebenfalls Germanen sein. Die Beute aus diesen Raubzügen ernährte die Kriegerelite, denn sie brachte dem Stamm einen Schatz an schönem Schmuck, Kriegsgerät und Waffen ein, aus dem der König den Adel und seine Gefolgsleute für ihre Tapferkeit belohnen konnte.

Nach Tacitus war es bei den Germanen nicht ungewöhnlich, daß sie die gesamte Beute dem Kriegsgott darbrachten. Diese Opfer umfaßten nicht nur kostbare und wertvolle Waffen und Rüstungen, sondern auch Tiere und Gefangene, die sie für einen hohen Preis hätten als Sklaven verkaufen können. Gelegentlich unternahmen sie sogar erstaunliche Anstrengungen, um teures Kriegsgerät und kostbare Handelswaren zu opfern, die sie zuvor sorgfältig zerbrachen. Häufig deponierten sie ihre Opfergaben dabei in Teichen oder Flüssen, ein Brauch, der stark an keltische Rituale erinnert.

Zwischen dem keltischen und dem germanischen Pantheon und den Opferzeremonien besteht eine so große Ähnlichkeit, daß die beiden Völker möglicherweise eng verwandt waren. Die klassischen Autoren beschreiben sowohl die keltischen als auch die germanischen Krieger als groß, langgliedrig und von heller oder rötlicher Hautfarbe. Im prähistorischen Europa entwickelten sich die keltische und die germanische Welt nebeneinander, und ihre Sprachen, Religionen, Bräuche und Gesellschaftsstrukturen waren sich sehr ähnlich. Allein die geographische Nähe macht es wahrscheinlich, daß sie in etwa auch über die gleichen Erfahrungen im Ackerbau verfügten. Dies würde die Entwicklung sehr ähnlicher Religionen erklären, die beide durch die vier stark voneinander abweichenden Abschnitte des bäuerlichen Jahres im Norden geprägt waren sowie von einer Landschaft mit riesigen Wäldern, wo Ackerland zunächst durch Rodung gewonnen werden mußte. Die Verehrung des Baumes spielte in beiden Religionen eine bedeutende Rolle.

Der keltische Einfluß in Germanien

Viele Moorleichen, die zu einem Vergleich mit dem Lindow-Mann einladen, sind in Dänemark gefunden worden. Jede Diskussion über einen keltischen Einfluß oder eine keltische Präsenz muß den Silberkessel von Gundestrup einbeziehen, eine unzweifelhaft keltische Silberarbeit, die 1891 in einem kleinen Torfmoor in Himmerland, Nordjütland, gefunden wurde. Er zeigt äußerst charakteristische Reliefs mit Szenen aus der Mythologie und dem Leben der Kelten. Der Kessel war sorgfältig in seine einzelnen Platten und die Basis zerlegt worden, bevor man ihn im Raevemose versenkte, einem ehemaligen Teil des Borremose, wo in den vierziger Jahren dieses Jahrhunderts auch Moorleichen gefunden wurden. Die meisten Wissenschaftler tendieren zu der Annahme, daß der Kessel aus dem keltischen Osten stammt, wahrscheinlich aus Dacia, dem heutigen Rumänien. Wir meinen jedoch, daß der gallische Einfluß in Entwurf und Ausführung stärker ist. Generell ist man der Ansicht, daß der Kessel seine lange Reise durch Europa auf dem Handelsweg oder als Kriegsbeute zurückgelegt hat, bevor er im Moor versenkt wurde.

Die Kelten leisteten Hervorragendes in der Metall- und Emaillearbeit; tatsächlich hat ihre Technik die der Römer weit übertroffen. Ihre schönsten und kostbarsten Arbeiten opferten sie den Göttern, indem sie unschätzbare Waffen und Schmuckstücke in Seen, Teichen und Quellen versenkten. Einige der berühmtesten keltischen Stücke – wie der Battersea-Schild und der Waterloo-Helm, die Mitte des 19. Jahrhunderts entdeckt wurden und sich heute im British Museum befinden – sind in der Themse in bzw. nahe bei London gefunden worden. Der riesige Hort im See bei Llyn Cerrig Bach auf Anglesey ist ein weiteres spektakuläres Beispiel für eine solche Sammelvotivgabe. Einige der Fundstücke sind von so erlesener Handwerksarbeit, daß sie wahrscheinlich speziell angefertigt wurden, um zu Ehren der Götter geopfert zu werden. Noch heute huldigen wir diesem heidnisch-keltischen Erbe, wenn wir Münzen als ‚Glücksbringer' in Brunnen oder Teiche werfen.

Wie erklärt es sich, daß ein unzweifelhaft keltisches Stück in unmittelbarer Nähe dreier dänischer Moorleichen gefunden wurde? Lebten im prähistorischen Dänemark sowohl Kelten als auch Germanen? Neben dem geheimnisvollen Silberkessel gibt es noch weitere materielle Beweise für eine keltische Präsenz. So wurde in einem Torfmoor bei Hjortspring ein keltischer Kettenpanzer aus dem 3. Jahrhundert v. Chr. gefunden, zusammen mit einem Kanu von 17,6 m Länge. Ganz in der Nähe stieß man auf lange, hölzerne Schilde und mit Eisenspitzen versehene Speere, die etwa aus derselben Zeit stammen. Es scheint, als seien sie ehemals in einem Teich deponiert worden, ähnlich den Funden in Llyn Cerrig Bach auf Anglesey und La Tène am Neuenburger See.

Ein weiterer Kessel wurde in den letzten Jahren bei Brå nahe Horsens auf Ostjütland gefunden. Es handelt sich um ein großes Bronzegefäß, geschmückt mit keltischen Tiermotiven im La Tène-Stil. Wie der Gundestrup-Kessel war er in Einzelteile zerbrochen und in einem engen Schacht versenkt worden. Auch hier muß es sich um eine Votivgabe gehandelt haben. Uns scheint, daß sein Herkunftsort weiter östlich liegt als der des Gundestrup-Kessels, möglicherweise in Böhmen oder Mähren, der heutigen Tschechoslowakei, und daß er wahrscheinlich entlang der Elbe nach Dänemark kam. Alle diese Funde entsprechen nicht der germanischen Art der Opferung von Beutestücken, sondern deuten auf typisch keltische Opferriten.

Gab es in der prähistorischen Zeit einen Kulturtransfer in Richtung Norden, von den Kelten zu den Germanen, wobei die höher entwickelte keltische Kultur den primitiveren Stämmen durch vereinzelt einwandernde Gruppen aufgepfropft wurde? Es ist behauptet worden, daß es enge Beziehungen zwischen beiden Völkern gegeben hat, die von der germanischen Nachahmung keltischer Handwerkskunst bis zur dynastischen Allianz zwischen keltischen und germanischen Stämmen reichten.

Keltische Steinköpfe und heilige Quellen in Dänemark

Viele unzweifelhaft keltische Steinköpfe findet man eingemauert in die Wände dänischer mittelalterlicher Kirchen. Ein dreigesichtiger Kopf mit typisch keltischen Zügen und ausgeprägter Dreiecksform wurde in einer Kiesgrube bei Glejbjerg, Südjütland, gefunden. Darunter lag ein weiterer Kopf mit nur einem Gesicht. Er scheint in einem alten Gebäude als Schlußstein eines Tür- oder Fensterbogens gedient zu haben. Ein anderer dreigesichtiger Kopf vom Herrenhaus des nahegelegenen Bramminge Kirke mit ebenfalls spitz zulaufenden Gesichtszügen ist dadurch bemerkenswert, daß er einen Torque trägt, ein typisch keltisches Schmuckstück. Daß diese Köpfe auf dem Handelsweg oder als Kriegsbeute nach Dänemark kamen, ist natürlich möglich, aber noch weniger wahrscheinlich als beim Gundestrup-Kessel, denn sie sind ausgesprochen schwer und für heidnisch-germanische Krieger kaum von ästhetischem Wert. Höchstwahrscheinlich wurden sie mitsamt ihren verborgenen, zweifellos heidnischen Attributen in dunklen Kirchenecken eingemauert.

Mit den alten Kirchen Dänemarks werden heilige Quellen und Haine typisch keltischen Charakters in Verbindung gebracht: In Bramminge Kirke steht die Kirche inmitten eines Eichenhains, und die Überlieferung berichtet von einer heiligen Quelle, die sich einst hier befunden haben soll. Ein eindeutiges Beispiel für eine heilige Quelle der Kelten findet sich in Rorkaer nahe der dänisch-deutschen Grenze. Der Name des Ortes bedeutet ‚Teich des Schilfes‘, und die Quelle liegt in einem Feld mit der Bezeichnung Heliggaard-Fenner (‚Einfriedung des heiligen Wassers‘). Die heilige Quelle in Vestervig, Nordjütland, liegt auf dem Grundstück der Pfarrkirche. Die Kirche ist St. Thager geweiht, der nach der Überlieferung das Christentum nach Dänemark brachte. Der keltische Ursprung der Quelle zeigt sich jedoch sehr schön an den Reliefs der

Steinköpfe in und außerhalb der Kirche und wird durch die Nähe einer nördlich gelegenen eisenzeitlichen Niederlassung unterstrichen.

Der obere Teil einer Holzfigur, gefunden in Broddenbjergmose, Asmild, Viborg, Jütland/Dänemark; der untere Teil der Figur ist mit einer dicken Schicht Harz bestrichen.

Die Stele von Tømmerby

In der Kirche von Tømmerby Kirke in Dänemark befinden sich zwei behauene Steinplatten (Stelen), die ihrer Art nach typisch keltisch sind. Eine der beiden weist jedoch Merkmale auf, die teils dem einen, teils dem anderen Kulturkreis entstammen. Die Figur auf der einen Stele trägt keltische Züge und hält in der ausgestreckten Hand ein gleichschenkliges Kreuz, das in Stil und Form den irischen Kreuzen ähnelt. Daneben aber befindet sich eine seltsame Inschrift aus irischen und lateinischen Buchstaben; außerdem sieht man eingestreute Runenzeichen. Die Inschrift lautet: „Gottes rechte Hand". Auf der gegenüberliegenden Seite der Stele sind fünf Lettern eingemeißelt, die sich wegen ihrer Lage nur schwer entziffern lassen, aber es scheint sich um das Wort LUGOS zu handeln. Außerdem ist ein Luchs zu erkennen, eines der Tiere, die mit diesem wichtigen keltischen Gott in Verbindung gebracht werden.

Das Wort LUGOS, eingemeißelt zusammen mit einem stilisierten Tier auf einem Grabstein in Tømmerby-Kirke, Thy, Jütland/Dänemark

Alle diese Dinge gehören eindeutig in die dänische Eisenzeit. Diese erstreckt sich, laut Definition, bis in die historische dänische Periode, die um das 5. Jahrhundert n. Chr. begann. Für diese Zeit gibt es in Dänemark keine Zeugnisse mehr, die auf einen keltischen Zustrom hindeuten. Im Gegenteil, um das 5. Jahrhundert war die germanische Eroberung des zusammenbrechenden Römischen Reiches in vollem Gange, und die Kelten wanderten von Britannien aus nach Süden und nicht in irgendeinen Teil Germaniens.

Wenn sich der keltische Einfluß vorwiegend an heiligen Hainen und

Quellen aufzeigen läßt, könnten diese dann nicht Relikte einer elitären keltischen Priesterschaft inmitten der prähistorischen Dänen sein? Waren die Priester der prähistorischen Dänen *Kelten?*

Kelten und Germanen entwickelten völlig unterschiedliche bäuerliche Siedlungsformen: Das Leben der Kelten konzentrierte sich für gewöhnlich um eine feste Heimstatt auf einer Waldlichtung, während für die Germanen ihre einfachen Dörfer eher eine Art Provisorium waren. Tacitus erinnert uns daran, daß sie wenig Sinn für eine organisierte Landwirtschaft hatten und einfach weiterzogen, sobald der Ackerboden ausgelaugt war. Es ist deshalb möglich, daß sich über die Jahrhunderte hinweg zwei verschiedenartige kulturelle Strukturen entwickelten, die viele Gemeinsamkeiten aufweisen, so daß wir heute Spuren keltischer ,Inseln' finden, die sich um tief im germanischen Raum liegende Heiligtümer konzentrieren.

Das Geheimnis von Borremose

Nicht alle dänischen Moorleichen sind so gut erhalten wie der Tollund-Mann. Auch tragen nicht alle die Zeichen eines Opfertodes; einige sind schlichtweg hingerichtet worden. Tacitus erwähnt, daß bei bestimmten Verbrechen, wie z. B. Ehebruch und Sodomie, die Täter bestraft wurden, indem man sie gefesselt in Teiche oder Moore stieß und mit Stöcken und Steinen beschwerte. Bei vielen dänischen Moorleichen scheint dies der Fall gewesen zu sein, so beispielsweise bei einem jungen Mädchen, das nicht nur gefesselt worden war, sondern dem man auch das Haar abrasiert hatte. In den Mooren von Jütland und Norddeutschland hat man außerdem mehrere abgetrennte Köpfe gefunden. Sicherlich handelt es sich dabei in einigen Fällen um Opfergaben, aber ein eindeutiger Beweis ist nur selten zu führen.

Können die dänischen Moorleichen den Tod des Lindow-Mannes erhellen? Auf Grund ihrer sorgfältig gepflegten Hände und Fingernägel hat man angenommen, daß die Opfer Adlige waren. Das Fehlen blühender Pflanzen in ihren letzten Mahlzeiten deutet darauf hin, daß ihre Opferung im Winter oder Frühjahr stattfand. Wahrscheinlich wurden sie der Göttin Nerthus geopfert, der Erdmutter — einer der mächtigsten germanischen Gottheiten —, um die Fruchtbarkeit für das nächste Jahr zu sichern.

Es gibt zahlreiche, von Legenden untermauerte Zeugnisse dafür, daß die Göttin im Frühjahr in einer Prozession um die Felder herumgeführt und die ihr dienenden Priester und Begleiter nach der Zeremonie rituell getötet wurden. Die adlige Stellung des Tollund- und des Grauballe-Mannes könnte bedeuten, daß sie als Priester der Erdmutter geopfert wurden. Aber wenn ihr Tod nur saisonale Bedeutung hatte, warum haben wir dann nicht mehr Opfer gefunden?

Ein interessanter Unterschied zwischen der Beisetzung des Lindow-Mannes und der dänischen Moorleichen, der etwas über ihre tatsächliche Bedeutung aussagen könnte, besteht darin, daß der Lindow-Mann ebenso wie die beiden Kessel in einem Sumpfloch versenkt wurde. Die dänischen Leichen wurden dagegen in stillgelegten *Torfgruben* beigesetzt. Dadurch gewinnt das Ganze eher den Anschein einer *Beerdigung* als einer Votivgabe. Die Wahl alter Abbauflächen (Torf wurde von den prähistorischen Dänen vermutlich als Brennmaterial und in der Landwirtschaft verwandt) deutet möglicherweise nicht nur auf ein Opfer an die Erdmutter hin, sondern auch auf ein *Wissen* um die konservierenden Eigenschaften des Torfs.

Borremose erstreckt sich über ein weites Gebiet in der Nähe von Lille Binderup. In der Eisenzeit stand hier auf einer Insel am südlichen Rand des Moores ein Dorf. Bei den Ausgrabungsarbeiten hat man Pfostenlöcher und Abdrücke von Fundamenten einer Gruppe hölzerner Langhäuser gefunden, die sich um einen befestigten Damm gruppieren, der durch das Moor bis zum Mittelpunkt der Insel führt. Das Dorf wurde im 1. Jahrhundert v. Chr. auf den Fundamenten einer Siedlung aus dem 3. Jahrhundert v. Chr. errichtet, die von einem tiefen Verteidigungsgraben und inneren Wällen umgeben war. Der befestigte Damm lag unter der Oberfläche des Moores und war von tiefen Gräben flankiert, so daß nur Eingeweihte sicher hinüber kamen. Diese Befestigungsanlage hat mehr Ähnlichkeit mit einem keltischen Wehrdorf als jeder andere Ort, der aus der prähistorischen dänischen Zeit erhalten geblieben ist.

In den Jahren 1946–48 wurden in Borremose drei Mumien gefunden. Weitere Leichen wurden trotz intensiver Suche nicht entdeckt. Die erste wurde in der Nähe des ehemaligen Dorfes ausgegraben. Sie lag etwa 1,80 m tief im Moor. Eingeschlossen in eine weiche Ablagerung ruhte sie auf einer sehr festen, mit Birkenzweigen durchsetzten Torfschicht. Man identifizierte dieses natürliche Grab als eine alte Torfgrube, in der nach der Stillegung zunächst wieder Birken gewachsen waren und die sich im Lauf der Zeit wieder mit Wasser gefüllt hatte. Der Körper war der eines Mannes und stammte wahrscheinlich aus dem 1. Jahrhundert v. Chr., als das Dorf zuletzt bewohnt war. Es sah so aus, als sei er in sitzender Stellung mit gekreuzten Beinen beigesetzt worden, wenn dies auch wegen des enormen Drucks, der auf ihm gelastet hatte, nicht mehr absolut eindeutig feststellbar ist. Sein Erhaltungszustand war ausgezeichnet. Er war kleiner als der Lindow-Mann; eines seiner Augen war so gut konserviert, daß die schwarze Iris zu erkennen war, und seine schön geformten Hände wiesen ihn als Angehörigen der Oberschicht aus. Daß er geopfert worden war, wurde durch ein aus drei Strängen gedrehtes Hanfseil um seinen Hals klargestellt sowie durch die Reste eines Pflanzenbreies in seinem Magen, der sehr an die letzten Mahlzeiten des Tollund- und des Grauballe-Mannes erinnerte. Das Seil war etwas über einen Meter lang, an beiden Enden sauber gespleißt, um ein Aufribbeln zu verhindern, und mit einem gleitenden Knoten befestigt. Der Kopf des Borremose-Mannes war scharf nach links abgeknickt, wobei nicht zu erkennen war, ob dies von der Kompression im Torf herrührte oder ob er gehängt und ihm dabei das Genick gebrochen worden war. Das um seinen Hals geschlungene Seil konnte ebenso auf eine Strangulierung hinweisen. Zum Vergleich: Die Schnur um den Hals des Tollund-Mannes war statt aus Hanf aus zwei geflochtenen Lederstreifen gedreht und mit einer einfachen Schlinge verknotet. Obgleich seine Nackenwirbel weder verrenkt noch gebrochen waren, bewies die Schlinge, daß der Tollund-Mann eher gehängt als erwürgt worden war.

Der Borremose-Mann wies noch weitere Verletzungen auf, die seinen Tod begleitet hatten bzw. ihm vorausgegangen waren. Sein rechter Oberschenkelknochen war eben über dem Knie gebrochen, und er hatte ein Loch im Hinterkopf. Er hatte einen *dreifachen* Tod erlitten. Der Hieb gegen seinen Hinterkopf hätte wahrscheinlich schon genügt, um ihn zu töten, aber er war zusätzlich gehängt und im Moor ertränkt worden. Daß, wie auch bei anderen Moorleichen, eines seiner Beine gebrochen war, mochte auf eine gezielte brutale Behandlung vor seinem Tod zurückzuführen sein, konnte aber auch bedeuten, daß man seinen Geist daran hindern wollte, nach dem Tod umherzuwandern.

Wie beim Lindow-Mann scheint die Strangulierung eine Art ‚Gnadenstoß' gewesen zu sein. Und, ebenso wie den Lindow-Mann, scheint man den Borremose-Mann nackt im Moor versenkt zu haben, obgleich er zwei Schaffellumhänge besaß – einen davon mit einem Kragen, den man am Hals zuknöpfen konnte –, die man zusammengerollt zu seinen Füßen fand. Quer über seinem Körper lag ein Birkenzweig von gut 90 Zentimeter Länge.

Der Borremose-Mann unterscheidet sich wesentlich von den anderen beiden Moorleichen. Beide sind weit weniger gut erhalten, und beide sind Frauen. Sie stammen jedoch aus derselben Zeit wie der Borremose-Mann und das steinzeitliche Dorf. Die erste wurde 1947 einen Kilometer nördlich von der Fundstelle des Mannes entdeckt. Sie ruhte mit dem Gesicht nach unten auf einer Unterlage aus Birkenrinde ebenfalls in einer ehemaligen Torfgrube. Quer über ihrem Rücken lagen drei kurze Zweige. Ihr Körper war zum größten Teil zerstört bzw. bis zur Unkenntlichkeit zerdrückt, wahrscheinlich durch die Kompression des Torfs. Sie hatte kurzes Haar. Vielleicht hatte man es ihr vor dem Tod abgeschnitten. Um den Hals trug sie ein Stück Bernstein und eine Bronzescheibe an einem Lederband. Ihr Oberkörper war nackt, ihr Unterkörper mit Fetzen irgendeines Materials bedeckt; später identifizierte man eine Decke und einen Schal neben einigen weiteren wollenen Stoffresten. Ihr rechtes

Bein war wie beim Borremose-Mann vor ihrem Tod gebrochen worden, nur lag die Fraktur diesmal eher unter als über dem Knie. Eine Ansammlung kleiner Knochen neben ihr deuteten auf ein Baby, das ihr Schicksal geteilt hatte. Die Bauchlage, die Anordnung der Zweige und die Tatsache, daß sie eindeutig ertrunken war, ließen vermuten, daß sie – wenn man Tacitus folgen darf – wegen Ehebruchs hingerichtet wurde.

Die zweite Borremose-Frau, die 1948 entdeckt wurde, trug langes Haar. Sie wurde ebenfalls in einer alten Torfgrube genau südlich von der Fundstelle des Mannes und des eisenzeitlichen Dorfes gefunden. Auch sie ruhte mit dem Gesicht nach unten, wobei ihr rechter Arm nach oben gebeugt war. Das linke Bein hatte sie unter ihren Körper gezogen und mit dem linken Arm umfaßt. Ihr Körper lag unter einer großen Decke, die mit einem Band zusammengehalten wurde und ihr wahrscheinlich als Rock gedient hatte. Auch sie war offensichtlich ertränkt worden, nachdem man sie brutal am Hinterkopf skalpiert und ihr das Gesicht zerschlagen hatte. Trotzdem scheint eine Hinrichtung wahrscheinlicher als eine Opferung, wenngleich man keine Zweige oder Fesseln fand.

Die Körper wurden an weit auseinander liegenden Plätzen im Moor gefunden, was gegen eine allgemeine Hinrichtungsstätte spricht. Die botanischen und geologischen Analysen ergaben, daß sowohl die drei Toten wie auch das Dorf aus dem 1. Jahrhundert v. Chr. stammen. Sie müssen also alle drei dort gelebt haben. Könnte zwischen diesen wahrscheinlich sehr einfachen Bauern der Eisenzeit und einem so herrlichen Kunstwerk wie dem Silberkessel von Gundestrup, der ebenfalls am nördlichen Rand von Borremose versenkt worden war, eine Verbindung bestanden haben?

Wie die anderen typisch keltischen Votivgaben, die wir bereits behandelt haben, ist der Silberkessel von Gundestrup ein Einzelopfer. Er wurde am Rande des Moors deponiert, genau unterhalb einer kleinen Erhöhung, von der aus man die weite Fläche des Moores überblickt. Es liegt nahe, den Silberkessel mit dem Dorf in Verbindung zu bringen. War jenes Dorf vielleicht Sitz einer keltischen Priesterschaft? Könnte Borremose der keltische Ort sein, nach dem wir im prähistorischen Dänemark gesucht haben? Und war der Borremose-Mann wie der Lindow-Mann ein Druide, der als eine außerordentliche Gabe an die Götter einen dreifachen Tod erlitt?

Die Entdeckung sowohl eines ‚dreifach Geopferten' als auch des Silberkessels in der Nähe eines untypisch befestigten Dorfes in der Mitte des Moores von Borremose wirft viele interessante Fragen auf. Der dreifache Tod des Borremose-Mannes findet ein Echo in der Präsenz dreier Körper; ebenso wird der Lindow-Mann vom Schädel der Lindow-Frau und den fragmentarischen Überresten des Lindow-Mannes II flankiert. Die Zahl *Drei* drückt beiden Plätzen ein keltisches Siegel auf.

Bibliographie

Agache, R. et al: Tabvla Imperii Romani: Condate-Lvtetia, London, 1983
Alexander, M.: *British Folklore, Myths and Legends,* London, 1982

Barrett, W. H.: *Tales from the Fens,* London, 1963
Bethel, D.: *Cheshire,* London, 1979
Biel, J.: The Late Hallstatt chieftain's grave at Hochdorf', *Antiquity 55,* 16–18, 1981
Bowker, J.: *Goblin Tales of Lancashire,* Lancaster, 1883
Bradley, R.; Gordon, K.: 'Human skulls from the River Thames, their dating and significance', *Antiquity 62,* 503-9, 1988
Briggs, K.: *A Dictionary of Fairies,* London, 1976
Bromwich, R.: *Trioedd Ynys Prydein* (The Welsh Triads), Cardiff, 1979
Brothwell, D.: *The Bog Man and the Archaeology of People,* London, 1986
Burl A.: *The Stone Circles of the British Isles,* London, 1976
The Rites of the Gods, London, 1981

Chadwick, N. K.: 'Early Literary Contacts between Wales and Ireland', in Moore D., (Hrsg.): *The Irish Sea province in Archaeology and History,* Cardiff, 1970
Chaney, W.: *The Cult of Kingship in Anglo-Saxon England,* Manchester, 1975
Collingwood, R. G.; Wright, R. P.: *The Roman Inscriptions of Britain,* Oxford, 1965
Cross, T. P.; Slover, C. H.: *Ancient Irish Tales,* Dublin, 1969
Cunliffe, B.: *Iron Age Communities in Britain,* London, 1974
Greeks, Romans and Barbarians, London, 1988

Dudley, D. R.; Webster, G.: *The Rebellion of Boudicca,* London, 1962
Duffy, J.: *Patrick in his Own Words,* Dublin, 1975

Eckstein, F. (Hrsg.): *Tacitus: Annalen und Historien*
Ellison, A.: 'A Native Roman and Christian Ritual Complex of the 1st Millennium AD: excavations at West Hill, Uley, 1977–9', *Committee for Rescue Archaeology in Avon, Gloucestershire and Somerset, Occasional Papers No. 9,* 305–328, 1979
Espérandieu, E.: *Recueil Général des Bas-Reliefs, Statues et Bustes de la Gaule Romaine,* Paris, 1907 I, 1908 II, 1910 III, 1911 IV, 1913 V, 1915 VI, 1918 VII, 1922 VIII, 1925 IX, 1928 X, 1938 XI, 1949 XIII, 1955 XIV, 1966 XV. Republished Farnborough, England, 1966

Bibliographie

Evans-Wentz, W. Y.: *The Fairy Faith in Celtic Countries*, Oxford, 1911

Feachem, R. W.: 'Medionemeton on the Lines of Antoninus Pius, Scotland', *Collection Latomus 103*, 210–216, 1969
Fox, C.: *A Find of the Early Iron Age from Llyn Cerrig Bach, Anglesey*, Cardiff, 1946
Pattern and Purpose, Cardiff, 1958
Frere, S. S., Rivet, A. L. F.; Sitwell, N. H. H.: *Tabvla Imperii Romani: Britannia Septentrionalis*, London, 1987

Giraldus Cambrensis: siehe O'Meara, J. J.
Glob, P. V.: *Jernaldermanden fra Grauballe*, Aarhus, 1959
The Bog People, London, 1969
Gowlett, J. A. V., Hedges, R. E. M.; Law, I. A.: 'Radiocarbon accelerator (AMS) dating of Lindow Man', in *Antiquity 63*, 71–79, 1989
Gwynn, E.: 'The Metrical Dindshenchas', *Royal Irish Academy Todd Lecture Series XI*, Dublin, 1924

Harris A.: *Human Measurement*, London, 1978
Hatt, J. J.: *The Ancient Civilization of the Celts and Gallo-Romans*, London, 1970
Henderson G.: *Survivals in Belief among the Celts*, Glosgow, 1911
Hobley, B.: 'An experimental reconstruction of a Roman Military turf rampart' (The Lunt, Baginton), *Roman Frontier Studies 1967*, 21–34, 1967
Jackson, K.: *Language and History in Early Britain*, Edinburgh, 1953
Jones G.; Jones, T.: *The Mabinogion*, London, 1975

Kendrick, T.: *The Druids*, London, 1928
Kenner, H.: 'La civilisation et l'art celtique en Carinthie', in *OGAM VIII*, Pt 3, 21–38, Pl IV–XI, 1956
Kinnes, I. A., et al: 'Bush Barrow Gold', in *Antiquity 62*, 24–39, 1988
Kinsella, T.: *The Táin*, Oxford, 1969
Klindt-Jensen, O.: *Denmark*, London, 1957
Gundestrupkedelen, Kopenhagen, 1961
Kruta, V.: *Les Celtes*, Paris, 1978

Laing, L.: *Celtic Britain*, London, 1979
Le Roux, F.: 'Le calendrier gaulois de Coligny et la fête irlandaise de Samain', *OGAM IX*, Pts 5–6, 337–342, 1957
Lewis, M. J. T.: *Temples in Roman Britain*, Cambridge, 1966

Macalister, R. A. S.: *Tara: a Pagan Sanctuary of Ancient Ireland*, London, 1931
Corpus Inscriptionum Insularum Celticarum, Dublin, 1945
MacCana, P.: *Celtic Mythology*, London, 1970
MacCulloch, J. A.: *The Religion of the Ancient Celts*, Edingburgh, 1911
MacKie, E.: *The Megalith Builders*, London, 1977
MacNeill, M.: *The Festival of Lughnasa*, Oxford, 1962
Martin, M.: *A Description fo the Western Islands of Scotland* (Nachdruck der Originalausgabe von 1703), London, 1934
Mattingly, H.: *Tacitus: The Agricola and The Germania*, London, 1970
Megaw, J. V. S.: *Art of the European Iron Age*, Bath, 1970

170

Mommsen, Th.: *Collectanea Rerum Memorabilium, von G. I. Solinus,* Berlin, 1958

O'Cinneide, S.: 'Gaelic and the Druids', *A Journal of Irish Studies XII,* 119 ff., 1977
O'Curry, E.: *Lectures on the Manuscript Materials of Ancient Irish History,* Dublin, 1978
O'Grady, S. H.: *Silva Gadelica,* London and Edinburgh, 1892
Olmsted, G. S.: 'The Gundestrup Cauldron', *Collection Latomus 162,* 1979
O'Meara, J. J.: *Gerald of Wales: the History and Topography of Wales,* London, 1982
O'Rahilly, C.: *Táin Bó Cúalnge,* Dublin, 1967
O'Rahilly, T. F.: *Early Irish History and Mythology,* Dublin, 1946
Oswald, A.; Gathercole, P. W.: 'Observations and excavation at Manduessedum', *Transactions of the Birmingham and Warwickshire Archaeological Society 74,* 30–52, 1956

Pennant, T.: *A Tour in Scotland, MDCCLXIX,* Warrington, 1774
  A Tour in Scotland and Voyage to the Hebrides MDCCLXXII, Chester, 1774
  A Tour in Scotland MDCCLXXII Part II, London, 1776
Piggott, S.: *Ancient Europe,* Edinburgh, 1965
  The Druids, London 1974
  The Earliest Wheeled Transport, London, 1983
Powell, T. G. E.: *The Celts,* London, 1980

Rees, A.; Rees, B.: *Celtic Heritage,* London, 1967
Reinach, S.: *Cultes, mythes et Religions,* Paris, 1905
Renfrew, C.: *Archaeology and Language,* London, 1988
Richmond, I. A.: *Roman Britain,* London, 1955
Rivet, A. L. F.: *Gallia Narbonensis,* London, 1988
Rivet, A. L. F.; Smith, C.: *The Place-Names of Roman Britain,* London, 1979
Robins, D., Sales, K.; MacNeil, D.: *Ancient Spins, Chemistry in Britain,* London, 1984, S. 283.
Robins, D., Sales, K.; Oduwole, D.: 'A Spin through the Past', *New Scientist 117,* 49, 1988
Ross A.: *Pagan Celtic Britain,* London, New York, 1967
  'Pits, shafts and wells: sanctuaries of the Belgic Britons?' *Studies in Ancient Europe* (hrsg. von J. M. Coles; D. D. Simpson), Leicester, 1968
  Grotesques and Gargoyles (ill. u. hrsg. von R. Sheridan), Newton Abbot, 1975
  Folklore of the Scottish Highlands, London, 1976a
  'Ritual Rubbish? The Newstead Pits, *To Illustrate the Monuments* (hrsg. von J. V. S. Megaw), London, New York, 1976b
  'Chartres, the locus of the Carnutes', in *Studia Celtica XIV/XV,* 260–69 (hrsg. von J. E. Caerwyn Williams), Oxford, 1980
'Heads baleful and benign', *Between and Beyond the Walls* (hrsg. von C. Burgess und R. Miket), Edinburgh, 1984
  Druids, Gods and Heroes of Celtic Mythology, London, 1986a
  The Pagan Celts, London, 1986b
Ross, A.; Robins, D.: 'Face To Face with a Druid', *New Scientist 116,* 19, 1987
Round, A. A., 'Excavations at Wall, Staffordshire, on the site of the Roman forts (Letocetum)', *Transactions of the South Staffordshire Archaeological and Historical Society,* XI, 7–31, 1970

Rudenko, S. I.: *Frozen Tombs of Siberia,* London, 1970

Scott, J. M.: *Boadicea,* London, 1975
Selkirk, A.: 'Pilsdon Pen', *Current Archaeology 14,* 78−81, 1969
Shell, C. A.; Robinson, P.: 'The Bush Barrow lozenge plate', in *Antiquity 62,* 248−260, 1988
Simmons, I.; Tooley, M. (Hrsg.): *The Environment in British Prehistory,* London, 1981
Solinus, G. I.: siehe Mommsen, 1958
Städele, A. (Hrsg.): *Tacitus: Germania,* 1988
Stead, J. M., et al.: *Lindow Man: the Body in the Bog,* London, 1986
Stokes, W., *Sanas Cormaic, Calcutta, 1868*
   'the Rennes Dindshenchas', (mit E. Windisch) in Revue Celtique XV, 272−336, 1895
   'Cóir Anman', in *Irische Texte III,* Leipzig, 1897

Tacitus, C.: *Agricola*
Thom, A. S.: *Megalithic Sites in Britain,* Oxford, 1967
Thom, A. S.; Ker, J. M. D.; Burrows, T. R.: 'The Bush Barrow Gold Lozengo: is it a solar and lunar calendar for Stonehenge?', *Antiquity 62,* 492−502, 1988
Thomas, C.: *Exploration of a Drowned Landscape,* London, 1985
Thorvildsen, E.; Kehler, S.: *Med Arkaeologen Danmark Rundt,* Copenhagen, 1963
Tierney, J. J.: 'The Celtic Ethnography of Posidonius', *Proceedings of the Royal Irish Academy 60 C5,* 189−275, 1960
Todd, M.: *The Coritani,* London, 1973
   The Northern Barbarians, London, 1975

Webster, G.: *The Cornovii,* London, 1975
   The Roman Invasion of Britain, London, 1980
   Rome against Caratacus, London, 1981
   The British Celts and their Gods under Rome, London, 1986
White, K. D.: *Greek and Roman Technology,* London, 1984
Williams, I.: *Pedeir Keinc Y Mabinogi,* Cardiff, 1930

Danksagung

Wir danken folgenden Personen und Institutionen für die Überlassung des Bildmaterials:

Richard Blower für das Foto vom Lindow Moss; dem British Museum für die freundliche Überlassung der Fotos vom Lindow-Mann; R. C. Turner für das Foto vom Ausgrabungsort; dem National Museum Kopenhagen/Dänemark für die Fotos des keltischen Gottes Cernunnos auf dem Silberkessel von Gundestrup, Jütland/Dänemark; dem British Museum für das Foto des goldenen Torques von Snettisham, Norfolk; Alena Rybova und Bohumil Soudsky, Ceskoslovensak Akademic Ved/Prag, für das Foto der Torques von Libenice, Böhmen/Tschechoslowakei; W. J. Hemp, 1956, Montgomeryshire Collection LIV:2, für das Foto des hölzernen Drillingskopfes in der Kirche von Llandinam, Monmouthshire; dem Musée des Beaux-Arts, Bordeaux/Frankreich, für das Foto des dreiköpfigen Torsos von Condat, Dordogne/Frankreich; Christie's, London, für das Foto vom Steinkopf des einäugigen Gottes Balor; dem British Museum für das Foto des aus der Themse bei Battersea, London, geborgenen Bronzeschildes; E. W. Holden, Steyning, West Sussex, für das Foto des keltischen Steinkopfes von Wilmington, East Sussex; dem Manchester Museum für Fotos der keltischen Steinköpfe aus Chester, Cheshire und Glossop, Derbyshire; dem Musée des Antiquités Nationales, Yvelines/Frankreich, für das Foto eines keltischen Gottes aus Euffigneix, Haute-Marne/Frankreich; dem Landesmuseum Joanneum, Graz/Österreich, für das Foto des Bronzemodells des Kultwagens von Strettweg/Österreich; Adam Woolfitt für das Foto der Geweihtänzer von Abbots Bromley; Anthony Myers Ward für das Foto der geschmückten Quelle von Saddleworth, Lancashire; dem Musée Historique für die Fotos einer nackten Männerfigur und des gallo-romanischen Bronzepferdes Rudiobus aus Neuvy-en-Sullias, Orléans.

Die Skizzen in diesem Buch wurden anderen Werken entnommen bzw. überarbeitet:

Die in Sibirien gefundenen Tätowierungen, S. 24, aus: Rudenko I, 1970; Taranis, S. 46, nach einem Foto des Musée des Antiquités Nationales/Frankreich; Esus, S. 48, nach einem Foto des Landesmuseum

Trier/Deutschland; Teutates, S. 48, und des Broddenbjerg-Mann, S. 163, nach Fotos des National Museum Kopenhagen; die Bronzefigur eines Druiden, S. 52, nach einem Foto des Musée Historique, Orléans/ Frankreich; Bronze-Figurine eines keltischen Priesters, S. 87, nach einem Foto von H. J. M. Green; die Altäre von Alpraham, S. 112, nach Fotos von R. W. Feachem; Torques und Garrotte, S. 115, nach Fotos des British Museum London und des Ard-Mhúsaem na h'Éireann, Baile atha Cliath/Irland; das bronzene Triquetrum, S. 132, aus: Kenner, H., 1956, 36; Esus und Tarvos Trigaranus, S. 138 u. 139, aus: Espérandieu, E., 1911, IV, 214; Auszug aus dem Coligny-Kalender, S. 141, und Gesamtansicht, S. 154, nach Fotos des Musée de la Civilisation Gallo-Romaine, Lyon/Frankreich; Sucellos, S. 143, aus: Reinach, S. 1905, 266; das Ogam-Alphabet, S. 145, verschiedene Quellen sowie aus: Ross, A., 1986, 99; das Steinrelief eines Druiden (?), S. 147, aus: Espérandieu, 1915, V, 217; Bär, S. 148, nach einem Foto des Museum of Antiquities, The University, Newcastle upon Tyne/England; die goldene Raute von Bush Barrow, S. 151, nach einem Foto des Wiltshire Archaeological and Natural History Society Museum, Devizes, Wiltshire/England; Lugos-Stele, S. 164, nach einem Foto des verstorbenen Dr. Erling Rump.

Das Kartenmaterial in diesem Buch ist folgenden Veröffentlichungen entnommen worden:

Die Lage des Lindow-Moores, S. 11, mehrere Quellen und aus: Stead, I. et al. 1986; Gallien zur Zeit Julius Caesars, S. 19, u. a. aus: Cunliffe, B., 1988, 92−105; die Hallstatt-Welt, S. 146, und die La-Tène-Welt, S. 56, auszugsweise aus: Megaw, J. V. S., 1970, Kruta, V., 1978, Powell, T. G. E., 1980; Ross, A., 1986; Cornovia, S. 63, nach verschiedenen Quellen und aus: Webster, G., 1975; Dänemark, S. 67, u. a. nach Glob, P. V., 1969, Ross, A., 1986; Borremose, S. 68, Auszug aus: Karte des Geodaetisk Institut Dänemark 1:25 000 Np 1216 II NW, Ars, sowie Thorvildsen, E. und Kehler, S., 1963, 252−59; Cornovia, S. 77, Hibernia und Britannia, S. 82, sowie Britische und römische Ortschaften, S. 95, aus: Ordinance Survey: Karte des südlichen Britanniens in der Eisenzeit, 1962 (Chessington), Webster, G., 1975, Frere, S.S. et al., 1987; Gallien, S. 85, nach verschiedenen Quellen sowie Rivet, A. L. F., 1988; die Goldroute, S. 110/111, und Wicklow Mountains, S. 120, nach verschiedenen Quellen und S. O. 1/2-inch sheet 18, Dublin; das Gebiet der Durotriges, S. 124, aus: O. S.: Karte des südlichen Britanniens in der Eisenzeit, 1962 (Chessington), Cunliffe, B., 1974, Agache, R. et al. 1983.

174

Register

175